PSICOLOGIA, SAÚDE E HOSPITAL:
CONTRIBUIÇÕES PARA A PRÁTICA PROFISSIONAL

PSICOLOGIA, SAÚDE E HOSPITAL:
CONTRIBUIÇÕES PARA A PRÁTICA PROFISSIONAL

ORGANIZADORES
Liliane Cristina Santos
Eunice Moreira Fernandes Miranda
Eder Luiz Nogueira

1ª edição atualizada

Psicologia, saúde e hospital: contribuições para a prática profissional
1ª edição atualizada
Copyright © 2017 Artesã Editora

É proibida a reprodução total ou parcial desta publicação,
para qualquer finalidade, sem autorização por escrito dos editores.
Todos os direitos desta edição são reservados à Artesã Editora.

COORDENAÇÃO EDITORIAL
Karol Oliveira

DIREÇÃO DE ARTE
Tiago Rabello

REVISÃO
Maggy de Matos

CAPA
Karol Oliveira

PROJETO GRÁFICO E DIAGRAMAÇÃO
Conrado Esteves

P974   Psicologia, saúde e hospital : contribuições para a
        prática profissional / organizadores: Liliane Cristina Santos,
        Eunice Moreira Fernandes Miranda, Eder Luiz Nogueira. – Belo
        Horizonte : Ed. Artesã, 2016.
            288 p. ; 23 cm.
            ISBN: 978-85-88009-51-6
            1. Psicologia hospitalar. 2. Saúde. I. Nogueira, Eder Luiz. II.
        Miranda, Eunice Moreira Fernandes. III. Santos, Liliane Cristina.
                                                    CDU 159.9

Catalogação: Aline M. Sima CRB-6/2645

IMPRESSO NO BRASIL
Printed in Brazil

ARTESÃ EDITORA LTDA.
Site: www.artesaeditora.com.br
E-mail: contato@artesaeditora.com.br
Belo Horizonte/MG

PREFÁCIO

Aqui estou eu, fazendo o prefácio do livro *Psicologia Saúde e Hospital: contribuições para a prática profissional*. Foi com muita surpresa e alegria que recebi, por Eunice Miranda, o convite dos organizadores deste trabalho. Surpresa, por ser a primeira vez que recebo um convite desta magnitude e alegria por ter sido a Eunice, com quem mantenho um laço de parceria no trabalho, marcado por bons e produtivos encontros de longos anos de admiração.

Escrever um prefácio nos convoca para a importância do tema e também à responsabilidade para com o leitor de prepará-lo para suscitar o desejo da imersão na riqueza desta leitura.

Os autores trazem à luz questões relevantes do exercício profissional do psicólogo hospitalar, que demanda orientações no surgimento desta área. Dessa forma, o leitor passa a conhecer o histórico e o percurso desta trajetória que funda a nossa área hospitalar. O livro apresenta 15 capítulos, com uma variedade de temas que propicia ao psicólogo, estudioso da psicologia da saúde e hospitalar, a reflexão sobre a sua prática. Os que não trabalham diretamente com o tema se sentirão motivados a conhecer mais este intrigante campo de trabalho.

Os atores lembrados, que compõem a história da psicologia da saúde e hospitalar mineira, são profissionais que tiveram importância fundamental na trajetória em nosso estado. O livro traz contribuições de diversas atuações do psicólogo hospitalar, contextualizando o surgimento da área como multidisciplinariedade imprescindível na prática hospitalar. O paciente, visto como sujeito cidadão, amplia a dimensão da saúde, exigindo do profissional ordenar procedimentos de rotina como o cuidado com o prontuário e outras normatizações.

Outras reflexões teóricas e interrogações sobre o trabalho são propiciadas pela leitura dos artigos que compõem esta obra, fortalecendo a transmissão da história e da clínica no hospital, com a pesquisa documental, depoimentos orais e escritos, mantendo assim a memória viva e contribuindo para a formação dos profissionais. Como diria nosso Guimarães Rosa, "Minas, são muitas. Porém, poucos são aqueles que conhecem as mil faces das gerais"; Minas aqui, ao marcar uma tradição, contribui para o fortalecimento da área, apresentando mais um campo para a psicologia.

Por esta história, testemunhamos os avanços e desafios da psicologia hospitalar. Na perspectiva de atenção e cuidado em saúde, o psicólogo, neste contexto, torna-se um profissional fundamental, na medida em que, no espaço onde domina o discurso da ciência que "elimina" o sujeito, ele testemunha e autoriza a subjetividade.

Assim, à medida que a ciência avança, cada vez mais, o psicólogo é convocado no hospital, e cada vez mais se ampliam os campos da psicologia hospitalar.

O percurso de muitos é visto nesta coletânea, assim como a qualidade técnica dos artigos, um presente para os psicólogos.

A todos, boa leitura!

Elaine Maria do Carmo Zanolla Dias de Souza
Psicóloga, Psicanalista, Especialista em Psicologia Clínica e Hospitalar pelo CFP, Presidente da Sociedade Brasileira Psicologia Hospitalar biênio 2011-2013, Coordenadora da Clínica de Saúde Mental do Hospital da Polícia Militar de Minas Gerais.

APRESENTAÇÃO

A ideia de organizar este livro surgiu, a princípio, da nossa prática enquanto docentes, coordenadores e preceptores em cursos de formação e especialização em psicologia hospitalar e na residência multiprofissional em saúde, a partir da qual temos observado um grande interesse dos psicólogos, estudantes de psicologia e até de pessoas de áreas afins pelos assuntos que perpassam a prática do psicólogo na saúde e hospital.

Nossa experiência com o ensino, que inclui o ensino em serviço, tem reforçado o quanto estes temas são importantes e relevantes, tanto para a categoria profissional, quanto para a assistência à saúde. Pois, se por um lado os profissionais e estudantes se interessam muito pela área, o que revela a significativa procura por formação, por outro lado, as instituições de saúde, entre elas as hospitalares, demandam cada vez mais o trabalho da Psicologia.

Neste contexto, temos notado em nossa prática clínica e de ensino, as lacunas na formação do psicólogo para o exercício na área da saúde, principalmente aquelas que dialogam com os princípios e diretrizes sustentadores do SUS, considerando a contribuição da Psicologia para as políticas públicas por meio de uma atuação crítica comprometida com a sociedade.

Neste mesmo sentido, evidencia-se que o trabalho do psicólogo neste campo impõe diversos desafios, principalmente devido a limitações no espaço físico e no tempo e a necessidade de inserção em uma lógica de assistência integral e, por conseguinte, interdisciplinar e intersetorial aos usuários. Portanto, a prática no campo da saúde instiga-nos a produzir intervenções sempre vivas e renovadas. Isso se dá pela complexidade do contexto, como já mencionado, assim como pela própria experiência clínica, que exige que saibamos articular teoria e prática, o que provoca novos modos de se pensar a atuação profissional e a própria teoria que a fundamenta.

Foi partindo desta perspectiva que se configurou o projeto deste livro, cuja inspiração surgiu especialmente das inquietações e desafios que procedem da prática e das construções que se fazem necessárias em nosso fazer profissional, que fica ainda mais aguçado com a experiência educacional combinada à assistencial. Decorre daí um desejo e podemos dizer também uma necessidade de registrar e partilhar o nosso trabalho e nossas invenções, de forma a formular rudimentos e consequentemente embasar teórica e tecnicamente nosso exercício profissional.

É preciso mencionar ainda uma característica da psicologia que pode constituir-se como um percalço à prática profissional: o fato de haver profissionais de linhas e abordagens teóricas diferentes. No entanto, acreditamos que, ao invés de serem empecilho, as diferenças podem favorecer a discussão e ampliação do nosso ponto de vista. Nosso livro é composto por capítulos cujos autores recorrem a bases teóricas diversas – psicanálise, psicologia existencial, psicologia humanista, entre outras – e pensamos ser um diferencial desta obra. Optamos por preservar esta pluralidade da psicologia, com o objetivo de demonstrar o alcance das diversas abordagens e, sobretudo, incentivar o diálogo, mesmo porque na prática tem sido assim, trabalhamos com colegas de diferentes abordagens e concepções teóricas. Contudo, se podemos nos aproximar em alguns aspectos e nos afastar em outros, diante da especificidade da psicologia é necessário ter constructos próprios que norteiem o exercício profissional. Precisamos ter um conhecimento, uma técnica e uma ética que nos autorize à prática profissional, sendo imprescindível sistematizar a nossa atuação, fundamentando-a.

É importante ressaltar aqui, no que diz respeito às lacunas na formação profissional, outro aspecto observado em nossa prática e que foi contemplado neste livro: a falta de conhecimento específico em psicologia na área da saúde relativo ao exercício cotidiano das normatizações. Percebemos que muitos psicólogos desconhecem a legislação associada à sua ocupação, incluindo as regulamentações que orientam a elaboração de documentos pertinentes à sua prática, como por exemplo, o registro em prontuários. No entanto, nossa experiência tem demonstrado que conhecê-las traz diversos benefícios, visto que orientam o trabalho, tanto como diretrizes para um serviço qualificado ética e tecnicamente, quanto para garantir segurança ao psicólogo em relação a possíveis questionamentos associados à prática profissional.

Foi pensando nos diversos fatores apontados que fomos delimitando os objetivos e temas do livro. Visamos possibilitar a reflexão sobre a prática do psicólogo no campo da saúde, abordando, de forma rica e abrangente, as peculiaridades, limites e alcances do trabalho. Portanto, buscamos trazer nosso percurso de atuação na área, a fim de formular subsídios teóricos, técnicos e legais para a prática profissional, inclusive com temas até então não publicados.

Os capítulos apresentados no livro, escrito por diversos autores são, em parte, os assuntos discutidos nas aulas dos cursos de formação supramencionados, acrescidos de temas relevantes à residência multiprofissional em saúde, que foram discutidos pelos profissionais em seus trabalhos de conclusão de curso. Além disso, o livro faz uma junção desses tópicos com outro projeto, do histórico da psicologia hospitalar em Minas Gerais, que tem como base pesquisa realizada neste estado e é um tema inédito de publicação.

No livro, demos ênfase à experiência no hospital geral, o que reflete nossa trajetória profissional, na qual a vivência nesse espaço se sobressai. Porém, não apreciamos tal experiência como prática isolada: consideramos a rede de serviços de saúde e o contexto social nos quais o hospital e os usuários estão inseridos. Neste sentido, apresentamos esta atuação de forma mais ampla, preservando o termo e o tema da saúde, não apenas no título da obra, mas também nas discussões que perpassam inclusive a prática em instituição hospitalar.

Começamos o livro pela história da inserção do psicólogo na área da saúde e hospitalar, seguido pelo histórico da psicologia hospitalar em Minas Gerais. Abordar a história favorece notadamente uma atuação crítica e consciente das construções e desconstruções que consolidaram e consolidam a atuação do Psicólogo nos Serviços de Saúde. Começar o livro com essa discussão aponta, neste sentido, o rumo que escolhemos tomar com o projeto. Seguimos com o capítulo que discorre sobre as normatizações, assunto fundamentalmente necessário, como já citado. O capítulo poderá auxiliar o exercício da profissão, uma vez que oferece diretrizes legais e técnicas para a prática, e constitui um tema muito demandado por estudantes e profissionais.

Na segunda parte do livro, são apresentados capítulos que expõem a interface da psicanálise com outros campos: a medicina, as instituições e a psicossomática. Os capítulos, além de uma discussão bem fundamentada teoricamente, trazem aspectos da prática e do contexto político e social, o que enriquece bastante suas argumentações.

A terceira parte é composta por capítulos que abordam a atuação do psicólogo em distintos setores do hospital abalizada em diferentes linhas teóricas. Abarcam temas que consideramos essenciais ao trabalho do profissional, trazendo a vivência na assistência à saúde, bem como recursos auxiliadores para uma prática qualificada. As discussões, além de ressaltarem as intervenções aplicadas à clínica, mantêm o debate contextualizado político e socialmente. Os temas aviltados são: a atuação na urgência; trauma e toxicomania; atuação no CTI e o uso das lâminas facilitadoras da comunicação; trabalho na clínica médica; doenças raras; cuidados paliativos; obstetrícia; assistência neonatal e atuação na pediatria.

O capítulo que introduz a terceira parte do livro, sobre urgência, faz uma contextualização relevante sobre a unidade e seu funcionamento, localizando de forma clara e precisa o trabalho do psicólogo e sua importante contribuição nestes serviços. Estão em voga as discussões sobre a atuação do psicólogo na urgência e emergência e este capítulo certamente contribui com provocações importantes para este cenário de debate.

O tema que se segue é o da toxicomania, assunto que tem se destacado junto às políticas de saúde pública nos dias de hoje. Neste contexto, as autoras provocam discussão importante no âmbito da saúde pública, articulam conceitos relacionados ao tema e mostram, de forma clara e bem fundamentada, como a experiência do trauma pode favorecer uma retificação subjetiva. Deste modo, destacam a importância da escuta psicológica ao usuário de drogas no momento da hospitalização.

No capítulo 9 – Novas estratégias da equipe e familiares na comunicação com o paciente – as autoras descrevem uma estratégia criada para favorecer a comunicação com pessoas internadas em Unidade de Terapia Intensiva, com impossibilidade de se comunicar normalmente. Apresentam um recurso produzido para viabilizar o atendimento ao doente (lâminas de comunicação não oral e não verbal), o objetivo e o método de aplicação do mesmo. Este trabalho foi apresentado durante o II Fórum de Defesa Profissional da Sociedade Mineira de Terapia Intensiva (SOMITI) em agosto de 2008 e publicado na *Revista Saúde On Line* da Secretaria Municipal de Saúde, da Prefeitura Municipal de Belo Horizonte em 2008. As lâminas, desde a época do Fórum, têm sido utilizadas por diversos profissionais e adotadas em vários hospitais mineiros. Pelo fato da publicação via *internet* não estar mais disponível e o recurso ser muito procurado pelos psicólogos, consideramos importante sua republicação, o que se dá neste livro.

O capítulo 10 – O trabalho do psicólogo na Unidade de Clínica Médica: atuação, possibilidades e desafios – também se destaca por apresentar um útil instrumento para a prática profissional: o protocolo de avaliação psicológica elaborado pelas autoras e aplicado em um hospital público de Belo Horizonte. Assim, além de uma rica discussão sobre a atuação do psicólogo nesta unidade, discorrendo sobre o trabalho com o paciente, família e equipe, as autoras apresentam o modelo do protocolo, que pode ser aplicado por profissionais de outras instituições, e configura uma contribuição valorosa para o serviço.

O capítulo seguinte aborda temática sobre as doenças raras, relevante tema a ser debatido uma vez que conta com escassa bibliografia, carecendo de discussões sempre atualizadas diante dos desafios de novas técnicas de diagnóstico e tratamento apresentados pelas ciências. Como mostra a autora, se uma doença rara isolada não é estatisticamente significativa, o conjunto delas tem impactos expressivos na saúde pública. Ela traz neste capítulo a vivência do doente e da família, apontando as inúmeras consequências da doença e a importância da atuação do psicólogo. Mas a discussão não para por aí, provoca questões relacionadas às políticas públicas ao debater especialmente o papel dos grupos organizados, como as associações familiares que atuam no campo das patologias.

O capítulo sobre cuidados paliativos (12) se refere a um tema importante e atual que estabelece um diálogo sobre a morte e as questões dela decorrentes. Decerto, é uma abordagem que não poderia deixar de compor um livro que trata sobre a atuação do psicólogo na saúde, com foco no hospital geral. O assunto é relevante para a psicologia, inclusive pelas importantes contribuições que a ela são associadas dentro desta temática na área da saúde.

"Obstetrícia: uma clínica para além do nascimento" também integra a terceira e última parte do livro, mas inicia os tópicos relacionados à atuação do psicólogo nas Unidades Materno Infantis do hospital geral. O capítulo é muito rico, oferece ao leitor uma visão muito clara da maternidade e dificuldades a ela relacionada. Retrata os seus aspectos clínicos, ao apresentar de forma contundente as intervenções nesta conjuntura e os conceitos próprios ao contexto, formulados pela autora. Ele evidencia a necessidade da construção de uma "clínica viva" e a atualização da teoria que se dá pela prática.

O capítulo seguinte contextualiza a assistência neonatal, discute as consequências da hospitalização do bebê para ele e sua família. Desta forma, a autora localiza a importância da atuação da psicologia na neonatologia, argumentando sobre as "intervenções possíveis e necessárias" nesta situação de internação neonatal.

O último capítulo trata dos efeitos da intervenção psicanalítica na Pediatria e responde a uma interrogação feita pela autora: há ato analítico no hospital? O capítulo busca responder à questão com argumentos explicitamente embasados na teoria psicanalítica e na prática desta clínica. A autora apresenta a psicanálise como base teórica e o caso clínico como referência desta prática. O resultado é um texto claro e fundamentado, que fecha nosso livro, dentro das diretrizes para ele traçadas.

Para concluir, é válido mencionar que todos os colaboradores desta obra são profissionais qualificados academicamente e atuantes na área, o que marca cada capítulo por elaborações e reflexões consistentes sobre as teorias e a prática profissional. Esperamos que este livro, de fato, realize contribuições significativas para o exercício profissional nas áreas da psicologia, saúde e hospital, e que fomente importantes reflexões, bem como novas, enriquecedoras e fundamentadas discussões.

Liliane Cristina dos Santos
Eunice Moreira Fernandes Miranda
Eder Luiz Nogueira

SUMÁRIO

PARTE I – A INSERÇÃO DO PSICÓLOGO NA SAÚDE E NO HOSPITAL

Capítulo 1 – História da psicologia e a inserção do psicólogo no hospital..................19
Carolina Bandeira de Melo

1.1 Trajetória da psicologia na história das ciências................................19

1.2 Psicologia no Brasil...21

1.3 O mercado de trabalho do psicólogo
no Brasil e sua inserção na área da saúde...23

1.4 Psicologia hospitalar...26

1.5 Conclusão..29

Referências...30

Capítulo 2 – Histórico da psicologia hospitalar em Minas Gerais..................33
Eunice Moreira Fernandes Miranda

2.1 Apresentação...33

2.2 Metodologia...34

2.3 Resultados...36

2.4 Discussão dos resultados..62

2.5 Considerações finais...63

Referências...64

Capítulo 3 – Psicologia hospitalar e normatizações:
regulamentações na prática profissional e registro em prontuário..............67
Eunice Moreira Fernandes Miranda, Jaider Junior de Souza Lima,
Liliane Cristina Santos

3.1 Normatizações e cidadania..67

3.2 As normatizações no trabalho do psicólogo..69

3.3 Registros do psicólogo e elaboração de documentos.........................71

3.4 A psicologia hospitalar..74

3.5 O prontuário e seus aspectos éticos e legais.....................................77

3.6 Registro psicológico no prontuário..80

3.7 Considerações finais...85

Referências...86

PARTE II – PSICANÁLISE, SAÚDE E HOSPITAL: DIÁLOGOS POSSÍVEIS

Capítulo 4 - O diálogo entre a medicina
e a psicanálise: uma aproximação necessária..91
Tiago Augusto Scarpelli Pereira

4.1 Psicanálise e medicina..94

4.2 Pesquisa..96

Referências...99

Capítulo 5 – Psicanálise e instituição: experiência no programa
de residência multiprofissional em saúde..101
Mariana Carvalho de Almeida, Ricardo Mégre Álvares da Silva

5.1 Psicanálise e instituições públicas de saúde..101
5.2 Residência multiprofissional em saúde,
desafios contemporâneos e outros lugares...103
5.3 Capitalismo *versus* ciência: contribuições da psicanálise........................109
Referências..112

Capítulo 6 – Psicossomática: o sujeito, sua relação com o corpo e o adoecer..........115
Nele Gonçalves Durão

6.1 Algumas considerações sobre a psicossomática no ensino de Lacan................116
6.2 Sintoma histérico X fenômeno psicossomático...118
6.3 A psicossomática no contexto hospitalar..119
6.4 Considerações finais..122
Referências..124

**PARTE III – A ATUAÇÃO DO PSICÓLOGO NO HOSPITAL: DESAFIOS,
INTERVENÇÕES E INTERFACES EM DIFERENTES ABORDAGENS TEÓRICAS**

Capítulo 7 – A psicologia na urgência e emergência:
atuação no acolhimento com classificação de risco...129
Eunice Moreira Fernandes Miranda, Gláucia Mascarenhas Mourthé

7.1 Introdução..129
7.2 O que é acolhimento..130
7.3 A implantação do acolhimento com classificação de risco.....................131
7.4 O papel da psicologia no acolhimento..133
7.5 O aconselhamento psicológico e a prática do psicólogo no Pronto Socorro...135
7.6 Plantão psicológico...140
7.7 Avaliação psicológica..143
7.8 Conclusões...146
Referências..147

Capítulo 8 – Trauma e toxicomania:
quando a imobilidade do corpo físico mobiliza o psíquico..............................151
Aline de Mendonça Magalhães, Arlêta Maria Serra Carvalho

8.1 Introdução..151
8.2 A toxicomania na ótica psicanalítica...153
8.3 O toxicômano e a vivência do trauma...155
8.4 Abstinência e toxicomania...158
8.5 Angústia e toxicomania..159
8.6 Conclusão...161
Referências..162

Capítulo 9 - Novas estratégias da equipe e familiares na comunicação com o paciente........165
Eunice Moreira Fernandes Miranda, Mariana Domingues Veiga Ferreira

9.1 Apresentação........165

9.2 Desenvolvimento........166

9.3 Método de utilização das lâminas........174

9.4 Considerações finais........175

Referências........176

Anexo 1 – Exemplos de utilização das lâminas........177

Capítulo 10 – O trabalho do psicólogo na Unidade de Clínica Médica: atuação, possibilidades e desafios........183
Mariana Pôssas Guimarães dos Santos, Pauline Toledo Neves,
Tatiana de Deus Corrêa Linhares

10.1 Introdução........183

10.2 A Clínica Médica........184

10.3 Atuação do psicólogo na Clínica Médica........186

10.4 Atuação, desafios e possibilidades do psicólogo com a família........188

10.5 Psicólogo e paciente: a possibilidade de uma escuta diferenciada........189

10.6 Caso clínico........191

10.7 Atuação, desafios e possibilidades do psicólogo com a equipe........192

10.8 A sistematização da atuação do psicólogo como instrumento de trabalho na equipe multidisciplinar........194

10.8.1 *Protocolo de avaliação psicológica da Clínica Médica*........194

10.8.2 *Objetivos do protocolo de avaliação psicológica da Clínica Médica*........196

10.8.3 *Metodologia*........196

10.9 Conclusão........197

Referências........198

Anexo 1 – Protocolo de avaliação psicológica........200

Capítulo 11 – As doenças raras, a psicologia e as políticas públicas........201
Flávia Santos Beaumord

11.1 Introdução........201

11.2 Aspectos psicológicos........202

11.3 A importância das Associações no contexto das doenças raras........204

11.4 Considerações finais........207

Referências........207

Capítulo 12 – Cuidados paliativos: história, equipe de saúde e a atuação do psicólogo diante da morte........209
Katiúscia Caminhas Nunes, Carla Vieira Gomes de Faria,
Eder Luiz Nogueira, Leandro da Silveira Vieira

12.1 Introdução........209

12.2 Cuidados paliativos: algumas considerações........210

12.3 A equipe de saúde em cuidados paliativos..........212

12.4 Considerações sobre a formação dos profissionais
de saúde nos aspectos relacionados à morte..........213

12.5 Apoio psicológico..........215

12.6 Considerações finais..........218

Referências..........220

Capítulo 13 – Obstetrícia: uma clínica para além do nascimento..........223
Flávia Santos Beaumord

13.1 Introdução..........223

13.2 O ciclo gravídico-puerperal..........223

13.3 A maternidade no mundo contemporâneo..........226

13.4 Risco social e a maternidade..........232

13.5 A morte na clínica obstétrica..........236

13.6 O psicólogo hospitalar..........239

13.7 Conclusão..........242

Referências..........244

**Capítulo 14 – Psicologia e assistência neonatal:
intervenções possíveis e necessárias**..........247
Liliane Cristina Santos

14.1 Introdução..........247

14.2 Sobre a hospitalização do bebê e a participação da família no tratamento.....247

14.3 Relação mãe bebê na perspectiva da psicanálise..........252

14.4 O trabalho possível ao psicólogo em uma Unidade de Tratamento Neonatal...255

14.5 Considerações finais..........261

Referências..........262

Capítulo 15 – A intervenção psicanalítica na pediatria e seus efeitos..........265
Arlêta Maria Serra Carvalho, Ângela Maria Resende Vorcaro

15.1 O analista na pediatria..........265

15.2 O ato analítico além da psicanálise padrão..........270

15.3 Caso Francisco..........275

15.4 Conclusão..........281

Referências..........282

Os autores..........283

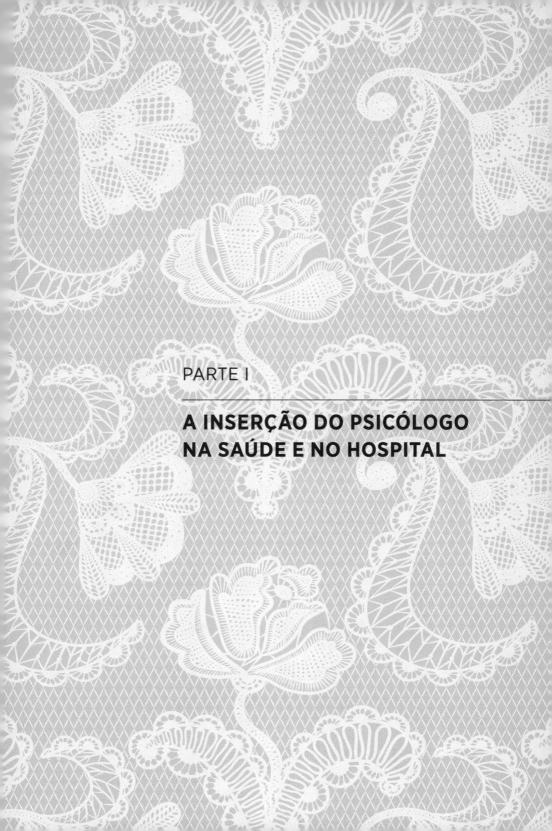

PARTE I
A INSERÇÃO DO PSICÓLOGO NA SAÚDE E NO HOSPITAL

CAPÍTULO 1

HISTÓRIA DA PSICOLOGIA E A INSERÇÃO DO PSICÓLOGO NO HOSPITAL

Carolina Bandeira de Melo

> *A Psicologia de hoje é filha da Psicologia de ontem;*
> *a Psicologia de hoje faz mais sentido se*
> *se compreende como chegou a ser como é.*
> WERTHEIMER, 1977, p. 10.

1.1 Trajetória da psicologia na história das ciências

A Psicologia é com frequência considerada uma ciência com um longo passado e uma curta história. Os grandes sistemas filosóficos desde a Antiguidade estudaram temas que atualmente estão relacionados à área *Psi*, como, por exemplo, os filósofos Platão (428/427 - 348/347 a.C.) e Aristóteles (384 - 322 a.C.) que procuraram entender o funcionamento da memória, o pensamento e os comportamentos anormais (SCHULTZ e SCHULTZ, 2007). Dessa forma, o desenvolvimento da Filosofia confunde-se com os primórdios da Psicologia, que abarcou de certa forma, questões filosóficas antigas. Ferreira (2005) diz que a história da Psicologia cruza com os caminhos de uma busca ancestral de conhecimento de si e confunde-se com a própria história do saber ocidental.

Muitos filósofos são estudados na Psicologia, pois localizam-se na base de formulações teóricas subsequentes e porque antigas discussões filosóficas resumem muitas das controvérsias atuais da Psicologia, como por exemplo, a relação entre corpo e mente, entre racionalidade e subjetividade. Estudar o processo de desenvolvimento da Psicologia desde os grandes sistemas filosóficos oferece suporte a muitas discussões metodológicas da área, pois como explicam Herrnstein e Boring (1971, p. 727) "a oposição entre Helmholtz e Hering, entre Wundt e Stumpf, entre os comportamentalistas e os gestaltistas – todas lembram a oposição entre Hume e Kant, Locke e Descartes."

Na Idade Moderna, já com certa distinção entre especialidades, físicos, anatomistas, médicos e fisiólogos estudaram comportamentos voluntários e involuntários do homem. Figueiredo e Santi (2008, p. 15) consideram que "os temas da Psicologia estavam dispersos entre especulações filosóficas, ciências físicas e biológicas e ciências sociais." No desenvolvimento da Psicologia como ciência, a fisiologia e a biologia influenciaram no uso da quantificação e na tendência a pesquisas universitárias em laboratórios. Wertheimer (1977) considera que a Filosofia influenciou a Psicologia com o empirismo crítico, o associacionismo e o materialismo científico de Descartes.

Estudiosos da História da Psicologia (WERTHEIMER, 1977; FIGUEIREDO; SANTI, 2008; FERREIRA, 2005) consideram que ela tornou-se ciência independente na segunda metade do século XIX. Vidal (2005) considera a existência de uma Psicologia empírica no século XVIII e justifica que apesar da ausência de laboratórios, ela era uma disciplina de pesquisa empírica comprometida com a perspectiva naturalista, o que quer dizer que a alma não era mais considerada como um princípio explicativo. A Psicologia no século XVIII ainda não era uma profissão institucionalizada, mas era uma disciplina, com um conjunto de saberes, regras, métodos, divergências e debates; com uma terminologia comum, publicações e pessoas dotadas de autoridade especial e estava presente em currículos acadêmicos e em materiais de ensino, como manuais e livros didáticos.

Para ser considerada como uma ciência autônoma, a Psicologia precisou mostrar que tinha um objeto próprio, além de métodos adequados para estudá-lo. Nesse caminho em busca de legitimidade, a Psicologia procurou objetividade e embasamento matemático, recorrendo a áreas mais consagradas cientificamente, para desenvolver-se à partir dessas bases. Como mostram Ferreira (2005) e Schultz e Schultz (2007), para ganhar reconhecimento, a Psicologia buscou apoio nos conceitos e métodos das ciências naturais, especialmente na fisiologia, biologia e química. Na área da saúde mental, ela ficou no entorno da psiquiatria e da neurologia para especificar a loucura como patologia da mente. Foi principalmente por meio da observação e da experimentação minuciosamente controladas que a Psicologia começou a adquirir uma identidade distinta de suas raízes filosóficas.

A Historiografia da psicologia comumente divide a história da Psicologia em história das ideias psicológicas ou da psicologia filosófica; e história da psicologia científica ou da psicologia moderna (PENNA, 1991, MASSIMI, 2001). O termo "moderna" demonstra o enfoque na Psicologia científica, mesmo que a distinção entre a Psicologia moderna e a Psicologia filosófica ocorra mais em função do método usado para responder aos questionamentos da área do que propriamente às perguntas feitas pelos estudiosos. Schultz e Schultz (2007) consideram que são a abordagem e as técnicas empregadas que diferenciam a antiga disciplina filosófica da Psicologia moderna. O estatuto de campo de estudo independente e essencialmente científico que trouxe legitimidade à Psicologia, embora posteriormente o caráter científico tenha sido questionado na história das ciências como um todo.

1.2 Psicologia no Brasil

Seguindo a divisão proposta por Pessotti (1988) daremos uma visão geral sobre a história da Psicologia brasileira, considerando os momentos: 1) Período Pré-institucional (até 1833); 2) Período Institucional (1833 - 1934); 3) Período Universitário (1934 - 1962) e 4) Período Profissional (a partir de 1962).

O *Período Pré-institucional* corresponde aos escritos sobre o Brasil colônia até a criação das primeiras escolas de medicina no Rio de Janeiro e na Bahia. Principalmente religiosos e políticos que escreveram sobre assuntos do saber psicológico. Como entre os séculos XVII e início do século XIX, a política cultural da metrópole proibiu a criação de universidades no Brasil colônia, jovens de famílias ricas iam estudar na Europa, especialmente em Portugal e na França e as publicações com temas psicológicos deram-se majoritariamente na Europa. Massimi (1990, 2005) pesquisou o interesse por assuntos psicológicos nas obras de jesuítas do século XVII e XVIII. Os jesuítas preocupavam-se com o conhecimento de si, com a compreensão da dinâmica interior e resgataram ideias de Aristóteles (384 – 322 a. C.) e de São Tomás de Aquino (1225 – 1274), pois acreditavam que para a conversão religiosa e para o comportamento virtuoso era fundamental conhecer a si mesmo.

Os religiosos buscaram também auxilio nas teorias psicológicas para conhecerem os índios que habitavam o Brasil. A demonstração da humanidade do índio, segundo Massimi (2005) é feita a partir do conhecimento de suas características psicológicas, ou seja, com base nas "potências" atribuídas à alma (entendimento, memória e vontade). As diferenças culturais dos índios estimularam estudos sobre a criança na sociedade indígena, sociabilidade, relação entre pais e filhos, a mulher na sociedade indígena, maternidade, etc. Os religiosos da Companhia de Jesus ganharam tanto prestígio que foram expulsos do Brasil colônia, em 1759, pela Coroa Portuguesa, que temeu o poder dos jesuítas. Outros temas de Psicologia presentes no período colonial são citados por Pessotti (1988, p. 18): "métodos de ensino, controle das emoções, causas da loucura, diferenças de comportamento entre sexos e raças, controle político, formação da juventude, persuasão dos selvagens, condições do conhecimento, percepção etc."

A independência política proclamada por Dom Pedro II, em 1822, propiciou a criação de instituições para promoverem o desenvolvimento do Brasil. Escolas e faculdades foram criadas no país, com inspiração europeia, especialmente seguindo o modelo francês, como por exemplo as escolas de medicina do Rio de Janeiro e da Bahia, de 1833. Nessas instituições e em escolas de formação do magistério, iniciou-se a constituição de um saber psicológico brasileiro em moldes acadêmicos e por isso o nome de *Período Institucional* (PESSOTTI, 1988). A Psicologia desenvolveu-se nesses locais como disciplina em diferentes áreas do saber: Filosofia, Direito, Medicina, Pedagogia, Teologia Moral. Ela esteve presente ainda na Arquitetura e também no movimento cultural do Barroco, que concebia o homem como movimento, transformação, questionando a ideia de verdade e defendendo a instabilidade da vida (MASSIMI, 1990). As teorias psicológicas forneceram pressupostos da jurisprudência, da ética natural e justificavam políticas públicas.

O *Período Universitário*, de acordo com Pessotti (1988), iniciou a partir de 1934, quando a disciplina Psicologia passou a ser obrigatória nos cursos de Filosofia, Ciências Sociais, Pedagogia, Licenciatura e opcional na Psiquiatria e Neurologia. Vemos aí a Psicologia como ciência complementar a essas áreas do conhecimento, mas em ascensão quanto a sua autonomia futura. Antes da regulamentação da profissão, de acordo com Soares (1979), a formação profissional do psicólogo organizou-se no Brasil como uma especialização, através da portaria 272 do Decreto-Lei 9092 de 1946. O psicólogo habilitado legalmente deveria frequentar os três primeiros anos de Filosofia, Biologia, Fisiologia, Antropologia ou Estatística e fazer os cursos especializados de Psicologia.

Em 1954 foi criada a Associação Brasileira de Psicólogos. Nesse ano foi proposto um projeto de Lei sobre o ensino obrigatório de Psicologia nos cursos de Medicina. Além disso, o Arquivo Brasileiro de Psicotécnica publicou um anteprojeto de Lei sobre a formação e regulamentação da profissão de psicólogo (PESSOTTI, 1975). A formação e a profissão de psicólogos foram regulamentadas quase dez anos depois, em 27 de agosto de 1962, pela Lei nº 4119. Nessa data foi instituído o dia do Psicólogo e iniciou-se o *Período Profissional* da Psicologia.

1.3 O mercado de trabalho do psicólogo no Brasil e sua inserção na área da saúde

A psicologia e a psicanálise foram ganhando o cotidiano das pessoas por meio de revistas, programas de televisão, livros, e deitar no divã passou a ser sinal de *status* social entre as classes média e alta (PEREIRA, 2003). Vemos na década de 1970, um aumento do número de profissionais formados em Psicologia, que acompanhou o crescimento dos cursos universitários na área e um aumento da demanda por serviços psicológicos. Soares (2010), em sua pesquisa sobre o conselho de psicologia, ilustra o crescimento do número de psicólogos, indicando que em 1974 haviam 895 inscritos nos conselhos regionais de psicologia. Esse número passou para 4.951 no ano seguinte e consecutivamente em 1976, os psicólogos registrados nos conselhos somaram 6.890. Nos dois anos posteriores, respectivamente 9.233 e 12.139 psicólogos registrados. Se inicialmente existiam três grandes áreas na Psicologia (educação, trabalho e clínica), outros espaços de atuação vão surgindo como a Psicologia Social, a Psicologia da Saúde, Psicologia Jurídica e Psicologia do Esporte. Focalizaremos a expansão que se deu na área da Psicologia da Saúde.

A partir de 1948, a Organização Mundial de Saúde adotou a definição do conceito de saúde como "um estado de completo bem-estar físico, mental e social e não meramente a ausência de doença ou enfermidade", o que exigiu a presença de outros profissionais nas práticas de saúde tradicionais. No cenário nacional, a VIII Conferência Nacional de Saúde, ocorrida em 1986, representou um marco, na medida em que se constituiu como o espaço de negociação e definição do Sistema Único de Saúde enquanto política nacional. Tal movimento influenciou na expansão da rede pública de atendimento e numa contratação de profissionais de várias especialidades. De acordo com a análise feita por Medici (1986), o perfil do emprego em saúde estava em crescimento, mas caracterizando-se por uma expansão importante nas contratações pelo setor público, *vis a vis* à ampliação no setor privado[1]. De acordo com o autor, o crescimento do emprego na saúde concentrou-se de forma especial no setor público e no nível ambulatorial.

A expansão de empregos na rede ambulatorial e principalmente no setor público foram influenciadas pelas propostas de desospitalização e de expansão dos serviços de saúde na rede básica (SPINK, 1992 *apud* PEREIRA, 2003). O entendimento da saúde como sendo um direito do cidadão e dever do Estado, gerou uma mobilização do governo para viabilizar o serviço à população. Diversas especialidades foram ganhando espaço em hospitais e em ambulatórios, inclusive os psicólogos.

Medici, Machado, Nogueira & Girardi (1992, *apud* PEREIRA, 2003) apontam as reformas realizadas nas instituições médicas, assistenciais e previdenciárias como responsáveis pela ampliação nas equipes multiprofissionais, privilegiando a participação de novas profissões na saúde. Dentre elas os autores indicam que embora o número de psicólogos nas equipes de saúde fosse menor do que os outros profissionais, a psicologia foi a profissão que mais expandiu-se no setor, passando de 726 empregos em 1976 para 3.671 em 1984, como nos mostram na tabela seguinte.

---

[1] Medici (1986) indica a perda de hegemonia do setor privado referente à totalidade do emprego em saúde e analisa vários dados referentes ao tema.

Tabela 1[2] – Participação das categorias na
Equipe de Saúde de Nível Superior Brasil, 1976-1984

Categoria	1976		1984	
	Absoluto	%	Absoluto	%
Médico	105.684	76,09	194.152	74,42
Odontólogo	11.732	8,45	25.078	9,61
Enfermeiro	12.252	8,82	21.766	8,34
Farmacêutico	3.355	2,41	5.621	2,15
Nutricionista	1.630	1,17	2.895	1,11
Assistente Social	3.309	2,39	6.649	2,55
Psicólogo	**726**	**0,52**	**3.671**	**1,41**
Sanitarista	607	0,15	1.060	0,41
Total	138.894	100,00	260.862	100,00

A presença do psicólogo entre as profissões de nível superior aumentou de forma importante. O crescimento em nenhuma outra especialidade foi equiparável. Mesmo com uma participação nas equipes de saúde ainda pequena comparada às outras profissões, essa proporção mudou de 0,52% para 1,41%. Pereira (2003) e Chiattone (2000) citam diversos fatores para explicar o crescimento da contratação de psicólogos na saúde como, por exemplo, a regulamentação da profissão em 1962; o aumento de psicólogos no mercado devido ao *boom* de faculdades particulares; a expansão das pesquisas na área hospitalar[3] e admissão, cada vez mais frequente no hospital geral, de casos que necessitavam de auxílio psicológico, como drogadição, alcoolismo e tentativa de autoextermínio.

À partir dessas e de outras mudanças na saúde, o número de psicólogos trabalhando nos setores público e privado, em serviços de internação e em ambulatórios, de fato aumentou. Pereira (2003) ressalta que a presença da psicologia em hospitais estava tradicionalmente ligada ao quadro das instituições psiquiátricas. No entanto, com essa nova

---

[2] Dados de Medici, Machado, Nogueira et Girardi, 1992, *apud* Pereira, 2003.

[3] Muitas pesquisas realizadas nesse período demonstraram o papel da subjetividade na evolução e no tratamento de doenças, além de indicarem uma correlação entre a presença dos psicólogos no hospital e a redução no tempo de internação.

configuração do mercado de trabalho em saúde no Brasil, os hospitais gerais tornaram-se uma nova possibilidade de atuação para os psicólogos o que impulsionou o desenvolvimento de um novo campo de atuação: a Psicologia Hospitalar.

1.4 Psicologia hospitalar

De acordo com Bornholt e Castro (2004), não existe em outros países do mundo a denominação "Psicologia Hospitalar", embora existam psicólogos atuando no hospital. O termo utilizado em outros países é "Psicologia da Saúde". Enquanto o termo "saúde" implica numa prática profissional centrada nas intervenções primárias, secundárias e terciárias, o termo "hospital" implica numa prática secundária e terciária[4]. Ou seja, o psicólogo no hospital inserido na internação não trabalha a intervenção primária, e atua com o indivíduo hospitalizado.

Silva e Portugal, afirmam que o termo hospitalar "teve origem nos simpósios, congressos, cursos e encontros nacionais da área e caracteriza o local de atuação do profissional, não sendo uma escolha fruto de reflexão" (SILVA; PORTUGAL, 2011, p. 5). No entanto, a psicologia da saúde e a psicologia hospitalar têm mais similitudes do que discrepâncias. Concordamos com Castro e Bornholdt (2004) que consideram adequado referir-nos à psicologia hospitalar como um trabalho que faz parte da psicologia da saúde, embora a psicologia da saúde possa ser considerada um subcampo da psicologia (MOSIMANN; LUSTOSA, 2011). A psicologia da saúde tem como objetivos estudar a etiologia psicológica das doenças; promover a saúde; prevenir e tratar doenças, promover políticas de saúde públicas, atuar em equipe multiprofissional colaborando para uma visão integral do sujeito e funções diversas que dependerão do contexto de sua inserção.

O papel do psicólogo hospitalar é definido de acordo com o espaço em que está inserido, ou seja, o hospital geral. Ao longo deste livro são descritas especificidades do trabalho do psicólogo, demonstrando inclusive subespecialidades nessa atuação dentro do hospital, contudo,

---

[4] Sabemos que essas definições não acontecem de forma tão precisas na prática, pois não raramente o psicólogo hospitalar insere-se na atenção primaria, trabalhando no atendimento ambulatorial, por exemplo.

uma diferenciação importante da atuação do psicólogo na saúde para o psicólogo hospitalar, diz respeito a função primeira dos próprios hospitais. Os cuidados nos hospitais gerais são centrados no diagnóstico e no tratamento de doenças de ordem física, o quer dizer que o atendimento médico está na base da assistência hospitalar. Sendo assim, o psicólogo atua não na doença propriamente dita, mas por meio de seu trabalho baseado na escuta, ele pode auxiliar o paciente na busca da restauração de um equilíbrio perdido por causa da doença.

A presença do psicólogo no hospital geral, segundo Maia (2006, p. 11) "foi se impondo na medida em que se estabeleceu um novo paradigma para a assistência à saúde, fruto da mobilização conjunta de profissionais e comunidade diante da limitação do modelo biomédico." A visão integral ao sujeito, preconizada entre os preceitos da saúde pública, ampliou a visão organicista, considerando as pessoas em seus aspectos psíquicos, sociais e espirituais. Sendo assim, o psicólogo trabalhando no hospital geral contribui para a elaboração de uma situação por vezes, traumática, causada pelo adoecimento e pela própria internação, e contribui para que a saúde se reestabeleça.

As pesquisas na área da psicossomática também contribuíram para que a psicologia fosse conquistando espaço no hospital. Outras pesquisas demonstravam a relação entre algumas patologias físicas e o equilíbrio emocional do doente, além de mostrarem como o fator emocional poderia influenciar na recuperação de uma doença. O adoecimento e a hospitalização foram considerados também como possíveis causadores de problemas psicológicos. O processo de adoecimento e o fato de estar hospitalizado podem fazer com que a pessoa sinta-se como um objeto nas mãos do médico. Como afirma Angerami-Camon:

> E o simples fato de se tornar "hospitalizada" faz com que a pessoa adquira os signos que irão enquadrá-la numa nova performance existencial, sendo que até mesmo seus vínculos interpessoais passarão a existir a partir desse novo signo. Seu espaço vital não é mais algo que dependa de seu processo de escolha. Seus hábitos anteriores terão de se transformar diante da realidade da hospitalização e da doença. Se essa doença for algo que a envolva apenas temporariamente, haverá a possibilidade de uma nova reestruturação existencial quando do restabelecimento orgânico, fato que, ao contrário das doenças crônicas, implica necessariamente uma total reestruturação vital (ANGERAMI-CAMON, 1994, p. 3)

Essa situação de fragilidade diante da doença faz com que o psicólogo hospitalar exerça um papel relevante nas equipes de saúde. O avanço tecnológico foi considerado como o causador da desumanização da assistência à saúde, impondo a necessidade de modificação do relacionamento médico-paciente. Um discurso a favor da humanização na saúde foi desenvolvido, gerando uma campanha nacional na saúde púbica e que foi também de encontro com a ampliação de outras profissões para compor as equipes multidisciplinares, favorecendo a presença dos psicólogos no quadro da saúde pública.

Mesmo que inicialmente, alguns psicólogos fossem contratados para atuarem nos recursos humanos dos hospitais, ocupando-se pelo recrutamento e seleção de funcionários, diante desse contexto, progressivamente, eles foram sendo convocados para darem suporte a pacientes, suas famílias ou ainda para as equipes de saúde. Além disso, como foi dito anteriormente, a admissão no hospital geral de casos de drogadição, alcoolismo e tentativa de autoextermínio, foram gerando em alguns membros da equipe, a demanda da atuação do psicólogo. Casos de depressão hospitalar, frequentemente decorrentes de uma internação prolongada, além da resistência à adesão ao tratamento mobilizaram a ação dos psicólogos no hospital geral. Segundo Pereira (2003), os psicólogos muitas vezes estiveram vinculados ao Setor de Psiquiatria dos hospitais gerais e em alguns casos realizavam psicodiagnósticos usando testes como ferramenta.

O trabalho dos psicólogos nos hospitais gerais no Brasil teve início ainda na década de 1950, com atuações pontuais de alguns profissionais, em hospitais de grande porte (PEREIRA, 2003; VIEIRA, 2006). Um marco da psicologia hospitalar deu-se em 1954, quando Matilde Neder, precursora da Psicologia Hospitalar, iniciou suas atividades na Clínica Ortopédica e Traumatológica da Universidade de São Paulo (SILVA e PORTUGAL, 2011; ANGERAMI-CAMON, 2004).

Constatamos que o predomínio de pesquisas na história da Psicologia Hospitalar está focalizado no contexto de São Paulo. Progressivamente outros estados[5] estão publicando e resgatando outras histórias (YAMAMOTI; TRINDADE; OLIVEIRA, 2002; SILVA *et al*, 2012; VIEIRA, 2006). Contudo,

---

[5] A história da Psicologia Hospitalar em Minas Gerais está incluída neste livro, no capítulo seguinte. (Nota dos organizadores)

o pioneirismo do trabalho da psicologia hospitalar merece estudos mais aprofundados. Retornando ao cenário nacional, citamos o I Encontro Nacional de Psicólogos da Área Hospitalar, promovido pelo Serviço de Psicologia do Hospital das Clínicas da USP, em 1983, e a criação da Sociedade Brasileira de Psicologia Hospitalar, em 1997. A especialidade do psicólogo hospitalar foi instituída em 2000, pelo Conselho Federal de Psicologia (CFP), por meio da resolução nº 014/00.

1.5 Conclusão

Para concluir, abrimos uma discussão não com o objetivo de dar respostas e encerrar as reflexões, mas para estimular a problematização. Como retratamos brevemente, a Psicologia surgiu à partir da intercessão de áreas do conhecimento que podem ser consideradas antagônicas. Enquanto a Filosofia olha para seu sujeito de maneira totalizante, as ciências físicas e biológicas dividem o objeto para conseguir compreendê-lo. A Psicologia nasce dessa contradição, o que nos remete a pensar na questão em que a profissão vive para constituir sua identidade. Somos uma área das ciências humanas? Ou a Psicologia é uma disciplina das ciências da saúde? Dividimos nosso objeto para compreende-lo? Ou olhamos para o homem integralmente?

Se os temas da Psicologia estavam dispersos entre especulações filosóficas, biológicas e sociais, a autonomização da área não se fez sem divergências. Mesmo que algumas dessas soluções se façam de forma arbitrária, sua problematização é necessária para que o psicólogo, não importa onde vá se inserir, ocupe seu lugar de maneira conscienciosa. O psicólogo hospitalar, apesar de voltar-se para a saúde, vai ocupar um lugar diferenciado entre os outros profissionais das ciências médicas, na equipe de saúde. Essa diferenciação encontra-se justamente nas suas especificidades enquanto ciências humanas.

O psicólogo consciente desse debate, refletindo sobre tais contradições e ambiguidades, saberá utilizar esse lugar híbrido ao seu favor, e principalmente, em favor do paciente. Por outro lado, ignorar essas questões deixaria seu posicionamento frouxo e tal profissional provavelmente não saberia a quem responder no trabalho hospitalar: ele deve trabalhar em favor da instituição? Dos seus colegas? Da familia do paciente? Do doente? Muitas vezes tais demandas se apresentam de maneira conflitante. O desafio imposto para os psicólogos no hospital não é facilmente resolvido, mas a aproximação com as diversas áreas que compõe o saber do psicológico trará as ferramentas necessárias para o exercício profissional de qualidade. O lugar ocupado pelos psicólogos no hospital será tratado nos outros capítulos desse livro e as discussões trazidas no livro serão complementares para auxiliar os interessados em refletir sobre a psicologia no hospital e na saúde.

Referências

ANGERAMI-CAMON, V. A. Psicologia Hospitalar: O pioneirismo e as pioneiras. In: ANGERAMI-CAMON, V. (org.). **O doente, a psicologia e o hospital**. São Paulo: Pioneira, 2004.

ANGERAMI-CAMON, V. A. (org.). **Psicologia Hospitalar**: teoria e prática. São Paulo: Pioneira, 1994.

CASTRO, E. K.; BORNHOLDT, E. Psicologia da Saúde X Psicologia Hospitalar: definições e possibilidades de inserção profissional. **Psicologia:** ciência e profissão, ano 24, n°3, p 48-57, 2004.

CHIATTONE, H. B. C. A significação da psicologia no contexto hospitalar. In: ANGERAMI-CAMON, V. A. (Org.). **Psicologia da Saúde:** um novo significado para a prática clínica. (p. 73-165). São Paulo: Pioneira Thomson Learning, 2002.

HERRNSTEIN, R.J.; BORING, E. G. A natureza da Psicologia. In: **Textos básicos de história da Psicologia.** Tradução Dante Moreira Leite. São Paulo: Editora HERDER, P. **A Source Book in the History of Psychology**. Editora da Universidade de São Paulo. 1971. Original América de 1966. Cambridge, Massachusetts.

Hospital Municipal Odilon Behrens. **Revista de Psicologia Hospitalar do Hospital Municipal Odilon Behrens**. Belo Horizonte, MG, n°1, 2008.

FERREIRA, A.L. O múltiplo surgimento da Psicologia. In: JACÓ-VILELA, A.M.; FERREIRA, A. A. L.; PORTUGAL, F. T. **História da Psicologia**: rumos e percursos. Rio de Janeiro, NAU. 2005. Cap.1. p. 13–46.

FERREIRA, M.D.V. **Entrevista concedida**. 2013.

FIGUEIREDO, L.C.; SANTI, P.L.R. **Psicologia uma (nova) introdução** – uma visão histórica da Psicologia como ciência. 3 ed. São Paulo: Educ, 2008. 104 p.

MAIA, S. M. **A interconsulta psicológica no hospital geral**: uma demanda institucional. Dissertação (Mestrado em Psicologia). Faculdade de Filosofia e Ciências Humanas da Universidade Federal de Minas Gerais, Belo Horizonte, Maio de 2006. Disponível em: <http://www.bibliotecadigital. ufmg.br/dspace/handle/1843/VCSA-6WWFVT> Acesso em: ago. 2012.

MASSIMI, M. **História da Psicologia brasileira** – da época colonial até 1934. São Paulo: Editora EPU, 1990. 84 p.

MASSIMI, M. Ideias psicológicas na cultura luso-brasileira, do século XVI ao século XVIII. In: JACÓ-VILELA, A. M.; FERREIRA, A. A. L.; PORTUGAL, F.T. **História da Psicologia** – rumos e percursos. Rio de Janeiro: Editora NAU, 2005. Cap. 3, p. 75–83.

MASSIMI, M. O processo de institucionalização do saber psicológico no Brasil do século XIX. In: MASSIMI, M. **História da Psicologia** – rumos e percursos. Rio de Janeiro: Editora NAU. 2005. Cap. 9, p. 159–168.

MEDICI, A. C. Emprego em saúde na conjuntura recente: lições para a reforma sanitária. **Cad. Saúde Pública**, Rio de Janeiro, v. 2, nº 4, Dec. 1986. Disponível em: <http://www.scielo.br/scielo.php?script=sci_arttext&pid=S0102-311X1986000400002>. Acesso em: 21 jul. 2012.

MOSIMANN, L. T. N. Q.; LUSTOSA, M. A. (2011). A psicologia hospitalar e o hospital. **Rev. SBPH,** Rio de Janeiro, v. 14, nº 1, jun. 2011. Disponível em: <http://pepsic.bvsalud.org/scielo.php?script=sci_arttext&pid=S1516-08582011000100012&lng=pt&nrm=iso>. Acesso em: 21 jul. 2012.

PENNA, A. G. **História das ideias psicológicas**. 2. ed. Rio de Janeiro: Imago, 1991. 151p.

PEREIRA, F. M. (2003). **A inserção do psicólogo no hospital geral: A construção de uma nova especialidade**. Dissertação de mestrado. Fundação Oswaldo Cruz, Rio de Janeiro, Pós-Graduação em História das Ciências da Saúde. Disponível em http://www.fiocruz.br/ppghcs/media/pereirafm. pdf Acesso em 18 de agosto de 2012.

PESSOTTI, I. Dados para uma história da Psicologia no Brasil. **Psicologia,** São Paulo, ano 1, nº 1, p. 1-14, mai. 1975. Semestral.

PESSOTTI, I. Notas para uma história da Psicologia brasileira. In: Conselho Federal de Psicologia (Org.). **Quem é o psicólogo brasileiro?** São Paulo: Edicon, Educ e Edufpr, 1988. p.17-31.

SILVA, A. N. *et al.* Psicologia Hospitalar: reflexões a partir de uma experiência de estagio supervisionado junto ao setor Obstétrico-Pediátrico de um Hospital Público do interior de Rondônia. **Rev. SBPH**, Rio de Janeiro, v. 15, nº 1, jun. 2012 .

SILVA, A. P. O.; PORTUGAL, F. T. A Psicologia (no contexto) Hospitalar segundo o Conselho Federal de Psicologia e a literatura atual. **Revista Integrativa em Saúde e Educação – Revise**, ano 2, v.2, p.1-16, 2011. Disponível em: www.ufrb.edu.br/revise Acesso em: ago. 2012.

SOARES, A. R. A psicologia no Brasil. **Psicologia, Ciência e Profissão** (Edição especial), n° 0, 09-59, 1979.

SOARES, A. R. A psicologia no Brasil. **Psicologia, Ciência e Profissão**, 2010, 30 (núm. esp.), 8-41. http://www.scielo.br/pdf/pcp/v30nspe/v30speca02.pdf

SCHULTZ, D. P.; SCHULTZ, S. E. **História da Psicologia Moderna**. Tradução Suely Sonoe Murai. São Paulo: Thomson Learning, 2007. Titulo original A history of modern psychology. 4a. reimpressão da 1a. edição de 2005. 484 p. Tradução da 8ª edição norte-americana.

VIEIRA, C. M. A. M. **A construção de um lugar para a psicologia em hospitais de Sergipe**. 164 f. Dissertações (Mestrado em Psicologia Social) – Pontifícia Universidade Católica de São Paulo. São Paulo, 2006.

YAMAMOTO, O. H.; TRINDADE, L. C. B. O.; OLIVEIRA, I. F. O psicólogo em hospitais no Rio Grande do Norte. **Psicologia USP**, São Paulo, vol.13, n° 1, 2002. Disponível em <http://www.scielo.br/scielo.php?script=sci_arttext&pid=S0103=65642002000100011-&lng=en&nrm-iso>. Acesso em: ago. 2012.

WERTHEIMER, M. **Pequena História da Psicologia**. São Paulo: Editora Nacional, 1977. Tradução Lólio Lourenço de Oliveira. 3. ed., 208 p.

CAPÍTULO 2

HISTÓRICO DA PSICOLOGIA HOSPITALAR EM MINAS GERAIS

Eunice Moreira Fernandes Miranda

2.1 Apresentação

Esta pesquisa documental é o primeiro trabalho publicado sobre a história da Psicologia Hospitalar em Minas Gerais, iniciado em abril de 1996 para ser apresentado no III Congresso Brasileiro de Psicologia Hospitalar, realizado em Belo Horizonte.

Naquele momento foi dada uma primeira forma a este trabalho, o que foi um modo de significar as informações colhidas na ocasião, que evidenciavam algumas condições do nosso fazer no âmbito do hospital geral.

Na primeira apresentação do trabalho fizemos um convite às pessoas que tivessem algum dado a ser acrescentado, que também viessem contar suas vivências profissionais, e neste "contar a história", que se iniciou no Congresso foram somados novos trechos desta nossa história, que serão apresentados neste capítulo.

Considero que a história é um processo, por isso, mesmo este trabalho tendo se iniciado há vários anos, ainda é tempo de continuar a sua composição. O ponto de partida não está na data inicial, de quando começou a atuação do psicólogo em Minas Gerais. Há todo um processo que envolveu inúmeras pessoas, micro histórias que nem sempre aparecem, e que talvez sejam anteriores à primeira data encontrada. Porém, acredito que a contribuição dos ausentes nesta composição histórica é fundamental.

Com relação às contribuições recebidas, vemo-las como fatos: são a matéria-prima da história. Não tivemos a preocupação em comprovar a veracidade dos mesmos, até porque parte do trabalho baseia-se em depoimentos orais e escritos, que transmitem uma versão dos acontecimentos e não a reconstituição dos próprios acontecimentos. Sabemos que dependendo de como o fato é trabalhado, dará interpretações diferentes, haja vista que a recordação do mesmo depende da memória e do lugar ocupado por quem conta a história. De acordo com Haguette (2011) a memória humana não tem capacidade de reter todas as informações, e desta forma os acontecimentos ou impressões relatadas podem ser omitidos e até mesmo distorcidos.

> A reconstrução de memória pode estar imersa em reinterpretações, seja pela distância existente entre o fato passado e o depoimento presente que já incorpora possíveis mudanças de perspectiva ou de valores do ator social, seja porque o fato pode ser reinterpretado à luz dos seus interesses. (HAGUETTE, 2011, p. 89)

Enquanto historiadora da Psicologia Hospitalar em Minas Gerais tento fazer a reconstituição histórica do passado de forma comprometida com o presente e a todo instante é possível haver contradições de narrativas, o que é próprio da metodologia de história oral. Daí a necessidade de repensar a história continuamente, pois ela é uma obra-prima inacabada, e por isso precisa ser permanentemente revista.

2.2 Metodologia

Há um mito de que a Psicologia Hospitalar é uma área recente de atuação. Não é o que encontramos neste estudo. Recorrendo à literatura, em Angerami-Camon (1992) constatamos que a Psicologia Hospitalar no Brasil iniciou-se em 1954. Ele, ao tentar escrever a história da Psicologia Hospitalar no Brasil, comenta que deixou o seu trabalho incompleto. Ao historiar sobre a Psicologia Hospitalar em Minas Gerais, tenho a mesma sensação, talvez porque tenha a convicção de que a história não se encerra no tempo.

Vamos tentar localizar agora, neste segmento histórico, como a Psicologia Hospitalar surgiu no cenário mineiro. A referência é o Hospital Geral, uma área de atuação na qual diversas ações se estruturaram e continuam se aprimorando enquanto uma especificidade de trabalho, mesmo sabendo que muitos anos antes o psicólogo já se inseria no contexto hospitalar, na assistência psiquiátrica.

Neste momento, o objetivo é fazer a reconstrução histórica que engloba o período de 1968 a 1988, que poderá subsidiar reflexões sobre o momento atual da Psicologia Hospitalar.

Para ter acesso a este conhecimento o ponto-de-partida foi o contato com pessoas que transitaram pelas diversas instituições hospitalares, nas quais se instituiu o trabalho do psicólogo neste Estado. A partir deste contato foi possível acessar os documentos, tais como cartas, relatórios, planejamentos, projetos, artigos de revistas e depoimentos escritos.

A pesquisa documental é uma modalidade de pesquisa qualitativa que se utiliza de métodos e técnicas para a apreensão, compreensão e análise de documentos diversos, que ainda não foram analisados por nenhum pesquisador. Para Sá-Silva; Almeida; Guindani (2009).

> O uso de documentos em pesquisa deve ser apreciado e valorizado. A riqueza de informações que deles podemos extrair e resgatar justifica o seu uso em várias áreas das Ciências Humanas e Sociais porque possibilita ampliar o entendimento de objetos cuja compreensão necessita de contextualização histórica e sociocultural. (p. 2)

Desta forma, utilizou-se da pesquisa documental como instrumento para o estudo proposto, e também a história oral.

A história oral, de acordo com Haguette (2011), é uma técnica de coleta de dados baseada no depoimento oral. É possível, através da mesma, preencher as lacunas existentes nos documentos escritos, na medida em que o entrevistado fornece informações, recorrendo à sua experiência e memória, para recompor fatos ocorridos anteriormente que compõem a história da Psicologia Hospitalar.

Em seguida, através do estudo dos documentos, foram extraídas as informações sobre a história de cada instituição, informações estas que posteriormente foram analisadas e sintetizadas neste trabalho. Foi analisada a memória social colhida através de documentos retrospectivos e depoimentos escritos e orais destas pessoas, e que aqui serão apresentadas.

A Psicologia no contexto do hospital geral teve início na Santa Casa de Misericórdia de Belo Horizonte (1968) e depois foi estendendo-se a outros hospitais, conforme evolução histórica deste trabalho.

2.3 Resultados

Santa Casa de Misericórdia de Belo Horizonte (SCMBH)

A precursora da Psicologia Hospitalar em Minas Gerais foi a psicóloga Zélia de Oliveira Nascimento, que foi aluna da Pontifícia Universidade Católica de Minas Gerais - PUC-MG. Segundo seu relato, em 1967, o Dr. Navantino Alves, Pediatra da Santa Casa de Misericórdia de Belo Horizonte, foi a um Congresso de Pediatria no Canadá, e lá ele se deparou com uma nova realidade: todos os serviços de pediatria daquele local contavam com psicólogos em suas equipes.

Ao retornar ao Brasil, mesmo diante da nossa realidade, a qual não favorecia o psicólogo como profissional da saúde, partiu para buscar este novo integrante para sua equipe. Entrou em contato com a PUC-MG, e na ocasião ninguém se dispôs a fazer esse trabalho, por não ser remunerado e também por não se saber qual seria a atuação do psicólogo no âmbito hospitalar.

Por fim, o aluno do curso de Psicologia, Helvécio Siqueira[6], aceitou o encargo e convidou mais dez colegas de curso para começar o trabalho, dentre eles Zélia Nascimento. Não sabendo muito bem o que fazer, começaram a utilizar a sala de recreação existente na Pediatria para fazer atendimento. Somente Zélia partiu, de fato, para o atendimento na enfermaria. Com uma semana de atividades, os outros estudantes desistiram do trabalho e ela, que havia ido para o Berçário, permaneceu.

Isto ocorreu em **1968**. Ela estava cursando o terceiro ano de Psicologia e, como também não sabia o que fazer, procurou supervisão. Não encontrando quem pudesse supervisioná-la, teve notícias de que a psicóloga Maria Silvia Machado (que era diretora do Instituto Psicopedagógico), fazia avaliação de bebês através do teste de Gesell. Entrou em contato com ela, solicitando sua ajuda para aprender a fazer a referida avaliação. Maria Silvia, que na época já era uma pessoa muito ocupada, indicou então Lígia Mourão[7], uma aluna sua, para ensinar o teste de Gesell à Zélia Nascimento. A partir daí, e em contato com a teoria de

---

[6] A apresentação do citado foi feita por Zélia Nascimento, entretanto não há mais dados sobre o mesmo além desta menção.

[7] Mencionada por Zélia Nascimento, porém não há mais dados além desta alusão.

Gesell, René Spitz e Margareth Ribble, ela traduziu um livro de Gesell e estudou sobre hospitalismo e depressão anaclítica. Mostrou este trabalho ao Dr. Navantino, que lhe pediu que usasse este material para dar uma aula aos médicos e enfermeiras da sua equipe.

Com isso ela conseguiu abordar a questão científica da época que era a seguinte: porque os médicos conseguiam curar as crianças das doenças diagnosticadas inicialmente e porque em seguida elas morriam de outras doenças, contraídas no hospital? Zélia mostrou à equipe que estas crianças ficavam confinadas nos berçários, onde um bebê não via o outro e a mãe só tinha contato com o filho pelo vidro. E a resposta à questão proposta pelos médicos foi: devido à privação do carinho materno e a falta de contato com a equipe de enfermagem, que não segurava as crianças no colo nem para dar-lhes a mamadeira, as crianças entravam num quadro de depressão anaclítica, ficando com isso imunodeprimidas e consequentemente contraindo novas infecções. Na época tomavam-se essas precauções, que incluíam o contato restrito com os bebês, temendo-se pela infecção hospitalar. Diante disso o Dr. Navantino autorizou-a a mudar o ambiente do Berçário e o espaço físico: as mães passaram a ter contato direto com os bebês. E dentro do seu trabalho, Zélia Nascimento todas as manhãs fazia estimulação precoce aos bebês.

O trabalho foi sendo feito até que, um dia, chegou uma menina da cidade de Montes Claros, interior de Minas Gerais, com hidrocefalia[8], para colocar uma válvula, o que era um procedimento simples[9]. Ao ser deixada no hospital, pela sua mãe, passou a apresentar o que Spitz, em sua obra *O Primeiro Ano de Vida* descrevia como hospitalismo: choro intenso no primeiro dia; no segundo dia só resmungou; e, com quatro, cinco dias, ela morreu. Então, Zélia, perguntou aos médicos, a *causa mortis* da criança. E foi assim, através de provocações e questionamentos que ela foi conquistando o seu espaço junto à equipe. Dentro da avaliação de Gesell, ela começou a fazer alguns diagnósticos sobre o desenvolvimento infantil, o que surpreendeu a equipe diante dos acertos obtidos nas avaliações. O Hospital das Clínicas ao saber dos resultados solicitou que a mesma fosse para lá fazer diagnósticos.

---

[8] Refere-se a uma condição na qual a quantidade de liquor aumenta dentro da cabeça.

[9] O implante da válvula possibilita a retirada do excesso de líquido de dentro do sistema ventricular.

Por dois anos e meio desenvolveu este trabalho na Santa Casa, indo ao Hospital das Clínicas sempre que era convidada. Os médicos passaram a solicitá-la para acompanhar crianças durante punções lombares e outros procedimentos médicos e nesse momento o trabalho foi se expandindo.

Zélia se graduou em 1970 e permaneceu na Santa Casa até 1972, pois após concluir o curso de Psicologia, surgiram outras possibilidades de trabalho. Apareceram nesta época, na Santa Casa, um grupo de estudantes de Psicologia com interesse em prosseguir com o trabalho, dentre eles Gislaine Assumpção, Gláucia Prosdocimi[10] e Gláucia Rezende Tavares. Zélia então se dispôs a dar supervisão até se afastar totalmente do trabalho. Isto ocorreu quando este grupo consolidou a sua atuação junto à equipe do hospital.

No final de 1972, princípio de 1973, Gislaine M. D'Assumpção foi para a Santa Casa a convite do Dr. Firmato, pediatra. Nessa ocasião, teve boas referências do trabalho de Zélia Nascimento e, ao procurá-la, percebeu uma abertura imensa por parte de Zélia para orientá-la e apoiá-la no trabalho. Recebeu da mesma, referência bibliográfica, supervisão e, segundo Gislaine, ela tinha um carinho e entusiasmo muito grande com a Psicologia Hospitalar. A partir dessa orientação, no período de abril a maio de 1974, foi realizado um levantamento estatístico enumerando o tipo de patologia, faixa etária e tempo de internação das crianças da Ala A e um estudo da organização hospitalar na Pediatria da Santa Casa. Depois desta primeira etapa, foi apresentado à direção da clínica um planejamento. Os meses de junho e julho foram utilizados para a organização do Serviço.

Em agosto começou o trabalho prático, sob a coordenação de Gislaine M. D'Assumpção e Gláucia Prosdocimi Silva e supervisão de Zélia Nascimento. Compunha também a equipe Gláucia Rezende Tavares e Maria Helena Libório Barbosa Mello[11].

Em setembro de 1974 foi iniciado o Curso de Desenvolvimento Infantil na Pediatria da Santa Casa, planejado para o corpo de enfermagem, AVOSC[12] e Serviço Social do hospital. O objetivo do curso era

---

[10] Mencionada por Zélia Nascimento e Gislaine D´Assumpção, porém não houve contato com a mesma, pelo fato de residir em outra capital.

[11] Maria Helena Libório, atuou também no Hospital da Baleia (Fundação Benjamim Guimarães), em 1991, quando foi implantada a Clínica de Psicologia e Psicanálise.

[12] Associação das Voluntárias da Santa Casa de Misericórdia

conscientizar às pessoas que lidavam com a criança, da importância de sua função e da necessidade de um conhecimento maior sobre o desenvolvimento infantil.

Fizeram ainda a remodelação ambiental da Pediatria, com ajuda de voluntários da Escola de Belas Artes da UFMG. O objetivo era mudar o ambiente hospitalar, criando um clima de alegria, proporcionando maior estimulação visual à criança hospitalizada, por considerarem que a estimulação é de vital importância para as crianças do Berçário.

Em relação à entrada de estagiárias, havia todo um cuidado e o estagiário assinava um termo de compromisso de estágio. Considero importante esta iniciativa, pois nesta época não haviam estágios curriculares nesta área e o aluno precisava ser selecionado e preparado para esta prática, que era iniciada sem que ele tivesse recebido os subsídios necessários na academia. Ainda hoje isto é necessário, pois mesmo com os estágios curriculares em Psicologia da Saúde e Hospitalar, nem sempre a instituição hospitalar tem uma organização necessária para favorecer o aprendizado do aluno, que precisa de um tutor, no campo da prática para orientá-lo e supervisioná-lo. Os estagiários seguiam um roteiro de atendimento que compreendia: identificação da criança e estudo de caso através do contato com o médico residente e leitura do prontuário da criança, anotando, de forma resumida, o que considerava importante. Faziam anamnese com os pais, observação do bebê, e atendimento da criança, no caso de crianças maiores, avaliação das crianças através da aplicação de testes e anotações sobre o comportamento da mesma. Os estagiários faziam uma prova que tinha por objetivo a verificação do conhecimento em relação à teoria e apreensão do papel do psicólogo hospitalar. Gláucia Tavares comenta que foi a primeira estagiária a submeter-se a uma avaliação por escrito, para formalização da sua condição de estagiária e que os estudos de Margareth Riblle e Spitz eram as referências teóricas nesta época.

Gislaine comenta que um dos fatores que ajudou na estruturação do trabalho foi o material trazido dos Estados Unidos, por um médico amigo, referente a um programa de atendimento psicológico infantil desenvolvido em um hospital americano. Baseado neste trabalho foi montado um teatrinho de fantoches para preparar crianças para cirurgias e um livro de histórias que tinha o objetivo de colocar a criança em contato com o hospital.

As psicólogas participavam também de reuniões clínicas e davam aulas para os médicos residentes. Sempre registravam os trabalhos em relatórios e faziam planejamento para etapas subsequentes. Depararam-se com várias dificuldades, dentre elas a falta de apoio da direção do hospital. Ainda assim, prestavam a assistência psicológica, realizavam preparação para cirurgia e atendiam interconsulta da endocrinologia, em casos de pacientes com genitália ambígua.

Nesta época, a equipe era composta por cinco voluntárias, dentre elas Gláucia Prosdócimi, que permaneceu na coordenação do trabalho após a saída da Gislaine.

Antes da saída de Gislaine, ela e Gláucia Prosdócimi apresentaram um relatório do trabalho desenvolvido entre 1974 a 1975. Somado a este relatório encaminharam uma carta ao provedor da Santa Casa em 24 de dezembro de 1975, solicitando a oficialização do serviço, bem como recursos materiais (incluindo sala para atendimento, reprodução de fichas de anamnese e de preparação para cirurgia). Na verdade o que estava sendo pedido era o reconhecimento e apoio da direção do hospital para o trabalho ora realizado.

Este fato retrata a situação de muitos psicólogos, que tiveram que enfrentar inúmeras dificuldades para serem reconhecidos pela organização hospitalar, apesar da competência e do trabalho realizado. A luta pela legalização e regulamentação desta prática vem de muitos anos, de muito esforço, competência e dedicação.

O motivo da saída de Gislaine foi porque apesar de receber apoio das equipes de Pediatria e Endocrinologia para a realização do trabalho, estas equipes não tinham força política para efetivá-las na instituição. Enquanto coordenadora do trabalho, enviou uma carta, datada de 11 de outubro de 1976, falando do encerramento das atividades da psicologia por falta de condições de trabalho, pelas dificuldades encontradas, argumentando a importância da assistência psicológica.

O objetivo desta carta foi o de tentar abrir caminho para a Psicologia Hospitalar. E foi nessa ocasião que ela deixou o trabalho. A partir daí, passou a fazer palestras em outros hospitais sobre Hospitalismo, e desenvolveu um trabalho junto a profissionais de saúde, na área da Tanatologia. A respeito deste desfecho, Gláucia Tavares comenta que: a precariedade das condições físicas da instituição e a grande novidade da proposta não foram limitadores absolutos para a implantação do

Serviço de Psicologia. Segundo ela, a dificuldade maior foi a manutenção da proposta, e a finalização do trabalho gerou frustração e decepção a elas. De qualquer maneira a semente desta proposta não se perdeu e o reconhecimento da contribuição do psicólogo no contexto hospitalar não é um mito.

Anos mais tarde, em 1986, um grupo de psicólogos voluntários e a alguns estudantes de Psicologia, dentre os quais eu me incluo, participamos de um grupo com a pediatra Dra. Marília de Freitas Maakaroun. Estas reuniões foram instituídas pela Dra. Marília, e incluíam estudo de literatura sobre Desenvolvimento Infantil. Naquela época não tínhamos nenhuma referência dos trabalhos desenvolvidos anteriormente. Estávamos na Instituição pioneira da Psicologia Hospitalar em Minas Gerais e de nada sabíamos.

Mesmo sendo um grupo de voluntários, percebíamos que o trabalho só se efetivaria com a colaboração de profissionais afins, e iniciamos uma atividade interdisciplinar. Aos poucos o nosso grupo de psicólogos conseguiu definir-se, diferenciar-se e destacar-se e passou a buscar reuniões mais técnicas para discutir o papel do psicólogo no contexto hospitalar. Tínhamos o cuidado de registrar todas as atividades em atas, assim como os atendimentos realizados, e fazíamos o registro do atendimento no prontuário. A nossa preocupação dizia respeito à efetivação do trabalho dos psicólogos que ainda não era reconhecido na Instituição.

Nos dias um e dois de outubro de 1988 foi realizado o I Seminário dos Psicólogos da SCMBH. Nesta época desenvolvíamos trabalhos em várias clínicas médicas, dentre elas Pediatria, Cardiologia e Oncologia. Era um grupo composto pelos psicólogos: Paulo da Silva Sírio, Maria Alice de Souza, Ivone de Fátima Paula, Eugenia Cardoso dos Santos, Maria Susana Alamy Reis, Lívia Nogueira Lima e Cynthia Nogueira Lima Carneiro e eu, Eunice Miranda. Nesta ocasião recebíamos estagiários de diversas universidades, de maneira extracurricular, que estagiavam sob supervisão e acompanhamento dos psicólogos do Setor.

Nesta época, este grupo, como dito anteriormente, não tinha conhecimento dos trabalhos desenvolvidos outrora na instituição e um dos trabalhos realizado por alguns psicólogos foi sobre hospitalismo. Então quando não se tem acesso à história há uma tendência a refazer o que foi estruturado em outra época por outro profissional. Se tivéssemos conhecido o trabalho de Zélia Nascimento, teríamos avançado muito mais, pois já teríamos uma base previamente estruturada.

Em 1991 todos nós, psicólogos até então voluntários, fomos contratados para o cargo de "Psicólogo Geral", na instituição, o que foi um grande marco para todos os presentes, e criando-se oficialmente o Serviço de Psicologia. Em 1992, foi realizado na Santa Casa, o I Encontro Médico e houve abertura para apresentação do trabalho da Psicologia através de painéis com os temas: A atuação do Serviço de Psicologia da SCMBH, Atuação da Psicologia na Maternidade, Atuação da Psicologia na Nefrologia.

Hospital das Clínicas da Universidade Federal de Minas Gerais (HC/UFMG)

Em 1972, Gislaine D'Assumpção e Maria de Lourdes Guimarães de Almeida Barros, estudantes do 2° ano do curso de Psicologia, foram convidadas pelo Dr. Ennio Leão, pediatra, para montar o serviço de psicologia na Pediatria do HC. Após aceitar o convite, procuraram estudar e receber orientação dos professores universitários, que ainda não tinham nenhum conhecimento na área e forneceram somente indicações bibliográficas. Na época o subsídio teórico encontrado para o trabalho foi a psicanálise infantil, o livro do Spitz e os estudos de Margareth Ribble. Segundo Gislaine o trabalho foi pioneiro no HC, pois ia se estruturando à medida em que a prática acontecia.

Gislaine conta que inicialmente fizeram uma reunião com o corpo clínico da Pediatria e fizeram uma proposta de trabalho. Realizaram um estudo sobre hospitalismo, apresentaram à equipe e começaram a atender as crianças. Gislaine e Maria de Lourdes coordenavam o trabalho, até que Maria de Lourdes, por problemas pessoais teve que se afastar. Entraram novas voluntárias, sob a coordenação de Gislaine e elas trabalhavam aplicando testes motores, para ver a deficiência das crianças, idade mental ou problema emocional. Faziam estudo de casos e dentro da abordagem do Spitz, começaram a fazer um trabalho com os bebês através do contato terapêutico. Gislaine permaneceu neste trabalho até 1974. Gláucia Rezende Tavares também comenta sobre a oportunidade que teve de acompanhar a implantação deste trabalho no HC, que era coordenado por Maria de Lourdes G. A. Barros, Gislaine D'Assumpção, Gláucia Prosdocimi, sob a supervisão de Maria do Carmo Vasconcelos.

Já Maria de Lourdes Guimarães de Almeida Barros apresenta uma outra sequência nos fatos. Talvez pela passagem do tempo haja divergência nas narrativas. Ela relata que o Dr. Ennio Leão pediu a ela que fizesse um Projeto. Neste momento ela era ainda estudante e diante do volume de coisas a serem feitas convidou os colegas de sala para ajudá-la. Solicitou à Maria do Carmo Vasconcelos para coordenar o trabalho.

Em 1973 convidou Gislaine D'Assumpção a participar do trabalho, quando algumas pessoas que iniciaram o trabalho com a Maria de Lourdes deixaram o grupo.

Maria de Lourdes viajou para a Alemanha levando consigo uma carta do Departamento e visitou um hospital, no qual teve acesso a um livro sobre a criança no hospital. O livro foi traduzido pelo Dr. Thomaz Aquino, Engenheiro professor da Escola de Engenharia da UFMG.

Requisitaram materiais e conseguiram tudo o que era necessário para a realização do trabalho. Com uma doação recebida em dinheiro montaram uma sala de ludoterapia. Depois de Maria do Carmo Vasconcelos quem assumiu a orientação do trabalho foi a psicóloga Zélia Nascimento.

Outro fato histórico é que um pouco antes de 1977, Marisa Decat de Moura, ainda estudante, foi para o HC/UFMG estagiar na pediatria, com crianças portadoras de câncer, a convite da Maria de Lourdes Guimarães de Almeida Barros, e lá permaneceu durante um ano e meio aproximadamente. Marisa, em seu depoimento, relembra de uma situação que a marcou muito emocionalmente: a de uma criança que tinha o mesmo nome do seu irmão e que se parecia muito com ele. Lembra-se de como se sentiu ao chegar ao quarto desta criança e se deparar com a cama vazia com o colchão dobrado ao meio, que é um procedimento utilizado para a desinfecção do leito após o óbito do paciente. O interessante é que, assim como Marisa, várias pessoas relataram alguma situação parecida, relacionada à presença concreta do morrer no contexto hospitalar.

Além das atividades descritas acima, iniciou-se em 1976 outro trabalho no HC/UFMG voltados para a Saúde Mental. Segundo histórico apresentado por Alzira Maria de Carvalho Lima e depoimento oral colhido com Carmem de Souza Rocha e Sandra Brum, a equipe que inicialmente implementou atividades relativas à assistência em Saúde Mental foi constituída por docentes e estagiários da Faculdade de Medicina (Departamento de Pediatria), da FAFICH – Faculdade de Filosofia e Ciências Humanas (Departamento de Psicologia) e da Faculdade de Educação (Métodos e Técnicas de Ensino).

Os trabalhos desenvolvidos pela referida equipe tinham, como objetivo principal, atender à demanda de prevenção, avaliação e tratamento de crianças com distúrbios de aprendizagem, que eram encaminhadas pelos ambulatórios do Departamento de Pediatria. Esta equipe de trabalho recebeu a denominação de Setor de Neuropsicopedagogia Infanto-Juvenil, estando vinculado ao Serviço de Pediatria do HC/UFMG, tendo como primeiro coordenador, um docente do Departamento de Pediatria, Prof. Mario Renato V. Bessa.

Em 1977, a Psicóloga Carmem Rocha foi convidada a compor a equipe que, juntamente com ela, iniciou as atividades de triagem, psicodiagnóstico, pesquisas relativas às dificuldades escolares, e paralelamente, realizava atendimentos, na pediatria, a crianças hospitalizadas. Este trabalho foi desenvolvido durante o período de um ano.

Os pediatras que se vincularam ao Setor de Neuropsicopedagogia Infanto-Juvenil, motivados e interessados pelos aspectos emocionais e psicológicos de seus pacientes, iniciaram formação em psiquiatria infantil. Discussões de temas e casos da área da saúde mental passaram a ser realizadas com a participação de docentes da Faculdade de Medicina e residentes em Pediatria. Paralelamente a esse processo, em 1977, o Conselho Administrativo do HC/UFMG estudava a proposta de criação de Serviços Especiais de Diagnóstico e Tratamento, uma vez aprovada a proposta de assistência hospitalar sob forma de cuidados progressivos de atenção à saúde.

Em 1978, a Câmara do Departamento de Psiquiatria e Neurologia da Faculdade de Medicina da UFMG aprovou a criação de um curso de especialização – Curso interdisciplinar de Especialização em Psiquiatria e Psicologia Infanto-Juvenil destinado a médicos e psicólogos que se manteve até 1986.

Em 1979 criou-se o Serviço Especial de Psiquiatria no HC. Carmem Rocha menciona que ele era dividido em quatro áreas, duas grandes de hospital e ambulatório, duas da infância e adolescência. Carmem, após a divisão, fez a opção pela área da criança no ambulatório, pois já tinha um trabalho sedimentado. Para abrir espaço para a psicologia, a estratégia usada foi uma pesquisa realizada onde foi apontada a demanda da Pediatria, em relação ao trabalho do psicólogo. Historicamente os encaminhamentos feitos pela Clínica Pediátrica para a Psicologia, na maioria das vezes, eram realizados por pessoas que tinham algum conhecimento em Psicologia, ou que estava fazendo formação em psicanálise.

Carmem aponta algumas dificuldades encontradas em 1979 em relação à Psicologia. "O trabalho era possibilitado muitas vezes em função do contato de determinado psicólogo com a instituição e não pelo reconhecimento da Psicologia como ciência: - então você tem que provar por 'a' mais 'b' que aquela droga que você está guardando tem um efeito terapêutico. Essas situações foram realmente difíceis, você de vez em quando encontra um chefe que quer jogar seu trabalho por terra". Neste sentido ela está falando desta particularidade das instituições públicas, que tem por tradição, na maioria das vezes, interromper ou modificar os trabalhos desenvolvidos, a cada mudança de gestão. O profissional de saúde vivencia então uma sensação de descontinuidade, e para nós psicólogos, muitas vezes, temos a impressão de ter que começar tudo de novo, de mostrar o que é a Psicologia, e qual o objetivo do trabalho realizado no hospital.

Concomitantemente ao processo de implantação deste trabalho de assistência em saúde mental, em 1981, o Departamento de Pediatria, numa iniciativa pioneira, passou a contar com a participação de uma docente com formação em Pedagogia e Psicologia em seu quadro de professores, a psicóloga Alzira Maria de Carvalho Lima.

Em decorrência da organização e estrutura da Unidade de Nefrologia Pediátrica naquele momento, que tornava fecunda a possibilidade do trabalho interprofissional, a referida professora iniciou o trabalho de assistência a crianças internadas na Unidade de Internação da Divisão de Pediatria, com patologias renais severas e crônicas. Neste momento, iniciou-se a prática da Psicologia Hospitalar estruturada na Unidade de Nefrologia Pediátrica e ligada ao Serviço de Pediatria do HC/UFMG.

Em 1982, Sandra Regina Brum da Mata, começou a atuar no Ambulatório do Hospital Bias Fortes, anexo ao HC/UFMG. Era professora do Departamento de Psicologia da FAFICH e exercia atividade de atendimentos a pacientes, mediante interconsultas encaminhadas por médicos do ambulatório e do HC e supervisionava alunos da faculdade que atendiam no HC, até a sua aposentadoria em 1996. Ela relembra que o trabalho teve início com a Dra. Carmem de Souza Rocha e Miriam Brant Machado Rodrigues[13], que também atuavam no ambulatório.

---

[13] Miriam Brant

Retornando à Unidade de Internação através do documento apresentado por Alzira Maria, tem-se que de 1981 a 1987 houve a efetivação do trabalho da Psicologia junto ao paciente renal, em programa de hemodiálise e transplante renal, e junto à família. Vários estudos e projetos de pesquisa foram realizados em conjunto com o grupo de Nefrologia, tendo sido os mesmos apresentados em congressos, jornadas e simpósios, nas áreas de Nefrologia e Psicologia.

A partir de 1987, novas demandas surgiram na Unidade de Internação de Pediatria, impondo a necessidade de se ampliar, a todas as crianças hospitalizadas, a assistência psicológica. Gradualmente, as crianças e suas famílias passaram a ser atendidas pelo Serviço de Psicologia, mediante solicitação de interconsulta. Assim, a Psicologia passou a ter uma estrutura e organização própria, sendo legitimada pela instituição como um todo, sob a Coordenação da Prof.ª Alzira Maria. Neste período, foram produzidas pesquisas, teses[14], vídeo-educativo[15], e uma cartilha[16], ampliando e fortalecendo os trabalhos da Psicologia Hospitalar.

Posteriormente, a Comissão de Estágios e Residência Médica do Hospital das Clínicas aprovou duas vagas para o estágio em Psicologia Hospitalar, que exigia que o aluno frequentasse o curso de formação em Psicologia Hospitalar oferecido pela instituição. A partir de 1988, outros psicólogos integraram o serviço, ampliando também o número de estagiários.

Em 1990, deu-se início à disciplina optativa "saúde mental da criança", no Curso de Residência em Pediatria do HC, tendo como docente Alzira Maria.

Em 1991, a Seção de Psicologia do Serviço de Pediatria mudou sua configuração que, a partir de então, tornou-se uma área de trabalho: área da infância e adolescência hospitalar/Psicologia, favorecendo ainda mais as experiências em equipe, bem como o trabalho interprofissional. Em março de 1992 a área da Infância-Adolescência Hospitalar/Psicologia ampliou seu quadro de pessoal, sendo admitida a psicóloga Maria Lúcia Savassi Rocha[17] e, em novembro de 1992, Maria das Graças Uchoa Penido

---

[14] Da dessacralização à profanação da Medicina; - a trajetória do diálogo médico;paciente

[15] A Fábrica de Pingolinho

[16] Alimentação na Insuficiência Renal Crônica

[17] Mencionada em documento fornecido pelo HC/UFMG

Fonseca[18] para integrar a equipe. Com a participação desses profissionais, esta área se reorganizou e foram constituídos três núcleos: Hematologia, Nefrologia e Enfermaria Geral – o que possibilitou uma assistência mais eficaz à criança internada.

Em novembro de 1992, foi realizada a I Jornada de Psicologia Hospitalar do HC/UFMG, para a qual psicólogos de vários hospitais foram convidados a apresentar painéis sobre os trabalhos desenvolvidos pelos mesmos nas instituições hospitalares. Nessa data, foi possibilitado um primeiro encontro de psicólogos hospitalares, que levantaram a necessidade de uma maior integração profissional. Na ocasião, a coordenadora do evento, Alzira Maria de Carvalho Lima propôs a todos os presentes a constituição de um grupo, marcando uma primeira reunião. A partir da primeira reunião, realizada em março de 1993, estabeleceu-se que ocorreriam encontros mensais (em sistema de rodízio entre as instituições participantes) com o objetivo de discutir questões, necessidades e problemas relacionados à prática do psicólogo na instituição hospitalar, o que se estendeu até 1995. O resultado destas reuniões foi a elaboração de um material que foi apresentado no Seminário "A Psicologia na Instituição Hospitalar", promovido pela Câmara de Saúde do CRP/04, em 1993, realizado na Escola de Saúde Pública de Minas Gerais, no qual aceitei a incumbência de apresentar o histórico feito pelo grupo, com relação à implantação e início de trabalhos nesta área e as atividades desenvolvidas pelos psicólogos hospitalares.

Em 1994, uma nova coordenação da área fez-se necessária, tendo em vista a aposentadoria da Prof.ª Alzira Maria, a qual, a partir de então continuou ligada à Unidade de Nefrologia Pediátrica como membro do Corpo Clínico do HC.

Percorrendo a trajetória histórica temos ainda outras instituições, que começaram a desenvolver os seus trabalhos, porém sem conhecimento do que era desenvolvido em outras instituições anteriormente citadas. Apresentaremos a partir de agora algumas destas experiências.

Hospital Geral do Instituto de Previdência do Estado de Minas Gerais – HGIP/IPSEMG

No IPSEMG, de acordo com depoimento oral de Sônia Maria Cerqueira Machado e Ione Patrícia de Oliveira, em 1975/1976, aproximadamente, o

---

[18] idem

trabalho da Psicologia começou em nível ambulatorial, com atendimento psicológico, psicodiagnóstico, orientação vocacional ao familiar e previdenciário, no Hospital Sede (local onde funcionava a parte burocrática do IPSEMG), sendo que em seguida conseguiram um andar no Hospital Geral passando a fazer psicoterapia individual em nível ambulatorial. Em 1979, Susana Cabral[19] passou a atender na Pediatria e, posteriormente, o trabalho também se estendeu à medicina preventiva, através do grupo de gestantes. Com o tempo, a demanda foi se expandindo e o trabalho foi ampliado à Clínica Médica, Endocrinologia, CTI, Oncologia e Hemodiálise.

Foi fornecido por Sônia Maria Cerqueira Machado um quadro sinóptico de atividades da divisão de Psicologia Clínica no IPSEMG, no período de janeiro a junho/88, descrevendo os tipos de atividades, número de clientes, de atendimentos cliente/semestre, de psicólogos em cada área e de atendimentos dia/psicólogo, o que demonstra uma organização do serviço, que, mediante dados faz uma avaliação positiva do mesmo. Em relação a este aspecto é importante enfatizar que na organização formal de um serviço é extremamente necessário criar um banco de dados, para uma análise quantitativa de um trabalho que é extremamente subjetivo. É como traduzir os aspectos qualitativos de um serviço e ter a competência de demonstrar concretamente os resultados à instituição.

Outro documento do qual tivemos conhecimento foi o Projeto de Reestruturação do Serviço Médico de Urgência (SMU). Ele foi feito em 1987, a pedido do Superintendente Hospitalar do Hospital, Dr. José Leal Domingues Filho, que solicitou à coordenação da Psicologia Clínica do mesmo e à chefia do Serviço Administrativo de Recursos Humanos - Área de Saúde, um estudo sobre o SMU no HGIP. Tal solicitação teve por objetivo favorecer mudanças no funcionamento do SMU visando maior eficácia no atendimento ao associado do IPSEMG. Formou-se então um grupo de trabalho composto por uma enfermeira Adélia Margarida Fonseca Pinto e pela psicóloga do Recursos Humanos, Sônia de Miranda Brandão, respectivamente, e duas psicólogas clínicas do Núcleo de Psicologia do Hospital, Clermem Gosling Fantoni[20] e

---

[19] Citada por Ione Patrícia de Oliveira e Sonia Maria Cerqueira Machado

[20] Apresentação do sujeito feita por Miriam Gontijo, Ione Patrícia de Oliveira e Sonia Maria Cerqueira Machado. Sem dados atuais sobre a mesma.

Maria de Fátima Veloso[21]. Este grupo estruturou um documento extremamente consistente, demonstrando a organização da Psicologia no HGIP/IPSEMG naquela época.

Segundo Ione Patrícia de Oliveira, que também integrava a equipe, a ampliação do trabalho ocorreu em função da presença da Psicologia nas Clínicas Médicas. Começaram a surgir pedidos isolados, de casos mais graves. Susana Cabral[22] estava na Pediatria e Maria Lúcia Coimbra[23] na Clínica Médica fazendo o acompanhamento do paciente internado, trabalhando muitas vezes como bombeiro, "apagando incêndio", diante dos casos em que o médico não conseguia contornar, por haver aspectos emocionais e conflitos envolvidos, demandando a presença do psicólogo. Aos poucos é que o trabalho em equipe foi sendo estruturado, envolvendo as áreas médica, enfermagem e assistência social.

Em 1981 Ione Patrícia começou a atender e em 1982 foi convidada a compor o GAPPI - Grupo de Atendimento Psicológico ao Paciente Internado, criado pelo Dr. Alair Gomide, Clínico com formação em psicanálise. Porém por questões internas ela permaneceu na Endocrinologia com o paciente diabético. Ione menciona um momento delicado em que a instituição solicitou que eles fizessem além da assistência psicológica um trabalho de RH, e tiveram que ter muito jogo de cintura para enfatizar qual era a especificidade da psicologia hospitalar.

Porém há um dado importante nesta história que mudou toda a trajetória da Psicologia Hospitalar nesta instituição pública estadual. Apesar da expansão do trabalho, o cargo de chefia para coordenar a divisão de Psicologia não foi criado e a coordenação foi exercida pela Ione oficiosamente. A coordenação do GAPPI também não era oficial. Por questões de poder e mudanças institucionais houve um retrocesso. O novo gestor que assumiu a coordenação, não tinha a perspectiva de um trabalho interdisciplinar dentro da Psicologia Hospitalar e os psicólogos que atendiam nas enfermarias foram deslocados para o serviço ambulatorial, em outro espaço, fora do ambiente hospitalar. Somente

---

[21] Aludida por Ione Patrícia de Oliveira e Sonia Maria Cerqueira Machado. Sem dados recentes sobre a mesma.

[22] Citada por Ione P. Oliveira, todavia não há mais dados sobre a mesma, além desta menção.

[23] idem

duas psicólogas, Ana Lúcia Rocha[24] e Ione Patrícia permaneceram no hospital, ocupando as duas vagas existentes para psicólogos na divisão de psiquiatria, sendo que o GAPPI que era um setor se agregou à Psiquiatria.

Hospital Municipal Odilon Behrens (HOB)

No HOB, este início se deu através da psicóloga Mariana Domingues Veiga Ferreira, que em 1977 realizava psicodiagnóstico e atendimento infantil a filhos de funcionários da Prefeitura, orientação de pais e, paralelamente, atendia interconsultas da Pediatria[25]. Em outubro de 1979, a Seção de Psicologia fundiu-se à Clínica de Medicina Psicossomática, criando-se a Seção de Medicina Preventiva, Psicossomática e Psicologia, composta por psicólogo, psiquiatra, enfermeira, clínico e assistente social. Em abril de 1984 passou a compor a equipe a psicóloga Vânia Sieiro Espíndola e o trabalho foi incrementado com a psicoterapia de grupo. Estruturaram um curso de Psicossomática e, aos poucos, com o aumento da equipe, em 1985 foi realmente se efetivando o trabalho nas unidades de internação.

Em novembro de 1987, a psicóloga Ana Maria Pueyo Blasco de Magalhães iniciou um programa de atendimento psicológico na Pediatria, visando minimizar os transtornos emocionais oriundos da hospitalização nas crianças.

Em 11 de julho de 1988, foi confeccionado um projeto formalizando a criação do serviço de saúde mental, demonstrando como é importante a organização formal de um serviço. Este projeto menciona, com detalhes, a localização do Serviço de Saúde Mental no organograma do hospital. Suas subdivisões - Seção de Psiquiatria e Seção de Psicologia com detalhamentos dos serviços oferecidos, objetivos, atribuições e responsabilidades. A partir deste Projeto, foi feito um relatório detalhado especificando o trabalho do psicólogo nas unidades de internação, mostrando qual era a base para o trabalho de assistência psicológica ao doente hospitalizado. Os projetos são fundamentais na efetivação e formalização da Psicologia Hospitalar. Além de dar transparência no trabalho proposto, abre possibilidade para que o mesmo seja feito num contexto de revisão e

---

[24] idem

[25] Nesta ocasião o HOB era um hospital para funcionários da Prefeitura de Belo Horizonte e seus dependentes.

críticas envolvendo a avaliação de resultados, além de servir como fonte de documentação histórica.

Em se tratando de uma instituição pública, como é o caso do HOB, criar um setor implica em alterar a estrutura organizacional, o que foi feito mediante a aprovação do projeto pela Câmara de Vereadores.

Dando sequência à história farei alguns registros que marcam as atividades realizadas nesta instituição pública, que sempre fica à mercê da nova direção que assume a instituição a cada quatro anos, quando vence o mandato do Prefeito. Isto muitas vezes gera uma descontinuidade no trabalho até então realizado, o que exige dos profissionais uma adequação à proposta da nova administração, levando em conta a missão social do hospital. Neste ponto entra a minha participação na história do HOB. Em outubro de 1988, eu, Eunice Miranda, iniciei um estágio em Psicologia Hospitalar neste HOB e, após a conclusão do curso, dez/88, permaneci à disposição do hospital, compondo a equipe da Seção de Psicologia.

Em janeiro de 1989, com a mudança da Diretoria do HOB, foi elaborado novo projeto de trabalho, mais abrangente, que demandava maior espaço físico e extensão do atendimento ao adolescente. Foi criado então o Programa de Atenção Integral Infanto-Juvenil, que contava com a participação de pediatra, psiquiatra, psicólogas[26], assistente social e enfermagem, tendo por objetivo esclarecer, prevenir e cuidar da criança e do adolescente durante o período de internação hospitalar. Em relação à área física foi realizada uma remodelação do ambiente da Unidade Infanto-juvenil e do CTI Infantil, propiciando melhoria das condições físicas e psíquicas necessárias ao processo de desenvolvimento da criança e do adolescente. Foi criada na época as enfermarias para internação de adolescentes (feminina e masculina) e realizada remodelação ambiental, fundamentada em estudos sobre psicologia da cor e o valor simbólico da natureza como fonte estimuladora. Para tal, contou-se com a dedicação e competência do artista plástico Sr. Juan José Pueyo Garcia, que despertou os dotes artísticos de toda a equipe da Pediatria e outros colaboradores do Hospital. (HOB, 1998). A Psicologia do HOB continuou ampliando suas atividades a todas as áreas

---

[26] Ana Maria Pueyo Blasco de Magalhães e Eunice Moreira Fernandes Miranda

do hospital e abrindo espaço para estagiários. A equipe registrava todas as atividades em relatórios, que demonstravam os resultados alcançados pela equipe. Em relação a este aspecto considera-se que a instituição precisa ter acesso ao que concretamente é realizado pela Psicologia, mesmo sendo um trabalho voltado para a subjetividade do ser. Os relatórios, os registros de atendimento que fornecem dados estatísticos, possibilitam a avaliação do trabalho e o estabelecimento de novas propostas, novas metas. Essa organização é uma forma de obter sucesso, ampliar espaço e aumentar a equipe de trabalho.

Além destes trabalhos da Psicologia Hospitalar, o HOB contava também com a psicóloga Zózima Eulália F. Azevedo Lopes, integrando a equipe do Programa Nacional de Controle de Problemas Relacionados ao Consumo de Álcool e com as psicólogas Leila Myriam Guimarães[27] e Wilsa Maria Ramos no Recursos Humanos (RH). O RH tinha por objetivo identificar as reais necessidades de desenvolvimento dos funcionários e dar atendimento prioritário aos problemas de pessoal, contribuindo para a construção de uma instituição saudável, administrando os conflitos internos e valorizando o potencial humano.

Em 1990, foi estruturado um trabalho em equipe, composta pelo pediatra Adalberto Marques Pinto Júnior, pela assistente social Maria Cristina Portes Prado, por mim (Eunice Miranda) e pela psicóloga Eliara Thomaz Froes, para acompanhamento integral a crianças com síndrome de down.

Ainda em 1990, foi criado o Programa de Orientação do Diabético, composto por uma equipe de endocrinologista, assistente social, técnico de nutrição, enfermeira, psicóloga e terapeuta ocupacional, que atendia pacientes adultos, inscritos no programa. Em julho de 1992, foi realizado um trabalho de grupo realizado pelas psicólogas Ana Maria e Eliara Thomaz Froes, que faziam parte do Grupo de Atenção Multidisciplinar à Mulher no Climatério. Este grupo tinha por objetivo realizar atendimento à mulher focado na sua saúde, através de prevenção de doenças crônicas, rastreamento do câncer, reposição hormonal e orientação quanto aos hábitos de vida; visava propiciar-lhes um suporte psicológico a fim de que pudessem compreender a vivência do climatério, com suas mudanças

---

[27] Após sair do RH, Leila M. Guimarães integrou a equipe de Psicologia Hospitalar.

físicas e emocionais no contexto sócio familiar, assim como criar condições de desenvolver objetivos renovadores e ainda orientar e cuidar da postura e atividades físicas, como prevenção da osteoporose e doenças cardiovasculares. As atividades eram desenvolvidas ambulatorialmente.

Em 1997, em parceria com a PUC-Minas foi implantado o primeiro curso de Pós-graduação com Especialização em Psicologia Hospitalar de Minas Gerais, sob a minha coordenação e supervisão (Eunice Miranda) e também do Prof. Antônio Ângelo Favaro Coppe (PUC-Minas). A parte prática era desenvolvida no Pronto-Socorro do hospital.

Hospital Mater-Dei

No Hospital Mater-Dei o trabalho da Psicologia teve início em julho de 1978, após o convite feito por uma equipe de ginecologistas do Hospital a Marisa Decat de Moura, para dar aula no curso de gestantes. Este curso já existia há vários anos e era oferecido pela equipe da Ginecologia, mas este seria o primeiro a ocorrer no Hospital Mater-Dei. Eles estruturavam este curso para suas clientes e sempre convidavam um psicólogo ou psiquiatra conhecido para dar aula. Marisa pensava que seria mais uma a ser convidada para dar o curso e não esperava permanecer. Mas em função da dinâmica utilizada, que envolvia também os maridos das gestantes, as próprias pacientes começaram a demandar que o curso tivesse mais aulas de Psicologia. Em função dessa repercussão no hospital, tal psicóla passou a ser chamada com frequência, pela equipe, para participar do curso e isto foi o que contribuiu para que mantivesse suas atividades no Hospital Mater-Dei, que estava começando a funcionar, sendo inaugurado em 01 de junho de 1980.

Como o ensino e a pesquisa sempre foram muito presentes nas equipes, Marisa teve muitos convites para participar da programação científica do mesmo, inicialmente com mesas redondas com temas sobre sexualidade e morte. Depois disto começou a organizar algo em nível da Psicologia Hospitalar. Estas atividades incluíam aulas de psicologia para residentes, e aí se organizou o serviço de Psicologia dentro do hospital, que solicitava cada vez mais a presença dos psicólogos.

Um evento marcante na instituição foi a chegada do médico Dr. José Orleans, que veio do Rio de Janeiro para implantar a UTI pediátrica. Para ele era necessário contar com o psicólogo na equipe da UTI o que, segundo Marisa, foi inédito no Brasil. Marisa menciona que nesta época

Iara Maria Penteado, Nora Salvador , Solange, Lea Neves Mohallem e ela compunham a equipe da psicologia.

O trabalho no hospital predominava nas UTI's. Marisa comenta que durante a implantação do trabalho foram buscar a referências teóricas aqui e no exterior. Marisa revela então que:

> Encontramos Maria Teresa Maldonado, que foi a pioneira na Psicologia da Gravidez (...) depois trouxemos um pessoal da Argentina que trabalhava com fertilização - Ricardo Tavranski e Marta Videla (...) depois trouxemos Silvia Alonso... Então nós fomos buscando profissionais que tinham experiência para nos ajudar a pensar a questão (...) porque o questionamento é que nos leva a pensar... e só pode ser reconhecido aquilo, que de alguma forma tem uma consistência teórica.

Quanto ao preparo para atuar no Hospital Geral, Marisa salienta "estou em contínua formação permanente" e ao ser perguntada sobre o por que optou por este tipo de trabalho, responde "- foi para onde o meu desejo me levou. Penso que foi um encontro que foi se construindo". A repercussão positiva do trabalho na UTI possibilitou a ampliação dos trabalhos e a publicação da revista "Epistemossomática", em 1991, que foi um marco importante para a equipe. Todo este estudo e organização do trabalho resultou no livro *Psicanálise e Hospital* (Revinter, Rio de Janeiro, 1996).

Hospital Alberto Cavalcanti-HAC

Em setembro de 1983, a Psicóloga Maria Mazzarello Saraiva Nunes, que já havia trabalhado no Programa Especial de Pediatria (um programa do INAMPS – Instituto Nacional de Previdência Médica e Assistência Social) com mães de crianças desnutridas, ao deixar este programa devido à sua extinção, foi convidada por uma médica hematologista, que trabalhava com hemofílicos no HAC, para fazer parte da equipe. O referido hospital era propriedade do INAMPS. No passado, esta instituição era especializada somente em Tuberculose, depois em Câncer, até tornar-se Hospital Geral. Mantinha, nessa época, no entanto, o caráter de Hospital de Tuberculose, com área verde privilegiada, com equipe de profissionais dedicados e residência médica disputada. Mas, até então, não contava com Serviço de Psicologia. Mazzarello assinala, a seguir, alguns aspectos importantes:

Ao se apresentar ao Diretor do Hospital, ele comunicou-lhe que não admitia Psicólogo para os hemofílicos, que a psicóloga era do Hospital[28]. O Vice-diretor, que também era Oncologista no próprio hospital, pediu-lhe que não atendesse nenhum paciente dele, pois ele mesmo resolvia os problemas dos pacientes. Além do medo que ela tinha de trabalhar com pacientes de câncer percebia que o desejo da entrada da Psicologia no hospital vinha da hematologia, e não da instituição, e que ali estava instalado um possível conflito de poder. O seu papel não era o de guerrear, e sim de demonstrar com o tempo a vinculação do somático e do psicológico, assim como a tradução do conjunto de ações humanas de ajuda tão intrincadas, com limites tão pouco definidos, provocados pelo encontro do psicólogo com o suposto "ser doente". A tentativa, então, era fazer parte da equipe do HAC.

Ela fez um estudo da demanda do trabalho a ser desenvolvido com os hemofílicos, através de um questionário aplicado aos pacientes e a seus familiares. Apesar do número de famílias que comparecereu à reunião ter sido reduzido em relação ao número de pacientes, elaboraram juntos um Projeto de Atendimento Psicológico que, de alguma forma, tentava responder às necessidades do grupo.

Depois de apenas seis meses de trabalho, o HEMOMINAS[29] (Fundação Centro de Hematologia e Hemoterapia de Minas Gerais) foi inaugurado e todos os hemofílicos do HAC que necessitavam de atendimento ambulatorial foram transferidos para o HEMOMINAS. O projeto, então iniciado por Maria Mazzarello, foi interrompido. Nessas circunstâncias, ela iniciou o trabalho com pessoas portadoras de câncer. Na época, ela acreditou estar ali devido às circunstâncias. Porém, muito mais tarde, percebeu ser esse fato significativo para as necessidades dela e seus objetivos de vida.

No ano de 1984, ela se associou ao Serviço Social e iniciaram um processo contínuo de entendimento, tanto no sentido da delimitação

---

[28] Com cento e vinte leitos na época

[29] O HEMOMINAS conta com o Serviço de Psicologia desde 1985, oferecendo assistência psicológica ao paciente portador de hemoglobinopatias ou coagulopatias e a seus familiares e na ocasião da publicação da matéria a respeito deste Serviço, estavam à frente do mesmo as psicólogas Lúcia Gonçalves Nunes e Regina Drumond. (Jornal HEMOMINAS, 1992).

do campo de atuação, quanto na ampliação do conceito de ajuda, muitas vezes com a intercessão dos campos e o consequente respeito necessário para o conhecimento profissional e pessoal. De acordo com Mazzarello: "Associei-me a uma Assistente Social que realizava grupos com pacientes que seriam mastectomizadas, e criamos o atendimento pré, per e pós-cirúrgicos". Este trabalho foi mantido até a sua saída em 1992.

Com o passar do tempo, o trabalho foi crescendo e a atuação foi sendo ampliada. Ela comenta:

> Começamos a atender a qualquer demanda, em conjunto com o Serviço Social, a Enfermagem e alguns médicos. Focalizamos o atendimento a pessoas consideradas terminais, o acompanhamento à atuação dos residentes e a formação de estagiários de Psicologia e Serviço Social. Pela necessidade, criamos cursos para os estagiários, que se revezavam de seis em seis meses. Criamos basicamente dois cursos: Preparação para atendimento de pessoas terminais (Iniciação à Tanatologia), Treinamento de Habilidades Interpessoais segundo o Modelo de Ajuda e Estudo de Grupo Operativo. O estagiário tinha curso, supervisão e acompanhamento dos casos. Fazíamos, não sistematicamente, grupos com familiares e supervisão aos profissionais do hospital. Os cursos começaram a ser procurados por profissionais de outras instituições e novos psicólogos foram admitidos.

Mazarello faz menção a uma curiosidade:

> Em 1984, quando iniciamos o trabalho com portadoras de câncer, fomos apresentar o nosso trabalho para cerca de cinquenta médicos. Quando dissemos que a mutilação do seio não seria somente uma mutilação física, mas também psicológica, a reação da plateia foi muito violenta. Muitos, inclusive mastologistas, falavam que uma pessoa que tinha o ´seio podre´ não se importava de tirá-lo e que era um alívio, não existia mutilação psicológica. Anos mais tarde esse mesmo público já aceitava esse trabalho e aplaudia muitas das ações desenvolvidas.

Na avaliação de Mazarrelo, este foi um processo de mudança e crescimento.

Hospital Sofia Feldman

De acordo com depoimento escrito da psicóloga Conceição Lima, o setor de Psicologia foi implantado no hospital em 1984, tendo como a principal meta o atendimento humanizado ao usuário. Esta é uma característica do hospital, que desde a sua fundação, em 1982, tinha por missão atender à população que não tinha acesso aos serviços básicos de saúde. Nesta ocasião a Psicologia desenvolvia as seguintes atividades:

- Atendimento domiciliar em psicoterapia breve focal de gestantes de alto risco que optaram pelo método de cerclagem, e para aquelas que tiveram perda de bebe no parto ou durante o período gestacional;
- Atendimento psicoterápico familiar e/ou individual para gestantes adolescentes solteiras em primeira gravidez e em situação de conflito familiar e com a gestação;
- Grupos de planejamento familiar, orientação para escolhas de métodos;
- Atendimentos a grupos de gestantes em pré-natal.
- Entrevistas individual e de casal, para avaliação de maturidade quando a opção era por métodos definitivos;
- Apoio psicológico pós-cirúrgico nos casos de histerectomia, vasectomia e ligadura de trompas;
- Suporte psicológico na sala de partos e no bloco cirúrgico, se necessário;
- Acompanhamento domiciliar a pessoas que fizeram opção por métodos definitivos durante um ano (protocolo de pesquisa);
- Informação e orientação sexual individual, de casal e/ou em grupo para usuários e funcionários de empresas, e para alunos escolas da região próxima ao hospital;
- Participação semanal em estudo e discussão de casos em equipe multiprofissional;
- Acolhimento de usuário e mediação de conflitos estabelecidos com a instituição;

Aos poucos a psicologia foi ampliando as suas atividades na instituição, em diversos setores como: a) ambulatório (atendimento a interconsultas de pacientes em pré-natal; planejamento familiar e acompanhamento pós natal nos casos de histerectomia, doação de bebes e perdas); b) Maternidade; c) Neonatologia e, d) Apoio ao trabalhador (entrevista admissional, estudo continuado de capacitação sistemática, atendimento a funcionários em conflito nas relações interpessoais e entre setores, e apoio aos projetos culturais do hospital).

Hospital Cristiano Machado

Passando agora para o Hospital Cristiano Machado (HCM), situado no Bairro Roças Grandes, no município de Sabará, região metropolitana de Belo Horizonte, da Fundação Hospitalar do Estado de Minas Gerais – FHEMIG. Em 1985, segundo a psicóloga Mônica de Oliveira Almeida, sentiu-se a necessidade de criar o Setor de Psicologia como um instrumento de trabalho que pudesse oferecer, ao hanseniano asilar e ao hospitalizado, uma assistência mais global, enfocando os aspectos psicossociais decorrentes da doença, principalmente a rejeição e o preconceito, reestruturando a sua condição de vida.

Assim, em setembro de 1985, a psicóloga Magda Mascarenhas Alemão de Souza[30] foi contratada, a partir de uma pesquisa da demanda dos pacientes em geral e da própria instituição. Tal psicóloga iniciou então, sua prática, com grupos de pacientes asilares (com nível de consciência preservada), grupos de pacientes em processo de reabilitação, e atendimento individual com alguns pacientes psicóticos, na tentativa de estabelecer um maior contato com eles. Alguns familiares de pacientes asilares, que se encontravam em condições de serem reabilitados e reintegrados à vida comunitária, foram atendidos também.

Em 1987, a psicóloga foi transferida de Unidade e a instituição passou algum tempo sem este profissional. Em 1988, o Setor de Psicologia voltou a funcionar com a contratação de Mônica Oliveira.

Mônica relata que, nesta ocasião o hospital estava em vias de ser reformulado com a consequente transferência dos pacientes asilares para outra unidade. Assim, encontrou estes pacientes vivendo uma situação de ansiedade e medo, pois muitos já residiam ali há vários anos. Embora nada de oficialmente estivesse definido, esta era uma possibilidade passível de

---

[30] Referida por Monica Almeida. Sem maiores dados sobre a mesma.

ocorrer. Desta forma ela continuou o trabalho de reconstituição do elo familiar junto com o serviço social, com aqueles pacientes e familiares. Tal transferência não ocorreu e poucos pacientes foram reintegrados aos seus lares. Procurou, então, estruturar um contato mais próximo e individual com o asilar ex-hanseniano, num processo de escuta de sua história pessoal, trajetória do seu processo doença/internação (na maioria das vezes compulsória), exteriorização da angústia, da marginalização, abandono, segregação social e exclusão na participação de uma vida normal. Estabeleceu-se, assim, um programa para este paciente, a partir do conhecimento de sua expectativa e compatibilidade com as condições oferecidas pela instituição. O asilar, no HCM, ficou estrangulado numa instituição que tinha outras demandas e que não caracterizava totalmente o espaço de asilo, comenta Mônica.

Paralelamente, junto com a Psiquiatria e com a Enfermagem, iniciaram-se algumas mudanças em relação ao paciente psiquiátrico e, posteriormente, Mônica desenvolveu um trabalho específico para estes pacientes, com a ajuda da Terapeuta Ocupacional.

Na internação, o atendimento era individual e em pequenos grupos: ao paciente ex-hanseniano, em tratamento de sequelas graves, e aos pacientes hansenianos, com diagnóstico recente da doença. Os grupos tinham o objetivo de trabalhar o sentimento, reações e comportamento dos pacientes, desencadeados pela doença, focando: - questões relativas ao estigma, - aos aspectos psicossociais da doença, - à internação, - o processo saúde/doença, - conscientização e mobilização do paciente ao tratamento[31], - sua adaptação a nova imagem corporal[32], - as fases da doença, - resgate da autoestima em virtude do forte sentimento de rejeição e culpa, vida profissional, familiar, sexual, social, procurando levar o paciente a uma reabilitação física, mental e social; O trabalho consistia ainda em dar suporte psicológico ao paciente nas situações descritas anteriormente, bem como prepará-lo para a alta hospitalar.

Além disso, eram realizados atendimentos individuais aos pacientes politraumatizados[33], vítimas de agressões físicas, a pessoas com sequelas de

---

[31] Medicação, prevenção de deformidades e ulcerações e às vezes calçado ortopédico.

[32] Imagem corporal alterada em decorrência de amputação e perda da sensibilidade.

[33] Paciente com fraturas e traumatismo crânio encefálico.

acidente vascular cerebral etc., todos eles vindos do Hospital João XXIII[34][35] para receberem reabilitação física/mental e social. Acrescenta-se à atividade do psicólogo, o atendimento e orientação aos familiares quando necessário; participação, em reuniões da equipe assistencial, para estudo e discussão de casos; participação em reuniões do grupo de gestão hospitalar, com o objetivo de reestruturação do hospital e mudanças em sua linha assistencial, desenvolvendo um trabalho com ações de saúde dirigidas.

Hospital São Lucas

Ricardo Fernandes Lopes começou a atendimento psicólogo no Hospital São Lucas em 26 de outubro de 1988 e em 14 de fevereiro de 1989, o Dr. João Agostini Netto, Diretor Clínico do Hospital São Lucas, instituiu formalmente, neste hospital o Serviço de Psicologia, emitindo um ofício, apresentando ao Corpo Clínico o Psicólogo, e fazendo considerações de que "a assistência psicológica é um eficaz complemento da terapêutica clínica, ajudando tanto ao paciente e seus familiares quanto ao corpo clínico e assistencial de uma Instituição". Ricardo permaneceu no hospital até setembro de 1989.

Neste espaço de tempo, Ricardo, no decorrer do primeiro mês de trabalho fez um relatório avaliando a sua inserção naquela instituição. Considerando que todo trabalho precisa ser projetado, registrado e avaliado, entendo que esta metodologia é eficaz para a inserção e consolidação da prática do psicólogo hospitalar nas instituições de saúde.

Ricardo deu sequência aos atendimentos, registrando todos os casos, falando da condição psíquica do doente frente à internação e da abordagem aos familiares. Era o início de uma prática, e ele enfrentou algumas dificuldades. Comenta que fez uma abordagem inicial a uma paciente com depressão endógena, e que no dia seguinte foi impedido de entrar no quarto dela. O médico responsável determinou que somente o psiquiatra deveria interferir na conduta e tratamento da paciente. Nos seus relatos, Ricardo faz várias observações, frente às dificuldades encontradas em relação à falta de informação dos membros da instituição,

---

[34] Pronto-Socorro estadual, referência em urgência e emergência

[35] A transferência dos pacientes do Hospital João XXIII para o HCM tinha ainda como objetivo dar fluxo ao sistema de urgência, realizando o tratamento complementar de pacientes.

bem como o paciente e seus familiares sobre o trabalho do psicólogo neste contexto. Ele se desligou do hospital em 16 de setembro de 1989.

Hospital Eduardo de Menezes

A psicóloga Miriam Gontijo relata que chegou ao hospital em julho de 1987 por ter sido aberta a ala de doenças infecto parasitária quando começaram a chegar os primeiros pacientes com AIDS. Pela proposta do Ministério da Saúde, no Programa Nacional de Doenças Sexualmente Transmissíveis e AIDS, toda equipe que atende paciente de AIDS tem que ser multidisciplinar, e foi este fato que possibilitou a contratação de psicólogas para o Hospital. Antes disto, o hospital era um antigo sanatório (da FHEMIG) para pacientes com tuberculose e contava com a psicóloga Conceição Aparecida de Oliveira Pereira Resende que atendia há uns seis meses como autônoma. Em decorrência do Programa, três psicólogas foram contratadas: Miriam, Conceição e Marilda. Para iniciar o trabalho primeiramente elas se reuniram com a direção do hospital para compreender qual era a expectativa deles em relação à Psicologia e em seguida com a equipe médica. E a partir daí começaram a estruturar o trabalho.

Buscaram no CRP alguma fundamentação para o trabalho do psicólogo no hospital geral e nada encontraram. Ao participarem do II Encontro de Psicólogos de Saúde Pública de Minas Gerais, realizado em novembro de 1988 em Barbacena, ficaram conhecendo a Ione Patrícia, psicóloga do IPSEMG e puderam assistir a uma mesa redonda sobre o Psicólogo no Hospital Geral.[36]

Conceição, após passar por um treinamento no Ministério da Saúde em Saúde Mental tornou-se assessora do Ministério para treinamento de profissionais de saúde, trabalhando com a equipe do hospital, bem como de outros hospitais fora de MG, tornando-se uma referência nacional.

Alguns aspectos apontados por Miriam, reforçando o que foi dito anteriormente, revelam algumas particularidades do serviço público que interferem na dinâmica do trabalho do psicólogo hospitalar, tais como

---

[36] Miriam relembra que, no início de 1989, ela, Marisa Decat, Ione Patrícia, Clermen Gosling e eu, Eunice Miranda, fomos convidadas pelo CRP a estruturar um documento sobre Psicologia Hospitalar. As reuniões eram semanais, porém o trabalho não foi concluído.

a rotatividade dos profissionais e os aspectos políticos presentes nas instituições públicas. Menciona ainda que naquela ocasião não havia nada estruturado quanto ao trabalho do psicólogo em saúde pública. Diante das dificuldades, tentou não desanimar, dizendo:

> Eu acho que temos muito a fazer. Se a gente acreditar a gente consegue, tem que lutar para conseguir. E eu estou lutando. Já consegui muita coisa, porque eu acho que depende muito do profissional, de como ele mostra o seu trabalho. É importante ter um planejamento. Eu vejo por exemplo o COAS[37]. O COAS tem uma norma de funcionamento e de organização. E é isso que está segurando o nosso serviço na instituição. A gente tem todo um processo ali dentro, de planejamento e de trabalho técnico, mas também de um trabalho administrativo (encaminhamentos a serem feitos, de formulários a serem preenchidos, censo e estatística).

Miriam salienta que é preciso ter planejamento e um respaldo técnico e científico para que o trabalho seja mantido mesmo com todas as interferências políticas.

2.4 Discussão dos resultados

A prática da Psicologia Hospitalar em Minas Gerais teve início sem que as pessoas tivessem uma clareza do papel do psicólogo hospitalar, pois o mesmo ainda não estava profissionalmente estabelecido. Desta forma verifica-se que este saber precisou inicialmente ser instituído através da prática realizada para depois ser fundamentado e institucionalizado.

Os conflitos enfrentados pelos psicólogos ao se deparar com um papel ainda sem definição, o de especialista em Psicologia Hospitalar, tornam-se evidentes quando se acompanha a trajetória destas pessoas. Essa indefinição fez com que muitos partissem para a busca de novos conhecimentos, destinada a fundamentar tal prática cientificamente, para assegurar o desempenho profissional e a permanência dos mesmos nesse contexto. Outros, diante das dificuldades encontradas e da falta de reconhecimento, decidiram investir em outras áreas.

---

[37] Centro de Orientação e Apoio Sorológico

A importância dos processos interacionais na definição da carreira e mesmo na determinação da história é um aspecto que se torna evidente neste estudo. Geralmente o trabalho do psicólogo hospitalar se iniciava a partir da solicitação de profissionais da saúde, principalmente dos médicos, para atendimento psicológico a pessoas hospitalizadas, palestras e/ou avaliação psicológica. Isto exigiu dos profissionais uma habilidade nas relações interpessoais, que seguramente ajudou a efetivar o seu trabalho no hospital geral.

Diante dos dados obtidos ficou evidente também o quanto o primeiro contato com o paciente hospitalizado, e a primeira experiência de perda diante da sua morte, marca o profissional, e esta marca funciona como um fator quase determinante na manutenção ou desistência do trabalho, que requer que o profissional reveja seus limites pessoais para trabalhar nesta área de atuação.

Outro fator presente neste histórico foi a instituição permeando a atuação do psicólogo. As instituições aqui mencionadas têm histórias singulares, no curso das quais emergem situações particulares. Alguns trabalhos foram expandidos e outros retrocederam. Outros ficam sujeitos à descontinuidade e mudanças, em função do caráter político. Não perdendo de vista este processo dialético, pode-se entender como a identidade profissional de alguns foi delineada nas relações estabelecidas com a equipe de saúde, e, em contrapartida, a permanência ou o afastamento destes psicólogos influenciaram no destino das próprias instituições.

O estudo da história da Psicologia Hospitalar nos mostra exatamente isso: que foi a partir da escolha de cada um e das oportunidades de estágio extracurricular que muitos alunos da graduação iniciaram um estágio e ao graduar tornaram-se psicólogos hospitalares.

Quanto à composição do trabalho ficou difícil escolher qual seria a disposição dos depoimentos no texto, pois às vezes ocorrem trabalhos simultâneos, apesar da história supor uma sucessão.

2.5 Considerações finais

Este trabalho se baseou no caráter social da prática da Psicologia exercida no contexto hospitalar. Desta forma, o estudo deste processo histórico permitiu contemplar práticas que eram até então desconhecidas para muitos, mas que com certeza contribuíram para que a Psicologia fosse reconhecida como área da saúde, mesmo porque ela já era praticada há tantos anos, envolvendo um espaço diferenciado da clínica tradicional, por outras pessoas.

Aqui temos um fragmento da história resgatada através do contato com documentos e depoimentos orais e espera-se que ela também contribua para ampliar as dimensões de nossa reflexão sobre a ação do profissional Psicólogo.

Esta pesquisa retrata a situação de muitos psicólogos, que tiveram que enfrentar inúmeras dificuldades para serem reconhecidos pela instituição hospitalar, apesar da competência e do trabalho realizado. A luta pela legalização e regulamentação desta prática vem de muitos anos, de muito esforço, competência e dedicação, evidenciando que a Psicologia Hospitalar não é uma área nova de atuação.

A reconstrução desta história da Psicologia Hospitalar tem relação direta com a dinâmica do meu trabalho e de como foi a minha inserção e meu percurso no hospital geral, a qual me remeteu às situações experenciadas por mim. Trabalho com Psicologia Hospitalar desde 1986, e na minha trajetória passei pela Santa Casa de Misericórdia de Belo Horizonte, Hospital da Baleia e Hospital Municipal Odilon Behrens. "Re-ver", ver novamente esta história, com meus contemporâneos e antecessores me faz pensar que como autora deste trabalho, estou de certa forma incluída entre os autores que compõem esta história.

Referências

ANGERAMI-CAMON, V. A. Psicologia hospitalar: passado, presente e perspectivas. In: ANGERAMI-CAMON, V. A.; CHIATTONE, H. B. C.; NICOLETI, E. A. **O doente, a psicologia e o hospital**. 3. ed. São Paulo: Pioneira, 2004.

COPPE, A. A. F.; MIRANDA, E. M. F. O psicólogo diante da Urgência no Pronto Socorro In: ANGERAMI-CAMON, V. A. (org.) **Urgências Psicológicas no Hospital**. São Paulo: Pioneira, 1998.

FREITAS, S. M. **História Oral**: procedimentos e possibilidades. 2. ed. São Paulo: Humanitas, 2006. 142p.

HAGUETTE, T. M. F. **Metodologias qualitativas na sociologia**. 13 ed. Petrópolis: Vozes, 2011.

FUNDAÇÃO CENTRO DE HEMATOLOGIA E HEMOTERAPIA DE MINAS GERAIS (HEMOMINAS). Como funciona o serviço de psicologia. **Jornal Hemominas,** Belo Horizonte, p. 14, jul./ago./set., 1992.

HOSPITAL MUNICIPAL ODILON BEHRENS. **Revista de Psicologia Hospitalar [do] Hospital Municipal Odilon Behrens.** Belo Horizonte, 1998-2000.

MARCONI, M. A.; LAKATOS, E. M. **Técnicas de pesquisa:** planejamento e execução de pesquisas, amostragens e técnicas de pesquisa, elaboração, análise e interpretação de dados. 7.ed. São Paulo: Atlas, 2011.

MIRANDA, E. M. F. Histórico da Psicologia em Hospitais Gerais de Minas Gerais. In: **III Congresso Brasileiro de Psicologia Hospitalar,** Belo Horizonte, 1996.

MOREIRA, S. V. Análise documental como método e como técnica. In: DUARTE, J.; BARROS, A. (org.). **Métodos e Técnicas de Pesquisa em Comunicação.** São Paulo: Atlas, 2005.

SÁ-SILVA, J. R.; ALMEIDA, C. D; GUINDANI, J. F. Pesquisa documental: pistas teóricas e metodológicas. **Revista Brasileira de História & Ciências Sociais,** UNISINOS, São Leopoldo, ano I, n° 1, jul. 2009.

I ENCONTRO MÉDICO, 1992, Belo Horizonte. **Programa e Resumos...** Belo Horizonte. Centros de Estudos da Santa Casa de Misericórdia, set. 1992.

CAPÍTULO 3

PSICOLOGIA HOSPITALAR E NORMATIZAÇÕES: REGULAMENTAÇÕES NA PRÁTICA PROFISSIONAL E REGISTRO EM PRONTUÁRIO

Eunice Moreira Fernandes Miranda
Jaider Junior de Souza Lima
Liliane Cristina Santos

3.1 Normatizações e cidadania

Nosso objetivo ao escrever este capítulo é instigar os psicólogos a reservarem um tempo para o conhecimento, análise e reflexão de suas normatizações, de forma a: extrair das regulamentações toda sua potencialidade para o desenvolvimento de um bom trabalho; apontar as suas lacunas e até mesmo a ausência de normas; e propor textos que venham contemplar as novas perspectivas no exercício da profissão.

Em nossa prática de docência e orientação/ fiscalização, constatamos uma lacuna na formação dos psicólogos em relação ao conhecimento e ao exercício cotidiano das normatizações. Inferimos que a causa é anterior à entrada do aluno na graduação, ou seja, a causa está na formação do brasileiro – que se tornará psicólogo – enquanto cidadão.

Desta forma, a proposta de apresentar algumas considerações sobre o tema psicologia e normatizações remete-nos, primeiramente, ao *status* de ser cidadão brasileiro – indivíduo vivente num estado democrático de direito. Se o estado nos garante direitos individuais e coletivos, por outro lado, necessita que os indivíduos se responsabilizem ante as leis da cidade, a saber, constituição, códigos, normas e outras formas de regulamentações. Nesse sentido, historicamente, diversas críticas foram feitas aos brasileiros, por exemplo, a afirmação de Milton Santos (1996) de que no Brasil não há cidadãos, pois uma parcela da população não possui instrução para ser cidadão e a outra parcela, não deseja sê-lo. Se tal crítica é exacerbada a ponto de não corresponder à realidade, é útil, porém, para interrogarmos como os brasileiros têm se tornado cidadãos.

Discorrer sobre normatizações nos incita também a discutir sobre a formação do psicólogo. Num sentido mais amplo a formação inicia-se antes mesmo do início do curso de Psicologia, atravessa a graduação e continua através da vida profissional. Além do problema básico de exercício de cidadania, já mencionado, pressentimos que, durante a graduação e mesmo após o início do exercício profissional, não há ênfase suficiente quanto ao estudo das normas que regulamentam a profissão. Bourdieu (1983, p.36) diz, em poucas palavras, as consequências do desconhecimento das leis/normas: "Uma lei ignorada é uma natureza, um destino; uma lei conhecida aparece como uma possibilidade de liberdade".

Consideramos que há razões suficientes para o aprofundamento dessa temática, tanto na academia, através do estudo das legislações e debate crítico, quanto nas instituições onde a psicologia estabelece sua prática, através da abertura de espaço para discussão deste tema.

A lei 4.119/62 e a Lei 5.776/71, respectivamente, regulamentam a profissão de psicólogo e criam o Conselho Federal (CFP) e os Conselhos Regionais de Psicologia com a finalidade de orientar, fiscalizar, regulamentar e zelar pela fiel observância da ética e disciplina da classe. De acordo com o "Guia para o Exercício Profissional: psicologia: legislação, orientação, ética, compromisso social" (CRP- MG, 2011):

> A redemocratização do país, ocorrida na década de 80, trouxe mudanças significativas para a sociedade brasileira. Em 1988, temos a Constituição Federal do Brasil. Nela, vemos emergir um arcabouço de direitos, leis e garantias. Os destaques contidos nos princípios, conteúdos e fins constitucionais abarcariam a saúde, a educação, a cultura, as políticas públicas, os órgãos de controle social, as políticas setoriais etc.
>
> A partir do estabelecimento das garantias universais e individuais, haveria uma inserção cada vez mais crescente da Psicologia nas políticas e na sociedade brasileira. Ela viria acompanhada de melhor definição da área de conhecimento e das práticas possíveis, culminando numa expansão dos campos de atuação da Psicologia. (p. 10)

Paralelamente a esses acontecimentos o sistema conselhos – composto pelo CFP e os Conselhos Regionais, promoveu a participação dos psicólogos nas diretrizes da profissão, em especial, através do Congresso Nacional da Psicologia (CNP). Dentre outras diretrizes, os CNP's apontaram para a importância da atenção às garantias de direitos humanos e as respectivas normatizações. Nesse sentido, é oportuno deslocar a reflexão sobre a legislação que Faria Filho (1998) faz no campo da legislação da educação, para o campo da Psicologia, sendo "a legislação um dispositivo de conformação do campo e das práticas... espaço, objeto e objetivo de luta política".

As normatizações expedidas pelo CFP traduziram, então, um posicionamento ético e político sobre questões da sociedade brasileira. Se essa inserção acentuou a atuação do psicólogo na sociedade, ocasionou, também, o fato de que as posições assumidas pela categoria, em alguns momentos, divergiram das posições de determinados segmentos sociais. Um exemplo disto é a Resolução CFP nº 01/99 – "Estabelece normas de atuação para os psicólogos em relação à questão da Orientação Sexual". Há também a Resolução CFP nº 08/2010, a qual estabelece o modo de trabalho do psicólogo junto ao sistema prisional e a Resolução CFP nº 10/2010, que estabelece o modo de atuação do psicólogo em relação ao atendimento de crianças e adolescentes em situação de violência, que também foram objetos de questionamentos e, inclusive, foram revogadas. Por outro lado, os psicólogos lutaram pela aprovação da lei da reforma psiquiátrica e fazem vários questionamentos, por exemplo, quanto à mídia, trânsito, entre outros. Contudo, as divergências de posicionamentos ocorrem também entre os próprios psicólogos, haja vista que a categoria optou pelo sistema de participação democrática nas diretrizes da profissão.

É de suma importância que o psicólogo tenha conhecimento da legislação específica da profissão, ou seja, as Resoluções do CFP e as Resoluções dos Conselhos Regionais de Psicologia. Além dessas, outras legislações que também fundamentam o exercício profissional devem ser observadas, como a Declaração Universal dos Direitos Humanos e outras que venham a regulamentar a prática profissional, como legislações do Sistema Único de Saúde (SUS), o Estatuto da Criança e Adolescência, entre outros, incluindo regulamentações específicas de determinados seguimentos sociais.

3.2 As normatizações no trabalho do psicólogo

As normatizações estão presentes no cotidiano do trabalho do psicólogo mesmo que este não as perceba. No entanto, conhecê-las traz diversos benefícios, visto que orientam a prática profissional; tanto como diretrizes para o trabalho qualificado ética e tecnicamente, quanto para proteção ao psicólogo em relação a possíveis questionamentos de seu trabalho. Ainda, o psicólogo pode ser demandado a atuar em desacordo com a regulamentação de sua profissão e as normatizações servirão para ampará-lo ao recusar tal demanda.

Apoiar-se na Declaração Universal dos Direitos Humanos a fim de estabelecer os Princípios Fundamentais da profissão localiza a categoria dos psicólogos em determinado lugar político e ético dentro das práticas sociais. Nesta perspectiva, destacamos alguns dos Princípios Fundamentais do Código de Ética Profissional (CFP, 2005):

> I - O psicólogo baseará o seu trabalho no respeito e na promoção da liberdade, da dignidade, da igualdade e da integridade do ser humano, apoiado nos valores que embasam a Declaração Universal dos Direitos Humanos.
>
> III – O psicólogo atuará com responsabilidade social, analisando crítica e historicamente a realidade política, econômica, social e cultural.
>
> VII - O psicólogo considerará as relações de poder nos contextos em que atua e os impactos dessas relações sobre as suas atividades profissionais, posicionando-se de forma crítica e em consonância com os demais princípios deste Código.

O Código de Ética (CFP, 2005) apresenta diretrizes a serem seguidas em diversos contextos da atividade profissional. A primeira parte trata das responsabilidades e apresenta o "**Art. 1º** - São deveres fundamentais dos psicólogos: conhecer, divulgar, cumprir e fazer cumprir este Código". Observem que os psicólogos, ao chancelarem o presente Código de Ética, tornam-se responsáveis juntamente com o Sistema Conselhos, em fazerem cumprir este Código.

O Código de Ética profissional do psicólogo, no artigo 1º, alínea "c" estabelece como dever fundamental também:

> Prestar serviços psicológicos de qualidade, em condições de trabalho dignas e apropriadas à natureza desses serviços, utilizando princípios, conhecimentos e técnicas reconhecidamente fundamentados na ciência psicológica, na ética e na legislação profissional. (CFP, 2005)

A psicologia é uma profissão relativamente nova, sendo recente sua inserção em diversos contextos e, às vezes, ao psicólogo não é oferecida a condição de prestar serviços de qualidade, em condições dignas e apropriadas como prescrevem o artigo e a alínea acima citados. Mediante tal contexto, o Código de Ética e todas as outras normatizações da psicologia poderão ser utilizados como argumento a fim de se obter as condições adequadas para o exercício da Psicologia.

Acrescentamos que aos psicólogos poderão ocorrer diversas situações prejudiciais ao seu trabalho tanto no que diz respeito ao recurso material – por exemplo, condição do local de atendimento, arquivos, entre outros – quanto ao institucional, ou seja, que o lugar institucional da Psicologia não esteja condizente com as normas existentes. Em tais contextos recomendamos que os psicólogos façam um bom uso de suas normatizações como instrumentos de argumentações para a construção de um fazer psicológico adequado. É preciso considerar que, em muitas circunstâncias, profissionais de outras áreas ou mesmos gestores podem não ter conhecimento do fazer do psicólogo e das regulamentações às quais o mesmo está submetido.

O Artigo 23 do Código de Ética estabelece: "As dúvidas na observância deste Código e os casos omissos serão resolvidos pelos Conselhos Regionais de Psicologia, ad referendum do Conselho Federal de Psicologia" (CFP, 2005). Certamente não é possível normatizar completamente a atividade profissional, além disso, a profissão é dinâmica e requer renovação de posicionamentos e diretrizes. Assim, é indicado que o psicólogo recorra ao Conselho Regional sempre que estiver em dúvidas quanto ao uso das normatizações no exercício da profissão.

3.3 Registros do psicólogo e elaboração de documentos

O registro documental decorrente do trabalho do psicólogo está presente em sua prática seja qual for a área de atuação, inclusive a hospitalar. O registro documental deve formalizar o trabalho de acordo com a normatização existente. A atuação inadequada quanto à diretriz acima explica que grande parte dos questionamentos de condutas profissionais de psicólogos esteja relacionada à produção do registro documental decorrente do exercício profissional.

Sobre tal assunto, também escutamos muitas dúvidas dos psicólogos. Parece-nos que parte destas questões passa pelo manejo da transferência cliente-psicólogo, que dizem respeito ao domínio técnico tão complexo do profissional, haja vista as diferentes correntes teóricas que sustentam o trabalho. Mas também percebemos que muitos psicólogos desconhecem as regulamentações que orientam a elaboração de documentos. Cabe então levantarmos: o que o psicólogo deve observar ao produzir o seu registro documental? Quais os tipos de documento e formas de uso?

Retomando o Código de Ética Profissional do Psicólogo:

> Art. 1º - São deveres fundamentais dos psicólogos:
>
> g) Informar, a quem de direito, os resultados decorrentes da prestação de serviços psicológicos, transmitindo somente o que for necessário para a tomada de decisões que afetem o usuário ou beneficiário;
>
> h) Orientar a quem de direito sobre os encaminhamentos apropriados, a partir da prestação de serviços psicológicos, e fornecer, sempre que solicitado, os documentos pertinentes ao bom termo do trabalho. (CFP, 2005)

Assim, sabemos que o documento decorrente da prestação de serviços é um direto do beneficiário, sendo responsabilidade do psicólogo emiti-lo de forma adequada tecnicamente. O código de ética estabelece neste sentido: "Ao psicólogo é vedado: emitir documentos sem fundamentação e qualidade técnico-científica" (CFP, 2005, art. 2º, alínea g).

O que temos na regulamentação profissional de mais abrangente, preciso e útil para nos auxiliar na elaboração de documentos e se constitui como consulta obrigatória ao profissional que se propõe a tal tarefa é a **Resolução CFP nº 007/2003**, que "Institui o Manual de Elaboração de Documentos Escritos produzidos pelo psicólogo, decorrentes de avaliação psicológica e revoga a Resolução CFP º 17/2002". Desta resolução destacamos algumas recomendações que devem ser observadas : considerar e analisar os condicionantes históricos e sociais e seus efeitos no psiquismo, considerando "a natureza dinâmica, não definitiva e não cristalizada do seu objeto de estudo"; fazer uso da redação bem estruturada e definida, linguagem profissional, além de clareza, concisão e harmonia; basear exclusivamente nos instrumentais técnicos (entrevistas, testes, observações, dinâmicas de grupo, escuta, intervenções verbais). A referida resolução trata ainda das modalidades de documentos, cada qual com uma finalidade específica:

1. Declaração: informa dados objetivos relacionados ao atendimento psicológico, tais como comparecimento do atendido ou

acompanhante, dias e horários, não podendo constar sintomas ou estados psicológicos.

2. Atestado psicológico: atesta sobre condições psicológicas do solicitante.

3. Relatório / laudo psicológico: apresenta os procedimentos e conclusões gerados pela avaliação psicológica, relatando encaminhamentos, intervenções, diagnóstico, prognóstico e evolução do caso, bem como indicação de projeto terapêutico.

4. Parecer psicológico: fornece resposta esclarecedora (no campo do conhecimento psicológico) a uma consulta específica. Exige do profissional competência no assunto.

A Resolução CFP 07/2003 orienta de forma pormenorizada o que deve ser observado e o que deve conter em cada tipo de documento e deve ser consultada na íntegra.

Outra resolução do CFP de leitura fundamental para a documentação do trabalho realizado pelo psicólogo é a **Resolução CFP 01/2009**, que "Dispõe sobre a obrigatoriedade do registro documental decorrente da prestação de serviços psicológicos". Ela considera que é necessário contemplar de forma sucinta a assistência prestada, a evolução do processo e os procedimentos técnico-científicos adotados no exercício profissional. A partir desta resolução, o registro documental do psicólogo passou a ser obrigatório, seja qual for a área de atuação. Assim, o profissional que está no consultório, por exemplo, deve ter o registro do trabalho prestado, assim como o psicólogo hospitalar deve registrar no prontuário dados sobre o atendimento realizado.

Mas por que o registro documental passa a ser obrigatório e com qual finalidade? Segundo a resolução, o registro documental, além de valioso para o psicólogo, para quem recebe atendimento e para as instituições envolvidas, é também um instrumento útil à produção e ao acúmulo de conhecimento científico, à pesquisa, ao ensino, bem como meio de prova idônea para instruir processos disciplinares e defesa legal.

E o que deve constar neste registro obrigatório? A Resolução CFP 01/2009 determina, no seu artigo 2º, incisos I a VI:

Identificação do usuário/ instituição

Avaliação de demanda e definição de objetivos do trabalho

Registro da evolução do trabalho, de modo a permitir o conhecimento do mesmo e seu acompanhamento, bem como os procedimentos técnico-científicos adotados

Registro de encaminhamento ou encerramento

No que se refere especificamente ao trabalho do psicólogo no hospital, o registro obrigatório deverá ser feito pelo menos no prontuário, a cada atendimento realizado. Outros dados, colhidos durante o atendimento, poderão ser registrados de outra forma e arquivados no Serviço de Psicologia, assim como cópia de documentos legais emitidos (segunda via de relatórios enviados a terceiros, testes[38] utilizados na avaliação psicológica e cópia de atestados psicológicos emitidos).

Outros aspectos mencionados na Resolução CFP 001/2009 dizem respeito: à restrição do compartilhamento de informações com o usuário; ao sigilo e privacidade; à necessidade de permanente atualização e organização, ao tempo de guarda - este último ratifica o tempo de cinco anos da Resolução 07/2003, podendo este prazo ser estendido conforme regimentos próprios da instituição ou legislação específica relacionada à área de atuação. A resolução também estabelece diretrizes para o registro em prontuário, mas antes é preciso configurar um pouco a prática do psicólogo no hospital.

3.4 A psicologia hospitalar

Ao enfocar este campo de atuação da Psicologia, sabe-se de antemão que o trabalho do psicólogo especialista em Psicologia Hospitalar é bastante amplo, complexo e ocorre em diferentes contextos. A **Resolução CFP nº 013/2007** define este campo de atuação e trata da competência deste profissional. A resolução aludida esclarece também o âmbito da sua atuação, que compreende serviços de nível secundário ou terciário da atenção à saúde, indicando que o atendimento poderá ser realizado no hospital geral, hospitais-dia e serviços ambulatoriais. A respeito das atribuições do profissional no campo hospitalar, a resolução dispõe:

---

[38] Os testes só podem ser utilizados se aprovados pelo Sistema de Avaliação de Testes Psicológicos (SATEPSI), conforme Resolução CFP n.º 002/2003, que "Define e regulamenta o uso, a elaboração e a comercialização de testes psicológicos e revoga a Resolução CFP nº 025/2001".

> Promove intervenções direcionadas à relação médico/paciente, paciente/família, e paciente/paciente e do paciente em relação ao processo do adoecer, hospitalização e repercussões emocionais que emergem neste processo. O acompanhamento pode ser dirigido a pacientes em atendimento clínico ou cirúrgico, nas diferentes especialidades médicas. Podem ser desenvolvidas diferentes modalidades de intervenção, dependendo da demanda e da formação do profissional específico; dentre elas ressaltam-se: atendimento psicoterapêutico; grupos psicoterapêuticos; grupos de psicoprofilaxia; atendimentos em ambulatório e Unidade de Terapia Intensiva; pronto atendimento; enfermarias em geral (...). (CFP, 2007)

Estamos em uma época em que a atenção não está mais centrada em hospitais. Há um novo modelo assistencial centrado no usuário e no cuidado e que tem como meta reduzir o tempo de internação, favorecendo a humanização da assistência. Em abril de 2002, o Ministério da Saúde através da Lei nº 10424, acrescentou capítulo e artigo à Lei nº 8080/90 (BRASIL, 1990), que dispõe sobre as condições para a promoção, proteção e recuperação da saúde. Este capítulo denominado "Do subsistema de atendimento e internação domiciliar" estabelece no âmbito do SUS o atendimento e a internação domiciliar, ampliando um pouco mais o campo de atuação na psicologia da saúde.

> Na modalidade de assistência de atendimento e internação domiciliares incluem-se, principalmente, os procedimentos médicos, de enfermagem, fisioterapêuticos, **psicológicos**[39] e de assistência social, entre outros necessários ao cuidado integral dos pacientes em seu domicílio. (...) O atendimento e a internação domiciliares serão realizados por equipes multidisciplinares que atuarão nos níveis da medicina preventiva, terapêutica e reabilitadora. (BRASIL, 1990, art. 19-1, §1º e 2º)

Em 07 de agosto de 2009, o CRP-MG produziu uma *Recomendação sobre a Sistematização da Atuação do Psicólogo Hospitalar*. Apesar da existência de diversas publicações sobre psicologia hospitalar, destacamos o valor desse texto emanado do órgão regulamentador da profissão num momento em que um grupo de psicólogos se reuniu para pensar sobre a Psicologia Hospitalar. Entendemos que o momento da produção desse

---

[39] Grifo dos autores

texto foi bastante representativo do enlace psicologia e normatizações, tornando-se um texto exemplar no qual as regulamentações são utilizadas na busca do aperfeiçoamento do exercício da psicologia hospitalar e da ampliação do espaço do profissional neste contexto. Este texto apresenta diversos apontamentos importantes para a prática profissional, como:

> Para melhor evidenciar a qualidade assistencial torna-se primordial a reflexão e definição (ainda que, em processo de desenvolvimento) de alguns princípios básicos: a qualificação profissional, o dimensionamento da equipe de psicólogos hospitalares, a atenção com a saúde e segurança ocupacional, a organização e segurança dos registros realizados em prontuário, o mapeamento dos processos da psicologia em unidade de saúde (hospital, ambulatório, pré-hospitalar etc.), a formulação das principais atribuições do psicólogo hospitalar para rotina básica de atendimento e os indicadores relativos ao desempenho dos processos assistenciais. (CRP-04, 2009)

O presente documento apresenta no seu anexo quatro algumas portarias do Ministério da Saúde que tratam da prestação de serviços multiprofissional, incluindo o psicólogo na equipe mínima dos seguintes serviços: a) tratamento em hospital-dia ao paciente com doença/AIDS[40]; b) Unidade de cuidados neonatais e Método Canguru; c) atenção à saúde do idoso; d) gastroplastia – cirurgia bariátrica; e) unidades de tratamento intensivo – UTI; e) atendimento perinatal – atenção à gestante de alto risco; f) assistência em Hospital Dia; g) atendimento em oncologia; h) reabilitação estético-funcional dos prematuros e de má formação labiopalatal; i) serviços de diálise.

Ressaltamos que as portarias ministeriais citadas no documento sempre sofrem alterações, sendo revogadas por outras mais atuais, sendo necessária uma consulta permanente à legislação por parte do profissional, a fim de atuar na área de forma comprometida, crítica e consciente, além de assegurar espaço de atuação da categoria na política atual de saúde.

É preciso salientar que o trabalho do psicólogo no hospital faz-se inserido em uma equipe multiprofissional. Neste sentido, estão em jogo diferentes práticas e saberes, que devem se conjugar para um trabalho de qualidade, visando o benefício do usuário. Dentro deste propósito, no que diz respeito ao trabalho interdisciplinar, no qual está envolvido o psicólogo, aludimos algumas determinações do nosso código de ética:

---

[40] Síndrome de Imunodeficiência Adquirida

Art. 6° – O psicólogo, no relacionamento com profissionais não psicólogos:

a) Encaminhará a profissionais ou entidades habilitados e qualificados, demandas que extrapolem seu campo de atuação;

b) Compartilhará somente informações relevantes para qualificar o serviço prestado, resguardando o caráter confidencial das comunicações, assinalando a responsabilidade, de quem as receber, de preservar o sigilo. (CFP, 2005)

O compartilhamento restrito de informações relevantes é reforçado nas resoluções do CFP 07/2003 e 01/2009, já citadas, sendo embasado na premissa do sigilo profissional, que deve ser observado em todo registro documental.

Uma particularidade em relação à equipe de saúde é que a maior parte dos profissionais não foi preparada na sua formação para uma atuação interdisciplinar, existindo desta forma uma dificuldade na articulação entre os saberes específicos de cada disciplina. Na nossa experiência de docência, notamos que alguns psicólogos sentem-se despreparados para compartilhar com a equipe o registro do atendimento psicológico e são inúmeras as alegações apresentadas como, por exemplo: a) dúvidas sobre quais as pessoas que terão acesso ao prontuário e se elas estão sujeitas ao sigilo profissional; b) se a equipe entenderá a linguagem técnica da psicologia; c) dúvida sobre o que é relevante e que deverá ser colocado para que a equipe tenha uma compreensão da condição psicológica da pessoa assistida; d) descrença de que o registro psicológico auxiliará na obtenção de melhores resultados terapêuticos; e) se de fato a equipe lerá a evolução da psicologia; f) tentativa de justificar o registro incompleto e inadequado, baseando-se na anotação de profissionais de outras áreas.

Sendo assim, é preciso avançar, pois dentro do modelo atual de saúde pública, devemos visar a ampliação da atuação, através da participação em equipe, na intenção de obter maior troca e integração no conjunto de profissionais, propiciando atenção mais abrangente e organizada às pessoas atendidas, com o devido registro no prontuário.

3.5 O prontuário e seus aspectos éticos e legais

O nome prontuário provém do latim *pronptuarium* que significa "onde se guarda, onde se conserva fechado" (FARIA, 1962). O prontuário em papel vem sendo usado desde os tempos de Hipócrates, mas passou por diversas mudanças ao longo do tempo, especialmente no último século, período em que tem se sistematizado.

> É um documento único constituído de um conjunto de informações, sinais e imagens registradas, geradas a partir de fatos, acontecimentos e situações sobre a saúde do paciente e a assistência a ele prestada. É um documento de caráter legal, sigiloso e científico, que possibilita a comunicação entre membros da equipe multiprofissional e a continuidade da assistência prestada ao indivíduo. (Resolução CFM nº 1638/02)

O registro das informações relativas ao estado de saúde/doença da pessoa hospitalizada é tarefa diária de todos os profissionais que trabalham na área assistencial, seja ele em suporte físico (papel) ou suporte eletrônico[41]. É um instrumento utilizado pelas áreas administrativa e jurídica do hospital, para gerenciamento dos serviços (faturamento e autorização de procedimentos, elucidação de questões legais).

Em caso de processos que envolvam o profissional de saúde/instituição, o prontuário é um testemunho fundamental da veracidade dos fatos, se estiver preenchido corretamente. Ele é o um documento de fé pública, isto é, é verdadeiro até que se prove o contrário.

É importante salientar que o prontuário pertence ao usuário e a instituição é responsável pela sua guarda. Os dados que o compõem pertencem ao paciente e devem estar permanentemente disponíveis, de modo que, quando solicitado por ele ou seu representante legal, permitam o fornecimento de cópias autenticas das informações a ele pertinentes.

Quando nos referimos ao prontuário, como importante registro documental da prestação de serviço em saúde, um aspecto a ser ressaltado é o sigilo profissional, que visa preservar a privacidade do indivíduo. O profissional de saúde, neste sentido, está sujeito às normas estabelecidas na legislação federal e no Código de Ética da sua categoria profissional, independente do meio utilizado para o armazenamento dos dados no prontuário, seja eletrônico ou em papel.

a) Na legislação brasileira temos como referência a Constituição Federal, o Novo Código Civil e o Código Penal: A Constituição

---

[41] Com a aplicação da informática nos hospitais, surgiu o prontuário eletrônico, que já é uma realidade em várias instituições de saúde.

Federal postula que "São invioláveis a intimidade, a vida privada, a honra e a imagem das pessoas..." (BRASIL, 1988, art. 5°, X).

b) O novo Código Civil, no seu artigo 186, menciona: "Aquele que, por ação ou omissão voluntária, negligência ou imprudência, violar direito e causar dano a outrem, ainda que exclusivamente moral, comete ato ilícito...". (BRASIL, 2002); e

c) O Código Penal considera crime a violação do sigilo profissional, estabelecendo pena de detenção de três meses a um ano ou multa para quem "revelar a alguém, sem justa causa, segredo de que teve ciência em razão de função, ministério, ofício ou profissão e cuja revelação possa produzir dano a outrem". (BRASIL, 1940, art. 154)

Nesse sentido e de forma abrangente, podemos afirmar que o sigilo profissional é uma exigência que diz respeito a todas as profissões. Enfatizando agora a Psicologia, acrescentamos ainda o Código de Ética Profissional:

> Art. 9° - É dever do psicólogo respeitar o sigilo profissional a fim de proteger, por meio da confidencialidade, a intimidade das pessoas, grupos ou organizações, a que tenha acesso no exercício profissional.
> Art. 10 - Nas situações em que se configure conflito entre as exigências decorrentes do disposto no art. 9° e as afirmações dos princípios fundamentais deste Código, excetuando-se os casos previstos em lei, o psicólogo poderá decidir pela quebra de sigilo, baseando sua decisão na busca do menor prejuízo.
> Parágrafo único - Em caso de quebra do sigilo previsto no *caput* deste artigo, o psicólogo deverá restringir-se a prestar as informações estritamente necessárias.
> Art. 12 - Nos documentos que embasam as atividades em equipe multiprofissional, o psicólogo registrará apenas as informações necessárias para o cumprimento dos objetivos do trabalho. (CFP, 2005)

É verdade que em algumas circunstâncias é difícil saber quais as informações são necessárias para o cumprimento dos objetivos do trabalho. Isto reforça a ideia de que as regulamentações são diretrizes importantes e que precisam ser conhecidas e reconhecidas, mas que não respondem e nem fecham todas as questões e dúvidas decorrentes da prática. Verifica-se então que as normatizações podem viabilizar uma reflexão crítica constante e necessária ao trabalho de qualidade.

3.6 Registro psicológico no prontuário

A intervenção psicológica no hospital geral caracteriza-se por limite de tempo imposto pela duração do processo de internação e por isso o psicólogo adota intervenções breves. De acordo com Chiattone (2011), a assistência psicológica no hospital compreende algumas especificidades que envolvem os limites institucionais, a multiplicidade de enfoques e solicitações, uma nova espacialidade e temporalidade que comprometem a privacidade do atendimento, e a precariedade existencial do paciente. Isso leva o profissional a transpor os limites de seu consultório, obrigando-o a efetuar reformulações teóricas e metodológicas em sua prática.

Em decorrência disso, a autora supracitada assinala alguns objetivos, gerais e específicos, pertinentes ao cotidiano do profissional psicólogo neste contexto, dos quais destacamos alguns abaixo, por estarem relacionados às ações realizadas e que fornecerão dados para serem registrados no prontuário.

- Avaliar o grau de comprometimento emocional causado pela doença, tratamento e/ou internações, proporcionando condições para o desenvolvimento ou manutenção de capacidades e funções não prejudicadas pela doença, tanto a pacientes como a seus familiares.

- Favorecer ao paciente a expressão de sentimentos sobre a vivência da doença, tratamento e hospitalizações, (...) facilitando a ampliação da consciência adaptativa do paciente, ao minimizar o sofrimento inerente ao ser e estar doente.

- Fazer com que a situação de doença e tratamento sejam bem compreendidas pelo paciente, evitando sempre que possível, situações difíceis e traumáticas, favorecendo a participação ativa do paciente no processo.

- Detectar e atuar frente aos quadros psicorreativos decorrentes da doença, do afastamento das estruturas que geram confiança e segurança ao paciente, quebra do cotidiano e diferentes manifestações causadas pela doença e hospitalização.

- Detectar condutas e comportamentos anômalos à situação de doença e hospitalização, orientando e encaminhando para tratamento específico.

- Detectar precocemente antecedentes ou alterações psiquiátricas que possam comprometer o processo de tratamento médico, orientando e encaminhando a serviços especializados.

- Fornecer apoio e orientação psicológica aos familiares dos pacientes internados, incentivando a participação da família no processo de doença. (CHIATONNE, 2011, p. 152-153)

A partir destas ações, e ao realizar o registro no prontuário, o psicólogo contribuirá para um melhor entendimento por parte da equipe de saúde dos comportamentos, sentimentos e reações dos pacientes e familiares. Porém este registro não substitui a necessidade de se manter o contato e a relação interpessoal com a equipe, pois a devolução verbal possibilita a discussão de ações terapêuticas, necessárias à boa prática interdisciplinar.

É importante que faça parte da rotina do psicólogo a leitura prévia do prontuário, a fim de que ele tenha uma noção da condição clínica e da proposta terapêutica do doente, que o possibilite, a partir destas informações, definir condutas e precauções necessárias (ao saber sobre algum eventual risco).

Os instrumentos geralmente utilizados pela psicologia para a avaliação da condição emocional do doente são: anamnese, observação clínica, escuta psicológica, avaliação das manifestações psíquicas e comportamentais do paciente e exame psíquico. Sugerimos o modelo proposto por Sebastiani e Fongaro (1996) no "Roteiro de Avaliação Psicológica aplicada ao Hospital Geral", que foi adaptado para a Psicologia Hospitalar.

Faz-se necessário ponderar que o trabalho do psicólogo hospitalar, no que concerne à avaliação psicológica, difere em alguns aspectos do que normalmente é desenvolvido num psicodiagnóstico tradicional. O que se busca neste contexto é ter uma visão de como a pessoa encontra-se do ponto de vista emocional frente ao adoecimento, internação e tratamento, sem a pretensão de definir qual é a estrutura de base da personalidade. Isto é, o objetivo do diagnóstico psicológico no hospital geral refere-se à

> Condição psíquica circunstancial do paciente, pois a ocorrência de distúrbios de ordem psicopatológica no Hospital Geral é exceção, sendo que na maioria dos casos são encontradas situações conflitivas oriundas no processo de doença, tratamento e hospitalização". (SEBASTIANI; FONGARO, 1996, p. 50-51)

Para ilustrar e ainda consoante a Sebastiani e Fongaro (1996), um exemplo sobre os distúrbios sensopercetivos.

Os distúrbios sensoperceptivos podem aparecer também como sintomas de diversos quadros centrais, associados a tumores, anóxia cerebral, acidentes vasculares cerebrais, neurocisticercose etc. A constatação isolada de um distúrbio sensopercetivo não é indicativa de nenhum quadro clínico em particular; sempre a somatória de sinais e sintomas mais a história clínica da pessoa é que possibilitarão à equipe a determinação de diagnóstico. (SE-BASTIANI; FONGARO, 1996, p. 28)

Em casos específicos, em que há evidencias de alterações no exame psíquico, é relevante mencionar a alteração constatada, de forma a viabilizar o diagnóstico diferencial pela equipe. Nem sempre é possível concluir a avaliação em um atendimento, fato que dever ser mencionado no prontuário, indicando que será dada sequência à avaliação. Se houver indicação de avaliação psiquiátrica ou da neurologia, pela especificidade do quadro constatado pelo psicólogo no momento da avaliação psicológica, esta informação deverá estar registrada no prontuário e discutida com o médico responsável pelo paciente, para que ele faça a solicitação de interconsulta.

Após a avaliação / atendimento psicológico, cabe ao psicólogo definir o foco do trabalho e qual conduta terapêutica irá adotar, e em seguida proceder ao registro no prontuário.

A redação do registro no prontuário deve seguir os princípios técnicos da linguagem escrita, que deve ser bem estruturada e definida, expressando com clareza o que se quer comunicar à equipe. Além disso, deve ser conciso, com emprego de linguagem precisa e inteligível e com base nos princípios técnicos da profissão (CFP, 2003). É importante que o registro privilegie informações que possibilitarão à equipe definir condutas terapêuticas, preservando, ao mesmo tempo, o paciente de uma exposição excessiva sobre alguns temas tratados no atendimento psicológico.

Uma diretriz possível de ser utilizada pelo psicólogo é a resolução nº 1638/02 do CFM (2002), que diz respeito à evolução no prontuário pelos profissionais de saúde.

Evolução diária do paciente, com data e hora, discriminação de todos os procedimentos aos quais o mesmo foi submetido e identificação dos profissionais que os realizaram, assinados eletronicamente quando elaborados e/ou armazenados em meio eletrônico; Nos prontuários em suporte de papel é obrigatória a legibilidade da letra do profissional que atendeu o paciente, bem como a identificação dos profissionais prestadores do atendimento. (CFM, 2002)

Por ser um documento, é devido que o psicólogo faça suas anotações no prontuário a caneta e sobre a pauta na "folha de evolução" do mesmo ou em formulário próprio, de acordo com as normas da instituição[42], para serem válidas juridicamente. A escrita de forma corrida, ou seja, separada apenas pela pontuação e sem parágrafos, evita adulteração fraudulenta, pois tudo o que sobrepõe às outras anotações pode ser considerado como algo que foi acrescido *a posteriori*. Além disso, o registro não pode conter rasura e nem se pode usar corretivo.[43] É aconselhável, para os casos mais complexos ou para os psicólogos iniciantes, que se faça um rascunho do que se quer registrar, para evitar possíveis erros, e para certificar que o registro está claro para quem o lê.

Outro aspecto a ser reforçado é que o registro não pode ter um caráter pessoal[44], pois ele é fruto de uma avaliação profissional. Portanto, o adequado é que o texto seja impessoal, com uma linguagem técnica, assim como direcionado na Resolução CFP 07/ 2003. Uma sugestão, neste sentido, é utilizar o verbo na terceira pessoa do singular, podendo ser acompanhado do pronome *se*[45].

É válido ainda ressaltar que a evolução deve seguir um ordenamento cronológico e além da data o profissional deve colocar o horário em que foi realizado o atendimento. Esta informação é importante pois o quadro emocional do paciente pode variar no decorrer do dia, principalmente

---

[42] Algumas instituições estabelecem a cor da caneta a ser usada bem como a forma do registro, que pode ser sequencial a anotações de outros profissionais, ou em folha própria para o registro da Psicologia.

[43] Após a palavra inadequada, coloque a vírgula, o termo "digo", e em seguida a palavra correta, de modo a mostrar claramente o que foi alterado Exemplo: paciente encontra-se ansioso, digo, angustiado.

[44] Deve-se restringir pontualmente às informações necessárias, recusando qualquer tipo de consideração, observação, crítica ou deboche e também uso de termos que podem estigmatizar o paciente.

[45] Por exemplo: ao invés de escrever "Realizei atendimento psicológico", empregando a primeira pessoa do singular, substituir por "Realizou-se atendimento psicológico".

em função de intercorrências tão comuns de ocorrer neste contexto. Caso não seja possível fazer o registro, pela ausência do prontuário no Setor ou por outro motivo, a anotação deverá ser colocada no dia seguinte, seguindo a ordem cronológica, com a ressalva de que aquele registro se refere a atendimento realizado no dia anterior.

Um aspecto a ser considerado e que é comum nos serviços ambulatoriais[46], é a existência de um prontuário exclusivo da Psicologia. Nestes casos o registro deverá ser feito a cada atendimento realizado e este documento deverá ser mantido em local que garanta sigilo e privacidade. (CPF, 2009, art. 4°, § 2°).

Ainda de acordo com a Resolução CFP 01/2009 (art. 2°) é importante conter no registro em prontuário:

a) Qual a abordagem inicial adotada pelo psicólogo no contato com o paciente, indicando o que foi feito: atendimento psicológico, avaliação psicológica, atendimento psicológico no grupo de sala de espera, abordagem transdisciplinar etc.;

b) A origem[47] e avaliação da demanda deve ser incluída no primeiro registro, bem como o que motivou a solicitação. Antes de incluir esta informação o psicólogo deverá verificar se ela está contida no registro feito no Prontuário pelo solicitante da interconsulta. Se esta informação já estiver registrada[48], torna-se desnecessário colocá-la.

c) Dados obtidos na avaliação/observação clínica, informando sobre a condição emocional do paciente em relação à internação e adoecimento, conforme mencionado anteriormente.

d) Definição dos objetivos do trabalho, que se refere ao detalhamento da estratégia terapêutica a ser adotada. Deve-se incluir a

---

[46] Nestes serviços, tem-se, às vezes, fichas padronizadas que deverão ser preenchidas pelos profissionais de forma correta, para registrar o atendimento e garantir o faturamento da consulta pela instituição. Estes registros devem garantir confidencialidade dos dados obtidos no atendimento e servirão de base para compreensão da situação clínica do paciente no período em que ele é assistido pela Psicologia no hospital.

[47] Interconsulta médica, solicitação de outros profissionais de saúde, paciente, familiares ou por iniciativa da Psicologia.

[48] Às vezes, na anotação do médico assistente já consta na conduta que o cliente está sendo encaminhado para avaliação psicológica. Não é necessário repetir esta informação nos outros registros.

descrição do número de sessões semanais (frequência do atendimento) e se envolverá também os familiares/acompanhantes. Além disto, caso seja feita alguma orientação (à equipe, aos familiares, ao próprio paciente) a informação deverá ser completa para que tenha valor documental[49].

e) Registro de encaminhamento[50].

Os registros subsequentes deverão atualizar e/ou completar os anteriores. Caso o paciente seja atendido mais de uma vez no mesmo dia, o registro no prontuário poderá ser feito uma única vez, identificando que foram feitas duas abordagens (ou mais), o momento em que os atendimentos ocorreram e a variação do seu quadro emocional[51].

3.6 Considerações finais

Considerando que competência compreende o conjunto de conhecimentos, habilidades e atitudes de cada indivíduo, necessário para desenvolver atribuições e responsabilidade dentro de sua função, pode-se afirmar que não basta ter conhecimento sobre esta área de atuação. O grande desafio é fazer com que o psicólogo aprenda novas atitudes, novas expertises, tornando-se mais eficaz no que faz no hospital geral. Neste sentido, a comunicação interdisciplinar é uma habilidade a ser desenvolvida e precisa ser priorizada, e esta envolve, além do contato interpessoal, o registro no prontuário.

Sabemos que a ética ultrapassa muito um manual de normas e procedimentos, tratando-se na verdade de uma postura profissional, de um posicionamento no contexto social. No entanto, o conhecimento de algumas exigências técnicas relacionadas à atuação, mesmo que não sejam suficientes para garantir um trabalho de qualidade, é necessário,

---

[49] Por exemplo, a anotação "feito orientação à equipe" numa situação em que o paciente apresenta ideação suicida não tem valor comprobatório, caso seja necessário comprovar que a equipe foi orientada antecipadamente sobre a situação de risco do paciente antes da tentativa de suicídio dentro do hospital.

[50] Se, próximo à alta, for realizado algum encaminhamento externo, deve-se incluir esta informação.

[51] Exemplo: realizado atendimento no pré e pós-cirúrgico. Inicialmente o paciente encontrava-se ansioso e neste momento apresenta o quadro de depressão reativa.

no sentido de nortear o profissional em sua realização. É importante salientar também que isso não se faz sem conhecer e observar as diretrizes do SUS e de outras legislações que se aplicam a qualquer cidadão, não só ao psicólogo, o que nos remete mais uma vez a pensar no papel de cidadão do profissional.

Não esperamos, com a discussão trazida, fechar ou concluir as questões levantadas, mas abrir para reflexão da temática e sua importância para prática profissional. Propomos que o assunto seja fomentado para discussão constante. Acreditamos que a reflexão crítica e bem fundamentada é a melhor forma de construir um trabalho de qualidade.

Referências

BOURDIEU, P. **Questões de sociologia**. Trad. Jeni Vaitsman. Rio de Janeiro: Marco Zero, 1983.

BRASIL. Constituição (1988). **Constituição da República Federativa do Brasil**, 5 out, 1988. Brasília: Senado Federal, Centro Gráfico, 1988. 292p.

BRASIL. Congresso Nacional. Lei nº 10406/2002. Institui o Código Civil. **Diário Oficial da União,** Brasília, 10 jan. 2002. Disponível em: <http://www.planalto.gov.br/ccivil_03/leis/2002/l10406.htm>. Acesso em: 10 mai. 2014.

BRASIL. **Lei nº 8080/1990**. Dispõe sobre as condições para a promoção, proteção e recuperação da saúde, a organização e o funcionamento dos serviços correspondentes e dá outras providencias. Brasília, 19 set. 1990. Disponível em: <http://www.planalto.gov.br/ccivil_03/leis/l8080.htm>

BRASIL. Decreto-Lei nº 2848. Código Penal. **Diário Oficial da União**, Brasília, 7 dez. 1940. Disponível em: <http://www.planalto.gov.br/ccivil_03/decreto-lei/del2848.htm>. Acesso em: 10 mai. 2014.

BRASIL. MINISTÉRIO DA SAÚDE. Secretaria-Executiva. Núcleo Técnico da Política Nacional de Humanização: **HumanizaSUS**: prontuário transdisciplinar e projeto terapêutico. Brasília: Ministério da Saúde, 2004. Disponível em: <http://bvsms.saude.gov.br/bvs/publicacoes/prontuario.pdf>. Acesso em: 30 abr. 2014.

CHIATTONE, H. B. C. A significação da psicologia no contexto hospitalar. In: ANGERAMI-CAMON, V. A. **Psicologia da Saúde:** um novo significado para a prática clínica. 2. ed. São Paulo: Pioneira Thomson Learning, 2011.

CONSELHO FEDERAL DE MEDICINA (CFM). **Código de Ética Médica**. 2009. Disponível em: <http://www.portalmedico.org.br/resolucoes/

cfm/2009/1931_2009.htmhttp://www.portalmedico.org.br/resolucoes/cfm/2002/1639_2002.htm>.

CONSELHO FEDERAL DE MEDICINA (CFM). Resolução nº 1638/02. Define prontuário médico e torna obrigatória a criação da Comissão de Revisão de Prontuários nas instituições de saúde. **Diário Oficial da União**, Brasília, 10 jul. 2002, Seção 1, nº 153, p. 184. Disponível em: <http://pesquisa.in.gov.br/imprensa/jsp/visualiza/index.jsp?jornal=1&pagina=184&data=09/08/2002>.

CONSELHO FEDERAL DE MEDICINA (CFM). Resolução CFM nº 1821/07. Aprova as normas técnicas concernentes à digitalização e uso dos sistemas informatizados para a guarda e manuseio dos documentos dos prontuários dos pacientes, autorizando a eliminação do papel e a troca de informação identificada em saúde. **Diário Oficial da União,** Brasília, 23 nov. 2007, Seção I, p. 252; Disponível em: <http://www.portalmedico.org.br/resolucoes/cfm/2007/1821_2007.htm>.

CONSELHO REGIONAL DE MEDICINA DO DISTRITO FEDERAL. **Prontuário médico do paciente**: guia para uso prático. Brasília: Conselho Regional de Medicina, 2006. 94 p. Disponível em: <http://www.crmdf.org.br/sistemas/biblioteca/files/7.pdf>.

CONSELHO FEDERAL DE PSICOLOGIA (CFP). **Resolução 07/2003**, Institui o Manual de Elaboração de Documentos Escritos produzidos pelo psicólogo, decorrentes de avaliação psicológica e revoga a Resolução CFP nº 17/2002. Brasília: Conselho Federal de Psicologia, 2003. Disponível em: <http://site.cfp.org.br/wp-content/uploads/2003/06/resolucao2003_7.pdf>.

CONSELHO FEDERAL DE PSICOLOGIA (CFP). **Resolução 01/2009**, Dispõe sobre a obrigatoriedade do registro documental decorrente da prestação de serviços psicológicos. Brasília: Conselho Federal de Psicologia, 2009. Disponível em: <www.pol.org.br>.

CONSELHO FEDERAL DE PSICOLOGIA (CFP). **Resolução 010/2005**. Aprova o Código de Ética Profissional do Psicólogo. Brasília: Conselho Federal de Psicologia, 2005. Disponível em: <www.pol.org.br>.

CONSELHO FEDERAL DE PSICOLOGIA (CFP). **Resolução CFP nº 013/2007**. Institui a Consolidação das Resoluções relativas ao Título Profissional de Especialista em Psicologia e dispõe sobre normas e procedimentos para seu registro. Brasília: Conselho Federal de Psicologia, 2007. Disponível em: <www.pol.org.br>.

CONSELHO REGIONAL DE PSICOLOGIA - MINAS GERAIS (CRP -MG). Registro em psicologia. **Diário Oficial da União,** Brasília, 14 set.

2007. Disponível em: <http://site.cfp.org.br/wp-content/uploads/2008/08/Resolucao_CFP_nx_013-2007.pdf>.

CONSELHO REGIONAL DE PSICOLOGIA – MINAS GERAIS (CRP -MG). **Recomendação sobre a sistematização da Atuação do Psicólogo Hospitalar.** Grupo de Trabalho de Psicologia Hospitalar do Conselho Regional de Minas Gerais, Belo Horizonte, 2009. Disponível em: <http://www.crpmg.org.br/CRP2/Image/recomenda%E2%94%9C%C2%BAao%20GT%20Psico%20Hospitalar.pdf>.

CONSELHO REGIONAL DE PSICOLOGIA – MINAS GERAIS (CRP -MG). **Guia para o exercício profissional – psicologia**: legislação, orientação, ética, compromisso social. 3. ed. Belo Horizonte: CRP 04, 2011. Disponível em: <http://www.crpmg.org.br/CRP2/Image/Guia%20Informativo%20do%20Psicologo.pdf>.

FARIA, E. (org.) **Dicionário escolar latino-português**. Campanha Nacional de Material de Ensino: DF, 1962. 3. ed. Disponível em: <http://www.dominiopublico.gov.br/download/texto/me001612.pdf>.

FARIA FILHO, L. M. A legislação escolar como fonte para a História da educação: uma tentativa de interpretação. In: FARIA FILHO, L. M. (org.). **Educação, modernidade e civilização:** fontes e perspectivas de análises para a história da educação oitocentista. Belo Horizonte: Autêntica, 1998. p. 89-125.

HORA, S. A. E. Plano de intervenção para implantação do Prontuário Eletrônico do Paciente no Centro de Referência e Especialidades em Saúde da Criança e do Adolescente de Jaboatão dos Guararapes, 2012. Monografia. Recife, 2012. Disponível em: <http://www.cpqam.fiocruz.br/bibpdf/2012hora-sae.pdf>.

LOPES, E. M. T.; FARIA FILHO, L. M.; VEIGA, C. G. (org.). **500 anos de educação no Brasil**. 2.ed. Belo Horizonte: Autêntica, 2000. 606p.

SANTOS, M. As cidadanias mutiladas. In: LERNER, J. (org.). **O preconceito.** São Paulo: Imprensa Oficial do Estado de São Paulo, 1996.

SEBASTIANI, R. W.; FONGARO, M. L. H. Roteiro de Avaliação Psicológica aplicada ao hospital geral. In: ANGERAMI-CAMON, V. A. e col. **E a Psicologia entrou no hospital...**, São Paulo: Pioneira, 1996.

SIMONETTI, A. **Manual de Psicologia Hospitalar:** o mapa da doença. São Paulo: Casa do psicólogo, 2004, 201p.

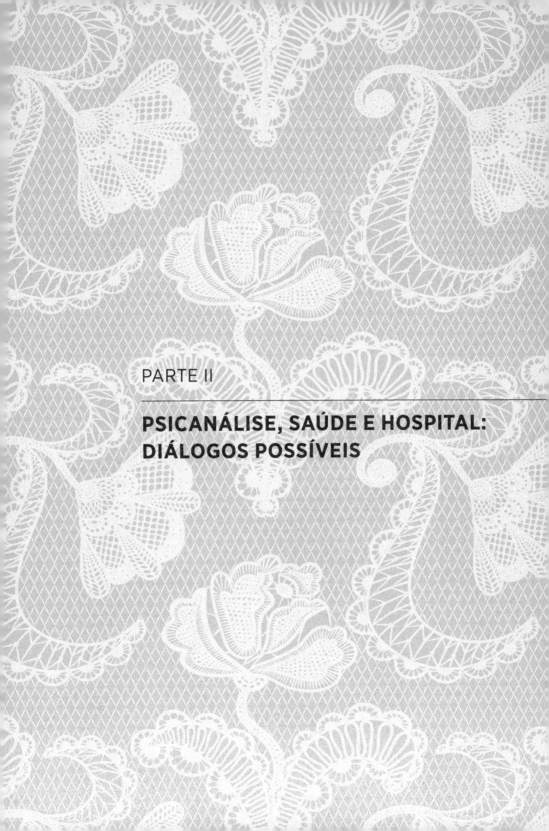

PARTE II

PSICANÁLISE, SAÚDE E HOSPITAL: DIÁLOGOS POSSÍVEIS

CAPÍTULO 4

O DIÁLOGO ENTRE A MEDICINA E A PSICANÁLISE: UMA APROXIMAÇÃO NECESSÁRIA

Tiago Augusto Scarpelli Pereira

O gasto com a saúde no Brasil é bastante elevado. Alguns fatores colaboram para o aumento das despesas com saúde no país, entre eles a crescente demanda de nossa população por consultas e exames médicos cada vez mais onerosos. O fato não é restrito à realidade brasileira, sendo uma preocupação que atinge principalmente os países em desenvolvimento e os já desenvolvidos.

As despesas no campo da saúde vêm aumentando aceleradamente no decorrer das últimas décadas. A situação é preocupante e inquieta os governos pelo consequente desequilíbrio econômico que poderá ser ocasionado. Os custos da saúde crescem numa velocidade mais elevada que o próprio crescimento econômico dos países. Esse contexto provoca a necessidade de mudanças estruturais nas políticas de saúde, para que os investimentos na área possam continuar, sem que a economia fique ameaçada.

Segundo a agência de pesquisa americana Standard and Poor's (2012), não existirá, em 2035, sequer um país com a nota AAA (classificação de economia estável) dentre as atuais 49 maiores economias mundiais, se os governos não controlarem a alta dos gastos e dos custos da saúde.

Dentre os gastos com a saúde encontra-se a despesa com os remédios. Um significativo crescimento do consumo de medicamentos é constatado dentro de todos os domínios da farmacologia, sendo que alguns medicamentos têm o crescimento de seu consumo ainda mais acentuado que outros. Os antidepressivos, por exemplo, apresentam uma enorme evolução em termos de produção e consumo. Entre 1980 e 2001, nos países membros da OCDE[52], a venda de antidepressivos se multiplicou por mais de sete vezes: 84 milhões de euros em 1980, contra 543 milhões de euros em 2001, enquanto o mercado de medicamentos como um todo cresceu numa progressão de 2,7 (ASSURANCE MALADIE, 2011).

Na França, algumas pesquisas apontam para uma super utilização de medicamentos antidepressivos. Numa entrevista realizada em 2000, numa amostra aleatória da população francesa interrogada por telefone, 9,3% das pessoas declararam que haviam feito uso de antidepressivos no curso dos últimos 12 meses. 6% dos homens e 12,4 das mulheres declararam ter consumido no curso da última semana ao menos um antidepressivo (INPES, 2010).

No Brasil, de 2002 a 2006 as despesas do Ministério da Saúde (MS) destinadas a financiar a compra de medicamentos aumentaram em 123,9%. Enquanto o aumento das despesas totais do MS foi de somente 9,6% no mesmo período (VIEIRA; MENDES, 2007).

Segundo o Instituto de Direito Sanitário Aplicado (IDISA) o gasto total com saúde no Brasil em 2009 foi de R\$270 bilhões, sendo R\$127 bilhões de recursos públicos e R\$143 bilhões do privado.

A situação tende a piorar quando se leva em consideração o envelhecimento da geração *"Baby Boom"* que se dará por volta do ano 2030. Com o aumento do número de pessoas em idade avançada, os gastos em saúde consequentemente se elevarão.

Mas quais seriam as razões para este desenfreado crescimento de despesas na área da saúde? Alguns fatores são apontados como responsáveis. Segundo Macdonald (2003), os principais motivos estão associados à expansão da recomendação de utilização dos medicamentos e à inclusão de novos medicamentos no mercado. Mas outras razões também são frequentemente sugeridas. Um estudo realizado no Canadá (CMJA, 2007) lista algumas das causas: modificações na população; substituição de tratamentos mais invasivos por tratamentos medicamentosos; novas doenças e epidemias; facilidade de adquirir medicamentos; desenvolvimento tecnológico da indústria farmacêutica; maior investimento em publicidade e mudança no perfil e comportamento dos usuários e profissionais.

---

[52] Organização de Cooperação e Desenvolvimento Econômico

Outros autores, porém, relatam que o conjunto destas razões não seria de forma isolada o que verdadeiramente contribui para o aumento da consumação de medicamentos no mundo inteiro. Morgan (2004) afirma que isto explica apenas parte da evolução, mas não completamente. O autor relata que as decisões políticas podem influenciar essa dinâmica e, por consequência, seria necessário a realização de estudos mais avançados sobre a utilização de medicamentos para conclusões mais precisas.

Se esse cenário não se modificar, os governos terão que adotar medidas mais sérias para sustentar o financiamento da saúde, como aumentar os impostos, reduzir as despesas nos outros domínios ou fazer a população pagar ela mesma, um valor mais alto, pela saúde (Brussels, 2006).

É neste contexto de descompasso econômico que tem sido gerado pelo acelerado aumento de gastos com a saúde, que chegamos à relevância e importância da seguinte suposição: outra razão que influenciaria o aumento do consumo de medicações e de procedimentos médicos custosos seria o afastamento da classe médica de tudo aquilo que se refere ao subjetivo, ou, mais especificamente, daquilo que se refere ao sujeito da psicanálise. Esta distância é importante para que o tratamento médico funcione bem, entretanto, ela pode resultar em perdas para o campo da saúde em geral. A negligência - por parte dos médicos e da população em geral - do aspecto subjetivo presente em grande parte das doenças, ocasiona por vezes gastos desnecessários ou evitáveis. Uma vez que o aspecto subjetivo e inconsciente dos sintomas é negligenciado, resta ao médico o tratamento exclusivamente do corpo, através, por exemplo, dos medicamentos. Esta prática conduz regularmente às despesas inúteis ao se buscar soluções medicamentosas para sofrimentos que não vêm do corpo, e sim da "subjetividade".

É na atual realidade, quando medidas e alterações nas políticas públicas se tornam necessárias para a diminuição do descompasso econômico gerado pelos crescentes gastos com a saúde no mundo, que a proposta de pensar uma possível aproximação da psicanálise ao meio médico se faz importante, visando assim, entre outros fatores, uma maior atenção ao sujeito e à subjetividade. Entretanto, esta aproximação é delicada, uma vez que os dois campos se ocupam de objetos de estudo diferenciados e até mesmo excludentes ou, por vezes, conflitivos.

4.1 Psicanálise e medicina

A medicina atual tem como objeto de interesse o que Caguilhem (2005) define como sendo o lado da "doença médica". É o que caracteriza a medicina cientifica, que exclui completamente o sujeito para o estudo do objeto corpo. Uma medicina estritamente normativa, biológica, matemática e orgânica. Derivada a partir da ruptura causada no campo médico pelo advento da dissecação humana, se contrapondo ao que Caguilhem chamou de campo da "doença do doente", onde encontramos os cuidados ditos espirituais, que se atentam à algo da subjetividade, e se ocupam de questões não cientificas, como a religião e terapias alternativas.

A psicanálise se encontra entre as duas. Não se enquadra ao lado da medicina cientifica que exclui o sujeito, nem tampouco se afasta por completo da mesma. O próprio Freud encontrava dificuldade no posicionamento da psicanálise, ao tentar manter a psicanálise dentro da área médica apesar das divergências que as faziam se afastar cada vez mais. Freud acabou por se ocupar daquilo que a medicina excluía: o sujeito. Percebemos o efeito deste conflito nas próprias palavras de Freud (1925)

> [...] a psicanálise nada deriva, senão desvantagens, de sua posição intermediária entre a medicina e a filosofia. Os médicos a veem como um sistema especulativo e recusam-se a acreditar que, como toda outra ciência natural, ela se fundamenta numa paciente e incansável elaboração de fatos oriundos do mundo da percepção; os filósofos, medindo-a pelo padrão de seus próprios sistemas artificialmente construídos, julgam que ela provém de premissas impossíveis e censuram-na [...].

Durante os anos, as duas disciplinas vêm se dialogando, ora mais próximas e colaborativas, ora mais afastadas e contraditórias.

Atualmente, o paradigma científico é predominante na nossa cultura. O mundo atravessa uma época de exclusão intensa da subjetividade. Como diz Barreto (2011), o contexto epistêmico onde prevalece o universal, a objetividade, a estatística, a normatização, a evidência e o resultado é fundamentando pelo discurso científico que visa o saber absoluto. A psicanálise se encontra, assim bastante desarticulada da medicina, ocupando um espaço marginal dentro da saúde. Contradições em suas bases criam barreiras para o diálogo. "A medicina estabelece uma sintonia, uma harmonia matemática entre órgão e função. Já a psicanálise destaca a oposição, a desarmonia entre órgão e função, que só se elucida a partir da consideração da subjetividade ali presente" (BARRETO, 2011). Os exemplos são muitos: a cegueira e as paralisias histéricas, a impotência sexual, a anorexia, a obesidade mórbida, o bruxismo, a constipação, a enurese nervosa etc. Excluindo o fator "sujeito" da base destas doenças resta ao mundo contemporâneo o apelo à medicamentalização. A busca de alívio por psicotrópicos faz-se constante. O remédio é procurado como uma possível solução para um sofrimento subjetivo.

Mas será que no contexto atual de valorização da objetividade seria possível encontrar uma abertura para um discurso em que se privilegia a subjetividade? Na tentativa de responder a tal indagação, foi realizada uma pesquisa - que será relatada mais adiante – onde o objetivo foi procurar entender se existe uma possibilidade de transmitir algo do inconsciente da psicanálise à classe médica, revelando à mesma a importância de uma maior atenção ao conteúdo subjetivo. Freud já relatava em 1918 a importância da transmissão da psicanálise para os médicos visando suprir esta lacuna na formação médica, que privilegia o conhecimento anatômico, mas negligência aquilo que concerne ao psíquico. Nas suas próprias palavras:

> Essa formação (do médico) tem sido muito justamente criticada nas últimas décadas pela maneira parcial pela qual dirige o estudante para os campos da anatomia, da física e da química, enquanto falha, por outro lado, no esclarecimento do significado dos fatores mentais nas diferentes funções vitais, bem como nas doenças e no seu tratamento. Essa deficiência na educação médica faz-se sentir mais tarde numa flagrante falha no conhecimento do médico. Essa falha não se manifestará apenas na sua falta de interesse pelos problemas mais absorventes da vida humana, na saúde ou na doença, mas também o tornará inábil no tratamento dos pacientes, de modo que até mesmo charlatões e 'curandeiros' terão mais efeito sobre esses pacientes do que ele. (FREUD, 1918/19)

Uma constatação que pode ser considerada ainda atual, tendo em vista que a negligência da subjetividade que foi anteriormente relatada vem aumentando com o fortalecimento do modelo médico objetivo baseado no discurso científico atual. Freud critica também, no mesmo texto, a psiquiatria da época:

A psiquiatria, na sua forma atual, é exclusivamente de caráter descritivo; simplesmente ensina o estudante a reconhecer uma série de entidades patológicas, capacitando-o a distinguir quais são incuráveis e quais são perigosas para a comunidade. Sua única ligação com os outros ramos da ciência médica está na etiologia orgânica – isto é, nas suas descobertas anatômicas; mas não oferece a menor compreensão dos fatos observados. Tal compreensão só poderia ser fornecida por uma psicologia profunda. (FREUD, 1918/19)

Em suas sucessivas tentativas de transmissão da psicanalise, Freud escreveu um artigo que posteriormente foi transformado em texto e publicado com o título "Psicopatologia da vida cotidiana". Este texto pode ser considerado um sucesso no que se refere à divulgação da teoria psicanalítica, à transmissão da ideia do inconsciente freudiano e à expansão da psicanálise a outros meios antes leigos ao assunto. No texto em questão, Freud analisa de uma maneira sistemática os lapsos, os esquecimentos, os atos falhos e bloqueios da memória. O autor nos dá exemplos da vida cotidiana e daquilo que seriam sentidos escondidos nas pequenas falhas do comportamento da vida corrente de cada um. Passa mais da metade dos capítulos a descrever uma psicanálise dos homens comuns, normais, para combater o preconceito de que só os comportamentos de pessoas anormais e desequilibradas revelariam uma explicação do inconsciente. Sigmund Freud demonstra todo o saber psicanalítico e transmite suas ideias utilizando algumas características que podem ser consideradas responsáveis pelo sucesso da disseminação do texto à inúmeros leitores. Além de utilizar exemplos facilmente identificados na vida de cada leitor, Freud escreveu o livro de maneira agradável e fácil de ler, acessível a um grande público. Ele suscita o interesse do leitor, mas sem realizar elaborações profundas da teoria psicanalítica (com exceção do último capítulo). Existe uma superficialidade sobre a qual a teoria aparece infiltrada nos exemplos.

4.2 Pesquisa

Baseada nestas características é que a pesquisa sobre a transmissão do inconsciente da psicanálise, citada anteriormente, foi sendo planejada. Após entrevistas com médicos brasileiros e franceses e, depois da aplicação de um questionário para sondagem das opiniões e conhecimentos dos médicos sobre a psicanálise, foram apresentados três casos clínicos para os mesmos. Os casos clínicos foram elaborados tendo como base as características do texto de Freud "Psicopatologia da vida cotidiana", a saber:

a) A simplicidade: os casos foram escritos com uma linguagem simples, com o mínimo de termos técnicos possíveis.

b) Casos comuns, da vida cotidiana: foram escolhidos de maneira a permitir uma aproximação à realidade do leitor. Utilizou-se casos facilmente encontrados na vida cotidiana de cada um, que permitissem demonstrar o inconsciente e a psicanálise como algo próximo do contexto de qualquer pessoa, e não somente dos doentes graves.

c) O fato de não aprofundar teoricamente: para evitar desacordos ou inúmeras resistências, optou-se por não insistir nos aspectos teóricos e técnicos dos casos. Eles foram relatados com o mínimo de detalhes teóricos, mesmo que dessa maneira pudessem ser considerados muito superficiais para um leitor familiarizado com a psicanálise.

Os casos foram transmitidos de maneira a evidenciar a diferença do olhar médico ao corpo "doente", do olhar do psicanalista ao "sofrimento" do sujeito inconsciente e, ainda, do olhar consciente do paciente.

Posteriormente, um novo momento de entrevistas e a aplicação de um questionário final foi realizada, permitindo assim a verificação de mudanças nas opiniões dos médicos após o contato com os casos clínicos. Os dados das entrevistas e questionários iniciais e os dados das entrevistas e questionários finais foram comparados e avaliados, o que permitiu uma série de reflexões a respeito do diálogo entre a medicina e a psicanálise.

A grande maioria dos médicos (90%) declarou não saber qual era o papel de um psicanalista numa clínica de saúde ou hospital, apesar de 50% deles terem afirmado que já trabalharam com psicanalistas. Estes dados corroboram com a impressão de que a classe médica negligencia o papel da psicanálise e demonstra ainda que a transmissão da importância do inconsciente não acontece de maneira natural, uma vez que o fato de já terem trabalhado juntos não foi suficiente para a compreensão do papel do psicanalista. É necessário um esforço "ativo" para a efetivação da melhoria do diálogo.

Todos os médicos afirmaram achar importante realizarem um trabalho em parceria com um psicanalista, mesmo não compreendendo a sua função. Tal dado sugere uma abertura, por parte dos médicos, ao diálogo interdisciplinar, ou ainda sugere que os médicos em seu ofício percebem lidar com problemas emocionais que estão fora do seu campo de atuação.

Outro dado interessante analisado foi a mudança de opinião dos médicos em relação à distância entre a psicanálise e a medicina. Nos questionários iniciais os médicos relataram perceber uma distância muito grande entre os campos de atuação das duas disciplinas, mas após o contato com os casos clínicos afirmaram perceber uma proximidade, o que pode ser traduzido como uma certa identificação derivada do contato com os casos clínicos de natureza cotidiana e de linguagem simples.

Todos foram unânimes quanto à necessidade de realizar uma aproximação entre os dois campos em benefício da saúde. Apesar disto, um dos médicos participantes, a saber, um neurologista, afirmou de forma contraditória considerar que a psicanálise seja um charlatanismo, mesmo afirmando que devemos aproximar os dois campos, o que nos revela a continua resistência existente dentro da classe médica.

Todos os médicos revelaram que o contato com os casos clínicos apresentados lhes ajudaram a melhor compreender qual é o papel da psicanálise. Isto demonstra que, ainda que os médicos não compreendam exatamente o papel da psicanálise, um esforço de transmissão poderá permitir aos médicos um início de diálogo e os convidar a um encontro com o inconsciente. Foi considerado que a compreensão ou a apreciação de qualquer coisa ligada ao inconsciente pode ser estimulada ou transmitida a partir de relato de casos. Esta consideração nos permite crer que a psicanálise pode ter um papel mais ativo na sua própria transmissão.

Um médico entrevistado nos chamou a atenção para um fato que merece ser ressaltado. Ele declarou inicialmente que não achava possível que a psicanálise pudesse ter um papel crucial na cura de um sintoma "orgânico". Declarou ainda que achava desnecessário encaminhar um paciente à um psicanalista se o tratamento médico não estivesse surtindo efeitos. Entretanto, após ter entrado em contato com os casos clínicos da pesquisa, ele mudou de opinião, afirmando que percebeu que a psicanálise pode sim curar sintomas "orgânicos" e que os médicos devem sim encaminhar os pacientes que não estejam apresentando melhoras com a medicina convencional a um cuidado subjetivo como a psicanálise.

Enfim, todos afirmaram que o experimento foi importante para entender o papel do aspecto psicológico dentro da área da saúde. Foi reforçada a ideia de que uma aproximação dos dois saberes é possível através de um esforço de narração clínica e transmissão da subjetividade.

Os médicos não precisam se apropriar do saber e da lógica psicanalítica, mas não devem ignorar sua existência. A pesquisa demonstrou que uma maior aproximação entre a psicanálise e a medicina é possível de ser efetivada. Sendo assim podemos concluir que uma das medidas para conter o descompasso econômico gerado pelo acelerado crescimento dos gastos com saúde, pode ser a aproximação das duas disciplinas, de maneira a otimizar os recursos e utilizá-los sem desperdícios.

Referências

AGUIAR, F. Psicanálise e Universidade: das relações entre a Psicologia Clínica e a Psicanálise na França. **Estudos de Psicologia**, Florianópolis, 2000, p. 215-241.

ALBUQUERQUE, C.; PIOVESAN, M.; SANTOS, I.; MARTINS, A.; FONSECA, A.; SASSON, D.; SIMÕES, K. A situação atual do mercado da saúde suplementar no Brasil e apontamentos para o futuro. **Cienc. Saúde coletiva**, Rio de Janeiro, v.13, n.5, oct.2008.

ASSURANCE MALADIE. Consommation et dépenses de médicaments en France et en Europe, **Assurance-maladie**, Paris, 10 mars. 2011.

BARRETO, F. P. **Formação do Profissional da Área de Saúde**. In: Plenária sobre Lei, Subjetividade e Ciência, Belo Horizonte, 2011.

BRUSSELS, R. W. Health spending rising faster than GDP in most rich countries. **Brit. Med. J.**, v.333, nº 60, p.60, Inglaterra, 2006.

CANADIAN MEDICAL ASSOCIATION JOURNAL (CMJA), Drugs spending tops $25 billion. **CMAJ**, Quebec, Canada, jun. 2007.

CANGUILHEM, G. Le normal et le pathologique, **Presses Universitaires de France** - PUF, Paris, Jan. 2005 (1998).

FREUD, S. As resistências à Psicanálise. In: _____. **Edição Standard Brasileira das Obras Psicológicas Completas de Sigmund Freud**. vol. XIX. Rio de Janeiro: Imago. (1925) 1969.

FREUD, S. Deve-se ensinar a psicanalise na universidade? In: _____. **Edição Standard Brasileira das Obras Psicológicas Completas de Sigmund Freud.** v. XV. Imago, Rio de Janeiro. (1919) 1996.

IDISA – Instituto de Direito Sanitário Aplicado. **Estimativa de gasto com saúde no brasil em 2009.** Disponível em: <http://www.idisa.org.br/site/documento_2141_0__2010---27---532---estimativa-de-gasto-com-saUde-no-brasil-em-2009.html> Acesso em: 13 abr. 2012.

INPES - Institut national de prévention et d'éducation pour la santé. **Analyses du Baromètre santé 2010.** Direção: Thanh Le Luong. Editor: Jeanne Herr. Saint-Dennis, 2010.

MACDONALD, S. Increased drug spending is creating funding crisis, report says, Londres, Inglaterra, **Brit. Med. J.**, Londres, Inglaterra, 29 mar., 2003

MORGAN, S. Sources of variation in provincial drugs spending, **CMAJ**, Quebec, Canada, fev. 2004.

STANDARD AND POOR'S. La croissance des dépenses de santé menace-t-elle les finances publiques? **La-Croix.com**, Paris, fev. 2012.

VIEIRA, F.; MENDES A. **Evolução dos gastos do ministério da saúde com medicamentos.** Associação Brasileira de Economia da Saúde. set. 2007. Disponível em: <http://abresbrasil.org.br/sites/default/files/mesa_07_-_fabiola_gastos_medicamentos.pdf>

CAPÍTULO 5

PSICANÁLISE E INSTITUIÇÃO: EXPERIÊNCIA NO PROGRAMA DE RESIDÊNCIA MULTIPROFISSIONAL EM SAÚDE[53]

Mariana Carvalho de Almeida
Ricardo Mégre Álvares da Silva

5.1 Psicanálise e instituições públicas de saúde

Embora a categoria profissional pela qual se ingressou no Programa de Residência Multiprofissional em Saúde seja a Psicologia, a utilização do arcabouço teórico psicanalítico como eixo norteador deste trabalho se deve principalmente ao conceito psicanalítico de sujeito, considerado pelos autores de importância capital para a discussão aqui desenvolvida e por se tratar de direção teórica na qual sustentam suas práticas no campo 'psi', se assim se pode dizer.

Por certo tempo, a Psicanálise se restringiu aos consultórios, no entanto o que se percebe atualmente é a presença desta em contextos diversos como, por exemplo, nas instituições públicas de saúde. Compreender, através desta pesquisa teórica e da práxis, as interfaces da clínica psicanalítica em uma instituição pública de saúde onde circulam saberes diversos sobre os sujeitos é objetivo deste estudo.

Contextualizando, surge no Brasil em 1988, o Sistema Único de Saúde (SUS), criado pela Constituição Federal após longo processo de elaboração e construção de um modelo assistencial público que

---

[53] Este texto é uma adaptação do trabalho de conclusão de especialização *latu sensu* caracterizada por ensino em serviço e busca apresentar o resultado de uma pesquisa teórica sobre o tema 'psicanálise e instituição', tomando como objeto de estudo a experiência no Programa de Residência Multiprofissional em Saúde do HOB da cidade de Belo Horizonte, Minas Gerais.

garantisse a todos os cidadãos brasileiros acesso gratuito à saúde, tendo como principais balizadores a equidade, a universalidade e a igualdade. Este sistema é regulamentado pelas leis nº 8.080 e nº 8.142, ambas de 1990 e que preveem o atendimento integral à saúde segundo o conceito definido pela Organização Mundial de Saúde (OMS). Ou seja, a saúde não é mais uma questão unicamente biológica, abarcando também os componentes psicológicos, sociais, culturais e espirituais /religiosos dos usuários do sistema. O SUS vem se consolidando e se aprimorando em forma de políticas públicas que melhor se adequam às necessidades e realidades da sociedade, se apresentando também em formato de programas e presentes em diversos serviços públicos, dentre eles, as instituições. É importante salientar que grande parte destas políticas é executada no seu âmbito prático por profissionais de áreas de conhecimento distintas, corroborando com a lógica multiprofissional.

Desta forma, assim como toda instituição, o serviço público é lugar composto por vários discursos. Inicialmente, devemos estar advertidos de que não há um consenso a respeito do conceito de instituição, sendo a variável temporal um dos fatores que trazem transformações importantes que devem ser consideradas.

Baremblitt (1994) postula a existência de uma dinâmica social que envolve movimentos instituintes e instituídos, que formam assim uma instituição incessantemente tencionada entre estes dois pontos. Por princípio, a cada vez que um movimento instituinte se faz instituição, passa ao *status* de instituído, trazendo consigo a marca da cristalização inerente a este. É preciso, portanto, de outro instituinte para destituir o instituído e assim manter as instituições em constante movimento dialético.

Lebrun (2009), no entanto, fala de uma tendência dominante entre diversos autores, no sentido de afirmar que há "no próprio conceito de instituição, a necessidade de uma temporalidade, de uma terceiridade e de uma sobrepujança da dimensão coletiva, esta implicando de imediato uma disparidade de lugares" (p. 19). A transmissão via tradição era o que garantia as bases de apoio para legitimar a continuidade das instituições. Segundo este autor a corrente da tradição rompeu seus elos e o que temos hoje é uma "(...) vida coletiva que se avizinha mais do grupo, e até mesmo da 'massa', mais do que do estabelecimento" (LEBRUN, 2009, p. 19). O desafio seria então, da reinvenção, ou de uma contínua inscrição deste elemento terceiro, de um lugar de exceção propriamente dito, que garanta que ajuntamentos coletivos se constituam enquanto instituições.

5.2 Residência multiprofissional em saúde, desafios contemporâneos e outros lugares

Diante da complexidade do contexto em que se inserem os desafios contemporâneos em relação às políticas públicas de saúde, a Residência Multiprofissional em Saúde se configura como estratégia do SUS para capacitação de profissionais que atuem segundo a especificidade de cada categoria profissional dentro da lógica de tal sistema. Objetiva, sobretudo, a formação de profissionais para atuar em equipe multiprofissional na atenção hospitalar e nos demais níveis assistenciais deste sistema público e universal.

O Programa de Residência Multiprofissional em Saúde do HOB foi aprovado pelo Ministério da Saúde em 2007 e sua primeira turma iniciou em 2009. Trata-se de Pós-graduação *Lato Sensu* em serviço, baseando-se nas linhas de cuidado instituídas pelo município de Belo Horizonte. Entretanto, reunir saberes diversos em uma instituição médica e com direção de tal categoria, nos convoca, em tempos de discussão em torno do "ato médico", a pensar o que a psicanálise tem a dizer, e eventualmente a contribuir com a vida coletiva, com as instituições e com as políticas públicas. É com essa indagação que Lebrun (2009) inicia o seu livro *Clínica da instituição- o que a psicanálise contribui para a vida coletiva*. Nele o autor elucida Lacan quando este último retoma os três impossíveis freudianos: governar, educar e tratar. Para o teórico, é impossível fazer com que todos os envolvidos na vida social encontrem consensos universais. É impossível fazer com que uma criança se torne o que se sonhou, assim como é impossível vencer a morte ou governar em favor de todos. Neste aspecto, o "ato médico" é visto como um discurso, onde o mestre representado pela medicina se posiciona como detentor do saber universal, regendo normas e ditando fazeres, como se a dimensão do impossível não existisse.

Em Lebrun (2009), encontramos algo que parece ressoar com nossa questão referente à aplicabilidade da psicanálise ao social e aos impasses criados pelo referido "Ato médico". Ele apresenta as equipes médico

-psicossociais[54] como escolha para estudar as dificuldades nas quais nos encontramos em relação ao atendimento às demandas sociais. Frente a tais dificuldades ele aponta para uma "passagem sub-repticiamente organizada, mas cada vez mais evidente, de uma prática médico- psicossocial centrada no mal-estar do sujeito para uma prática de gestão centrada no controle de seus atos, condutas e comportamentos" (LEBRUN, 2009, p. 62). Estaríamos então, no campo das políticas públicas, repetindo as políticas de governo insensíveis ou incompetentes frente às mutações dos laços sociais, cada vez mais velozes. Tais políticas seguem como se o impossível não fizesse mais parte do jogo, limitando o governar a uma administração dos possíveis, algo que se convencionou chamar "boa governança". Neste ponto, passemos a Lacan (1992 [1969-1970]), mais precisamente no momento em que o autor retoma o projeto freudiano pelo avesso através da formalização dos discursos do mestre, da universidade, da psicanálise e da histérica. Para o teórico, a questão do discurso está para além das palavras, senão um discurso sem palavras, como este mesmo definiu. Trata-se mais de relações e lugares. Nesta perspectiva, encontram-se inúmeras dificuldades na afirmação das demais categorias profissionais em instituições de saúde devido à suposta prevalência do saber médico sobre os demais.

No entanto, é possível observar que por diversas vezes durante a experiência prática na Residência Multiprofissional, a Psicologia enquanto categoria é solicitada a intervir ou sustentar algo quando usuários, acompanhantes e equipes se deparam com a dimensão do impossível colocando em xeque seus limites pessoais e profissionais. Quando o médico dá a notícia de uma doença incurável ou de morte e sai de cena, nós ficamos com o 'resto', no sentido mais psicanalítico da palavra. E o que fazer com aquilo que por muitas vezes é insuportável para o outro? Eis aí uma possibilidade do nosso trabalho que surge frente à dimensão do impossível.

O que se percebe também é que nossa atuação em uma instituição pública de saúde transcende aos usuários do serviço e à prática da

---

[54] Essas equipes parecem equivalentes aos nossos Serviços de Saúde e Assistência Social: Estratégia de Saúde da Família (ESF), Centro de Referência em Saúde Mental (CERSAM), Centro de Referência em Saúde Mental Infanto Juvenil (CERSAMi), Centro de Referência de Assistência Social (CRAS) e Centro de Referência Especializado de Assistência Social (CREAS).

Psicologia Hospitalar, contemplando as equipes profissionais envolvidas em um processo de trabalho, embora esta última não seja nosso foco dentro da residência multiprofissional. Por vezes é possível observar profissionais da Psicologia atendendo clinicamente aos funcionários da instituição ou atuando na Administração de Recursos Humanos, o que caracteriza um outro fazer do Psicólogo institucional que se difere da prática da Psicologia Hospitalar propriamente dita.

Durante dois anos dedicados a tal especialização, se pôde extrapolar a área de ênfase Saúde da Criança[55], tendo a possibilidade de vivenciar a prática nos diversos contextos de um Hospital Geral e nas demais linhas de cuidado do SUS-BH. Em cada um desses serviços de saúde o conhecimento do campo 'psi' ocupa um lugar particular, tanto nas equipes multiprofissionais quanto no trato com os usuários, de acordo com a especificidade de cada serviço. Em muito se difere o atendimento psicológico pontual a um sujeito numa urgência pediátrica em um Hospital Geral do que é prestado a outra criança acompanhada em um CERSAMi, por exemplo. Em alguns serviços há o predomínio de uma abordagem teórica em detrimento de outras, o que às vezes contribui com as direções tomadas pela equipe e até mesmo nas supervisões dos casos atendidos. O fato é que dentro das equipes multiprofissionais são vastas as possibilidades de atuação de um profissional da Psicologia dependendo do contexto onde esta se encontra inserida.

No entanto, o que se observa na prática é que essas categorias têm se organizado na sustentação de seus discursos, a fim de romper de certo modo com a soberania médica. Tal posicionamento favorece o reconhecimento dos demais campos do conhecimento e uma visão mais integral dos sujeitos, corroborando com o princípio da integralidade proposto pelo SUS. Lebrun (2009) por sua vez, aponta que a contribuição da psicanálise nas intervenções em equipes de instituições de assistência médico-psicossocial consiste em preconizar

---

[55] Inicialmente o Programa de Residência Multiprofissional era composto por duas áreas de ênfase: "Urgência e Trauma" e "Saúde da Criança". As categorias profissionais que compunham os dois campos de atuação eram Enfermagem, Fonoaudiologia, Fisioterapia, Nutrição, Psicologia e Serviço Social. Atualmente, porém, a residência ampliou-se, novas áreas de ênfase foram criadas e outras especialidades foram convocadas a integrar o programa.

> (...) que cada um que trabalhe na instituição considere o lugar que ocupa na estrutura e isso sem vergonha e sem glória: sem vergonha, pois não existe nenhuma razão para pensar que somos pessoalmente a causa do mal-estar na civilização; sem glória, pois não há razão para crer que saber sustentar seu desejo proteja por estar no semblante. (p. 79)

Sobre a psicanálise, Freud (1996 [1919-1918]) já anunciava desde o início do século passado o futuro da sua teoria e do serviço público de saúde. Sob a ótica de tal autor, sua terapêutica tinha na maioria das vezes o consultório como *setting* clínico, ou seja, lugar onde realizava seus atendimentos, o que contemplava apenas uma pequena parcela da população, sendo que havia uma enorme quantidade de miseráveis neuróticos no mundo. Chegaria hora então, que pelo despertar da sociedade, a psicanálise tomaria novos rumos a fim de levar seus benefícios a um maior número de pessoas, adentrando instituições e por vezes de forma gratuita. O teórico ressalta ainda a necessidade de adaptar a sua técnica às novas condições, sem que haja alteração de seus conceitos fundamentais.

Em período anterior, Freud (1996 [1910]), no seu artigo "As perspectivas futuras da terapêutica psicanalítica", apresenta sua visão da posição da psicanálise, ressaltando os avanços e as dificuldades inerentes a uma teoria inacabada, mas em contínua elaboração. Naquele momento, ele parece já perceber uma tensão na relação entre sociedade e psicanálise. De acordo com o teórico, "A sociedade não pode responder com simpatia a uma implacável exposição de seus efeitos danosos e deficientes. Porque destruímos ilusões, somos acusados de comprometer os ideais." (FREUD, 1996 [1910], p. 132). A psicanálise, assim, assume uma posição crítica frente à sociedade, asseverando que o social contribui de forma significativa para o aparecimento das doenças neuróticas na civilização. Sobre tais conclusões, faz-se pertinente tal escansão do texto

> (...) é possível prever que mais cedo ou mais tarde, a consciência da sociedade despertar-se-á de que o pobre tem exatamente tanto direito a uma assistência à sua mente, quanto o tem, agora à ajuda oferecida pela cirurgia, e de que as neuroses ameaçam a saúde pública não menos do que a tuberculose, de que, como esta, também não podem ser deixadas aos cuidados de impotentes de membros individuais da comunidade. (...) Tais tratamentos serão gratuitos. Pode ser que passe um longo tempo antes que o Estado

chegue a compreender como são urgentes esses deveres. (FREUD, (1996 [1919-1918]), p. 180)

Ainda segundo o autor, os sujeitos são frutos de suas relações com os outros, sejam eles seus pais, irmãos, o objeto de seu amor, seu médico etc. e que raramente e somente em situações excepcionais, a psicanálise achava prudente desprezar as relações sociais do sujeito. Freud (1996 [1921]) comenta então sobre a identificação, reconhecendo-a "(...) como a mais remota expressão de um laço emocional com outra pessoa." (p. 115), o que aponta para a história primitiva do Complexo de Édipo. Seguindo com tal ideia, Sedat (1996) descreve a identificação como uma oscilação entre o "eu" e o "outro", e a identidade é encontrar um eu que possa estar livre de qualquer relação de objeto, mesmo que ilusoriamente. Desta forma, visualiza-se definitivamente, que as relações sociais desempenham papel fundamental na construção e constituição dos sujeitos.

Corroborando as afirmações sobre o reconhecimento do campo das relações sociais, verifica-se que em tempos mais atuais, a psicanálise encontra-se às voltas com a discussão sobre o conceito de laço social, principal responsável pelo estabelecimento e manutenção da sociedade humana. Na era do capital em que o furo fundamental que inaugura os seres falantes é constantemente escandido, devemos estar advertidos que o discurso do capital não faz laço social.

> Não há correspondência entre o sujeito e o Outro, o que existe é uma alteridade radical. Se desse encontro poderá advir um laço social, será ao preço de ter sido arrancado, de modo irregular, um pedaço desse mundo, que, uma vez extraído, será sua causa. Essa é a causalidade que fundamenta os laços, o pedaço perdido do ser. Um sujeito se enlaça ao Outro, quando tem a chance de localizar, por ali, um pedacinho qualquer, que lhe pareça em condições de suportar seu segredo, ou seja, que possa fazer para cada um as vezes do seu objeto secreto e perdido (...). (BARROS, 2007, p. 2)

Segundo articulações de Barros-Brisset (2012), o discurso capitalista, considerado o discurso do mestre moderno, emerge do encontro entre os campos da ciência, administração e mercado, o que faz com que reja a lógica política e ordene o campo das pulsões. À psicanálise é imposta uma nova urgência, tanto do campo terapêutico quanto do pensamento, pois esta se apresenta como o avesso do discurso do mestre, sendo assim, é o avesso também da política e da ciência, ou seja, daquilo que é a favor do discurso do mestre moderno e suas exigências de produção em massa. Pensando a relação entre psicanálise e ciência, Lacan situa a primeira como fora da segunda, pois a esta última cabe sempre a mudança de paradigma. Para ele, um psicanalista não pode errar em sua interpretação assim como vacila a ciência, como podemos ler ironicamente na resposta dada a Granzoto em uma entrevista de 1974. Jacques Lacan:

> Para mim a única ciência verdadeira, séria, a ser seguida, é a ficção científica. A outra, a oficial, que tem seus altares nos laboratórios, avança às cegas, sem meio correto. E ela até começa a ter medo de sua sombra. Parece que chegou o momento da angústia para os sábios. Em seus laboratórios assépticos, alinhados em seus jalecos engomados, esses velhos bambinos que brincam com coisas desconhecidas, fabricando aparelhos cada vez mais complicados e inventando fórmulas cada vez mais obscuras, começam a se perguntar o que poderá acontecer amanhã, o que essas pesquisas sempre novas acabarão por trazer. Enfim! Digo. E se fosse muito tarde? Os biólogos se perguntam agora, ou os físicos, os químicos. Para mim, eles são loucos. Já que eles já estão mudando a face do universo, vem-lhes ao espírito somente agora se perguntar se por acaso isso pode ser perigoso. E se tudo explodisse? Se as bactérias criadas tão amorosamente nos brancos laboratórios se transformassem em inimigos mortais? Se o mundo fosse varrido por uma horda dessas bactérias com toda a merda que o habita, a começar por esses sábios dos laboratórios? Às três posições impossíveis de Freud, governo, educação, psicanálise, eu acrescentaria uma quarta, a ciência. Ademais, que os sábios não sabem que sua posição é insustentável. (GRANZOTO, 2008 [1974])

Embora a psicanálise encontre um não lugar entre as ciências, ou seja, quando reconhece o que há de único em cada sujeito e que não cabe em protocolos e manuais pré-definidos, permite que se depare com a surpresa e com a invenção de uma forma de conduzir o tratamento segundo os elementos que se apresentam em cada caso. Chegar com um discurso estabelecido e prescritivo tomando-se como referência uma ética do bem-estar para o outro em nosso caso não faz sentido algum e talvez em muitos outros casos também não faça. Como exemplo, são inúmeras as campanhas em favor do uso do preservativo, todavia percebe-se que ainda há o aumento dos casos de HIV/AIDS. Há algo que escapa à recomendação e que perpassa pela subjetividade, e é através deste viés que se dá o fazer psicanalítico. Ainda é preciso reconhecer que o saber está no outro, naquele que nos procura supondo estar em nós o saber sobre seu sofrimento. Cabe a nós estarmos sempre advertidos que o saber supracitado encontra-se naquele que nos procura, mesmo que permaneça opaco para ele. Fazer a diferença, ser a exceção, ocupar o lugar de objeto causa-de-desejo, possibilitar que um sujeito encontre um modo de gozo menos mortífero interrompendo a compulsão à repetição, são algumas possibilidades que emergem de um possível laço transferencial analista/analisante, independente se isso ocorre nos consultórios ou nas instituições.

5.3 Capitalismo *versus* Ciência: contribuições da Psicanálise

Não é de se espantar que a psicanálise por vezes seja combatida em instituições médicas tão alicerçadas no cientificismo, principalmente por esta teoria ser conhecida de forma leiga pela maioria e por não atender variavelmente às exigências do discurso médico-capitalista. É importante ressaltar que a psicanálise não desconsidera as ciências e reconhece os méritos dos diversos avanços e contribuições fundamentais destas para a melhoria de condições de vida nos mais diversos campos da sociedade, entretanto os seus funcionamentos se baseiam em lógicas distintas.

Todavia, o que se sabe é que a aliança entre ciência, mercado e administração pública está a serviço do discurso capitalista, que faz promessas de um bem viver para todos, ao passo que provoca o mal-estar. A ciência torna-se então um serviço de utilidade pública, o que também causa no mundo uma nova desordem. É impossível negar os efeitos positivos da ciência como nos campos da saúde, tecnologias etc. Em contrapartida, provoca também os efeitos do mundo globalizado e capitalista, que não tem tempo a perder e que se perde em meio a tanta oferta de gozo. Percebe-se que os sujeitos têm atravessado um novo tempo, caracterizado pelas urgências e onde tudo deve ser imediato. Esta nova lógica marcada pela globalização, outro nome dado ao capitalismo, desempenha impactos substanciosos na vida social, desarranjando e rearranjando esta. Dentre algumas de suas inferências verifica-se o aparecimento de diversos sintomas, o adoecimento, a mutação do laço social, o consumo desenfreado, novas formas de gozar etc. Diante desse turbilhão atual, vemos que nossos serviços são cada vez mais requisitados, seja no campo público ou privado. Para Barros-Brisset (2012), a experiência analítica faz com que o sujeito de certo modo se afaste da vida política e se aproxime da experiência singular, como descrito abaixo, por Palma:

> (...) a psicanálise contempla o tratamento da singularidade (inclusão do *in-desejado*), do pulsional. Em contrapartida, os dispositivos institucionais têm em suas iniciativas uma abordagem universal do sintoma (exclusão do pulsional, vivido à margem), sustentada na tentativa de objetificação e submissão do "pathos" à ordem da coletividade. (Palma, 2010-2011, p. 3)

Barros-Brisset se posiciona em concordância com a previsão freudiana, feita anos antes, sobre a chegada de um momento onde a psicanálise ultrapassaria as quatro paredes do *setting* analítico, produzindo efeitos no social como um todo. Nesta nova era, busca-se mais o gozo solitário do que a felicidade coletiva. Percebe-se que

> (...) o gozo passou a ser uma questão de política, o que era da ordem privada se tornou público e a psicanálise não pode mais manter a mesma distância da política que mantinha no século das ideologias (...) a força política da psicanálise recolhe seus efeitos exatamente por destituir a crença na solução universal, nos imperativos da tradição, no pensamento único, diluindo as identificações em massa, sustentando a vitalidade de um furo operante, um vazio pulsante. Portanto, lá onde vigora a fórmula para todos onde a operação analítica subverte, para que possa acontecer por essa brecha a solução de cada um. (Barros-Brisset, 2012, p. 186-187)

Outro ponto a ser brevemente abordado é que ao contrário do que se pensava sobre a psicanálise ser destinada às classes economicamente mais favorecidas, Freud concebeu a doença como algo de alto valor, pois muitas vezes o sujeito não paga apenas com o bolso, mas com preço de seu sintoma e com seu sofrimento. Quinet (2007) afirma que decerto, o dinheiro é algo que nunca se tem o bastante, o que leva Lacan a postular que o rico é mais inanalisável do que o pobre, pois ao primeiro nada falta. Parece então, que quanto à questão financeira, não há entraves para o exercício da psicanálise em serviço público de saúde.

Ao final, Freud (1937) se pergunta se mais do que buscarmos explicações para as curas realizadas, não deveríamos nos indagar pelos obstáculos encontrados em direção à cura. Esta parece ser uma tarefa deixada por ele aos seus sucessores, cabendo aos estudiosos e praticantes da psicanálise buscar incessantemente tal resposta, mesmo sabendo que é, em certo sentido, impossível respondê-la completa e definitivamente. Desta forma, ele nos mostra que há algo que também escapa à psicanálise, o que aponta para o reconhecimento de seus limites e para algo que impulsione o aprimoramento de sua teoria.

Freud através de sua prática construiu o arcabouço teórico da psicanálise. É certo que por várias vezes a retomou e retificou o que havia postulado, assim como fez algumas conclusões, o que o torna tão atual. Nos seus escritos, deixou registradas as bases de sua construção teórica, alertou e recomendou àqueles que iriam exercê-la. Lacan, mais adiante, realizou uma releitura de Freud e seguiu rumo a novos conceitos colaborando com a sustentação e afirmação da psicanálise como campo teórico e prático, utilizando-se do termo "práxis" para designar algo que sustenta uma teoria ou, melhor dizendo, o resultado da articulação dialética entre prática e teoria. Segundo Jorge (1996), Lacan concebe que há um enigma na formação do psicanalista e que é preciso romper com o modelo universitário, ou seja, com aquele que concebe tal formação como passível de ser inteiramente acabada. Entretanto, existe um tripé que orienta a prática e formação psicanalítica que perpassa pela análise pessoal, pela supervisão e pelo estudo continuado.

Diante do reconhecimento das suas contribuições e de seus efeitos vários, lança-se mão da argumentação sobre a insistência na política psicanalítica, se assim pode-se dizer.

> Sim, vale a pena lutar pela psicanálise. Ela tem características próprias impossíveis de serem regulamentadas e o real, como nosso princípio, é a resistência por excelência a qualquer norma geral. Assim a psicanálise se torna, por si mesma, um instrumento de resistência ao higienismo e à contabilização do humano, e se constitui em um dos ótimos recursos nessa luta. Além disso, a psicanálise oferece um tratamento alternativo ao tratamento pela estatística, que é o tratamento pelo sintoma, no qual a desregulação do sujeito atual poderia encontrar seus meios singulares de apoio e satisfação com os outros no social. (Mattos, 2004, p. 14)

Com relação ao trabalho multiprofissional, percebe-se na realização de nossa pesquisa, que um dos desafios estruturais desta empreitada perpassa pela atuação de cada categoria de acordo com seus preceitos éticos e teórico-práticos, porém com objetivo em comum, que no caso em questão está voltado para a atenção à demanda dos sujeitos inseridos em uma instituição. Todavia, o que ainda se percebe na prática é que muitos não reconhecem seus próprios limites, invadem o terreno dos outros, os desautorizam e desconhecem os atributos das demais especialidades que podem atuar onde sua especificidade é estrangeira. Entretanto, esta experiência faz com que as categorias se aproximem internamente e entre si em favor da defesa do conhecimento particular de cada área, contribuindo assim para a própria afirmação em torno do conceito da multiprofissionalidade. A oportunidade de inserir-se em uma equipe composta por saberes diversos e a participação concomitantemente em uma especialização neste formato, alavanca maior compreensão sobre o fazer de outras profissões e o desenvolvimento de habilidades sensíveis ao trabalho em equipe que beneficiará de forma direta os usuários atendidos por esta. Sendo assim, amplia-se a visão sobre o sujeito e sobre as possibilidades diante deste.

Referências

BAREMBLITT, G. **Compêndio de análise institucional e outras correntes**: teoria e prática. Rio de Janeiro: Rosa dos Tempos, 1994.

BARROS, F. O objeto "a" é um fundamento do laço social. In: **Revista Almanaque de Psicanálise e Saúde Mental**, Belo Horizonte: Instituto de Psicanálise e Saúde Mental de Minas Gerais, nº 1, 2007.

BARROS-BRISSET, F. Não basta mais cochilar no ouvido dos príncipes: psicanálise, ciência e política no século XXI. In: **De que real se trata na clínica psicanalítica?** Psicanálise ciência e discursos das ciências. Rio de Janeiro: Cia. de Freud, 2012.

FREUD, S. (1937) Análise terminável e interminável. In: **Edição Standard Brasileira das Obras Completas de Sigmund Freud**, v. 23. Rio de Janeiro: Imago, 1996, p.239-288.

FREUD, S. (1990[1910]). As perspectivas futuras da terapêutica psicanalítica In: **Edição Standard Brasileira das Obras Completas de Sigmund Freud**, v.11. Rio de Janeiro: Imago, 1996, p.125-136.

FREUD, S. Linhas de progresso na terapia psicanalítica. In: **Edição Standard Brasileira das Obras Completas de Sigmund Freud,** v.17. Rio de Janeiro: Imago,1996, p.171-181.

FREUD, S. O mal-estar na civilização. In: **Edição Standard Brasileira das Obras Completas de Sigmund Freud,** v.21. Rio de Janeiro: Imago, 1996, p.67-148.

FREUD, S. Psicologia de grupo e a análise do ego. **Edição Standard Brasileira das Obras Completas de Sigmund Freud,** v.18. Rio de Janeiro: Imago, 1996, p.79-143.

GRANZOTO, E. Entrevista Inédita de Jacques Lacan à revista italiana Panorama [1974]. **Magazine Littéraire**, Paris, nº 428, fev. 2004. Disponível em: <http://pontolacaniano.wordpress.com/2008/03/31/entrevista-inedita-de-jacques-lacan-a-revista-italiana-panorama-1974/>

JORGE, M. O lugar da supervisão na clínica. In: JORGE, M. **Papéis.** Rio de Janeiro, nº 5, 1996.

LACAN, J. Produção dos quatro discursos. In: LACAN, J. **O seminário, livro 17**: o avesso da psicanálise. Rio de Janeiro: Jorge Zahar Ed., 1992.

LACAN, J. Eixos da subversão analítica. In: LACAN, J. **O seminário, livro 17**: O avesso da psicanálise. Rio de Janeiro: Jorge Zahar Ed., 1992.

LEBRUN, J-P. **Clínica da instituição** – o que a psicanálise contribui para a vida coletiva. Porto alegre: CMC editora, 2009.

MATTOS, S. Vigiar e prevenir: ensaio sobre a regulamentação perpétua. In: MATTOS, S. **Revista Curinga– Escola brasileira de psicanálise,** Belo Horizonte, nº 20, 2004.

PALMA, C. M. S. A clínica psicanalítica em instituições públicas de saúde. **Revista Eletrônica do Núcleo Sephora,** v. VI, nº11, nov. 2010 a abr. 2011. Disponível em: http://www.isepol.com/asephallus/numero_11/artigo_10_revista11.html. Acesso em: 15 mar. 2013.

QUINET, Antônio. Capital e libido. In: QUINET, Antônio. **As 4+1 condições da análise**. Rio de Janeiro: J. Zahar, 2007.

Identificação. In: SEDAT, J. KAUFMANN, Pierre. **Dicionário enciclopédico de psicanálise:** o legado de Freud e Lacan. Rio de Janeiro: J. Zahar,1996.

CAPÍTULO 6

PSICOSSOMÁTICA: O SUJEITO, SUA RELAÇÃO COM O CORPO E O ADOECER

Nele Gonçalves Durão

No contexto hospitalar, pensar na atuação do psicólogo, é reconhecer uma dimensão subjetiva, um determinado sofrimento que está além do corpo doente. Mas também é estar a par de uma conduta ética e atento às possíveis intervenções que teriam efeitos num trabalho em equipe multidisciplinar.

Na tentativa de melhor fundamentar essa prática, um ponto importante é ter em mente que um dos fatores em que se diferenciam as práticas médicas e a clínica psicanalítica é o estatuto que se dá ao corpo. Essa distinção torna-se essencial para que haja diálogo entre essas duas práticas.

Pensando nisso, cabe aqui ressaltar um dado momento do texto "O lugar da psicanálise na medicina", em que Lacan (2001/1966) fala da entrada da medicina na fase científica na medida em que aparece em jogo um número infinito do que é possível de produzir em agentes terapêuticos novos, químicos ou biológicos.

É um momento em que a função e posição do médico se modificam e, consequentemente, o corpo vai ser situado na expectativa de ser inteiramente fotografado, radiografado, calibrado, diagramado e condicionado atendendo a uma exigência social condicionada de acordo com a aparição de um homem servindo às circunstâncias de um mundo científico.

Apesar desse avanço na ciência, a posição médica se vê confrontada com outras problemáticas já que quando as ofertas do mundo científico se colocam à disposição do público é que as mesmas são colocadas à prova.

Diante disso, Lacan questiona o limite pelo qual deve agir o médico e a que ele deve atender e em seguida revela que se trata de algo que se chama demanda, na medida em que o modo de resposta à ela reside a chance de sobrevivência da posição propriamente médica.

Se o desenvolvimento propõe, entre outras coisas, um novo estatuto na relação do homem com a saúde no qual todos têm direito à ela, resta questionar se essa oferta que, num primeiro momento, parece tão bem intencionada seria aquilo que o sujeito realmente deseja.

O que Lacan ressalta nesse texto e convida a uma reflexão é o fato de que nem sempre quando um doente procura um médico há demanda de cura. Muitas vezes, ele desafia o médico a tirá-lo da condição de doente, ou mesmo para autenticá-lo como doente.

É aí que entra aquilo que para os psicanalistas diz respeito ao paradoxo e à falha existente entre demanda e desejo e se é na dimensão da demanda que se exerce a função médica, às vezes ela pode estar completamente oposta àquilo que uma pessoa deseja.

Diante de posições diferenciadas pelas quais são propostas a medicina e a psicanálise, Lacan (2001/1966) ainda faz uma observação a respeito do termo psicossomática, pois este não se trata de um problema que poderia ser resolvido através da psicologia do médico. Então, propõe falar sobre uma falha epistemo-somática, que seria o efeito que teria o progresso da ciência sobre a relação da medicina com o corpo.

Dentro desta vertente, há uma discrepância entre o organismo considerado como um sistema homeostático que é estabelecido pela ciência e o corpo marcado pela pulsão e pela linguagem, o que interessa à psicanálise e assume um outro estatuto. Desta forma, algo acontece no corpo e a medicina não consegue explicar, pois há uma etiologia desconhecida.

Nesta falha, que foi assim situada por Lacan, acabaram sendo introduzidas uma série de teorias psicossomáticas, que se tornaram divergentes e, na tentativa de explicar, deixaram interrogações sobre esse tema tão enigmático que é a psicossomática.

6.1 Algumas considerações sobre a psicossomática no ensino de Lacan

Há afecções somáticas que respondem mal aos critérios do saber médico para o diagnóstico de uma doença. Situadas à margem desse saber, essas afecções são ditas psicossomáticas. Sua causa é desconhecida, mesmo se hipóteses são levantadas, seus sintomas de graduação variável, sua evolução imprevisível; entretanto, com uma característica: as lesões podem se agravar com complicações que colocam em perigo a vida do paciente; podem também simplesmente desaparecer. O desenrolar se caracteriza mais frequentemente pela existência de surtos evolutivos, fazendo da vida do paciente uma alternância entre o aparecimento e o desaparecimento da lesão. (SAGNA, 1996, p. 60)

O estudo sobre a psicossomática é composto de uma vasta literatura e se inicia com a perspectiva de que há influência do psiquismo sobre o corpo. Posteriormente, muitas outras hipóteses surgiram e o conceito de psicossomática torna-se múltiplo e variado, ficando evidente sua complexidade. Daí a dificuldade em se falar deste tema.

Introduzida pela expressão *linguagem de órgão* e atribuindo causas psicoafetivas às lesões orgânicas, a psicossomática referia-se à doença como produzida em consequência de emoções, impulsões não satisfeitas, desviadas e reprimidas.

Entretanto, o ensino de Lacan (2008/1964) oferece uma nova perspectiva ao sustentar que, para que a doença seja da ordem da psicossomática, ela deve ter causalidade significante, ser efeito de indução significante. Esta abordagem de Lacan descarta a 'psicologização' da doença, estando esta fora de subjetivação, não cabendo interpretações. O que está em jogo é o traço que se inscreve no corpo.

Barreto (2001), em seu texto, faz menção à obra de Lacan ao comparar o fenômeno psicossomático (FPS) ao hieróglifo no deserto que quer dizer uma escrita enigmática, estabelecendo uma suposição de legibilidade, em que a lesão orgânica que é observada neste fenômeno não é para ser lida, não foi feita para isso, não tendo a ver o fato de que seja ou não legível.

Pode-se dizer que ler seria encontrar o sentido e o problema do limite da legibilidade é incômodo, o que leva à suposição de se ter chegado ao núcleo do real fora do sentido. "Com efeito, uma escrita ilegível não deixa de ser uma escritura na qual a legibilidade está em processo de parto" (SOLER, 1994, p. 67).

> O que se escreve, que está no limite de nossas elaborações, Lacan o chama, por aproximação, 'hieróglifo', 'traço unário', 'assinatura', 'selo', 'corpo considerado como cartucho revelando nome próprio', 'marcas' etc. Uma tal constelação de termos é comprovante, sem

dúvida, de seu embaraço, e do nosso, para dar uma tradução conceitu-
al satisfatória dos fenômenos psicossomáticos. (VALAS, 1996, p. 85-86)

6.2 Sintoma histérico X Fenômeno psicossomático

Um dado importante a ser considerado nessa temática é que o FPS
não é sintoma pois este último diz respeito a um produto do recalque, criando uma possibilidade de metaforizar o corpo significante em que ocorre
uma canalização e descarga da energia libidinal transformada, manifes-
tando-se de diversas formas e nas mais variáveis localizações corporais que
podem, muitas vezes, desencadear sofrimentos e transtornos intoleráveis.

É algo a ser observado, por exemplo, nas histéricas citadas na obra
de Freud. Cada uma, com sua singularidade, lançava mão de um sintoma
que as representava e, assim, um determinado conflito psíquico estava
associado a um desejo inconsciente. Entretanto, alguma representação
ocorria em seu corpo e tinha uma mensagem dirigida ao Outro e se
fazia de enigma a ser decifrado.

Além disso, suas localizações não se submetem a leis anatômicas
do sistema nervoso, exceto que há uma correspondência em relação ao
segmento corporal proporcionando material significativo para a expressão
simbólica do conflito.

Com isso, torna-se necessário diferenciar sintomas dessa ordem de
um FPS, pois conceitos e suposições diagnósticas podem se confundir
já que ambos apresentam valor traumático e põe em evidência a relação
do sujeito com o próprio corpo.

Diferentemente do sintoma histérico, o fenômeno psicossomático
apresenta uma lesão orgânica que se torna fundamental para discernir
esses dois termos. Quando, por exemplo, se é constatado o aparecimento
de uma úlcera, psoríase, asma ou outro tipo de afecção, há sempre acometimento orgânico detectável, que faz descartar o sintoma histérico.

Trata-se de um enigma, pois está fora da inscrição da linguagem,
aquém do sentido, o que o leva a não apresentar estrutura metafórica e,
diferentemente da conversão, não está endereçado a ninguém. Além disso,
está relacionado ao autoerotismo, o que supõe uma falta de apelo ao Outro.

No entanto, não se pode sair classificando todas as doenças de
psicossomáticas. Para defini-la, é necessário que se comprove a existência
de uma indução significante. Mas o que significa esse termo?

Lacan, em 1964, menciona a experiência realizada por Pavlov, bastante conhecida por muitos psicólogos, como um exemplo de indução significante.

Na tentativa de realizar um condicionamento, toca-se uma campainha sempre que chega a comida para um cachorro, até o ponto de tocá-la sem dar-lhe o alimento. Com essa repetição, a secreção gástrica, causada pela salivação à espera do alimento, provoca uma úlcera.

Lacan faz questão de afirmar que essa experiência somente torna-se possível no que é desmontável o exercício de uma função biológica, ou seja, "daquilo a que podemos engatar a função unificante, totalizante, da necessidade. Ela é desmontável porque mais de um órgão interfere ali" (LACAN, 2008, p. 222)

Sendo assim, no que diz respeito ao psiquismo do animal, isso não demonstra nada e o que o reflexo condicionado pode nos ensinar é aquilo que o animal pode perceber e que não há outro sujeito que não seja o experimentador, o que, para a ciência, seria de grande importância.

No caso da experiência pavloviana, o cachorro percebe o som da campainha e isto seria o equivalente ao significante que produz a lesão. O que é levado em conta é apenas o desejo do experimentador, pois o cachorro é enganado e não pode escapar de seu destino. Vemos aí a presença de uma necessidade (fome) que é perturbado pelo desejo do Outro.

Essa equivalência em relação ao FPS seria no sentido que essa indução significante não produz um deslizamento, mas uma espécie de "gelificação", como se houvesse uma disfunção do corpo já que não há passagem de um significante para outro, resultando num isolamento e provocando uma ferida, numa espécie de "curto-circuito".

A opção por comparar essas duas temáticas se justifica no fato de que num contexto hospitalar elas tendem a aparecer e intrigar a equipe médica. Desta forma, como poderíamos pensar no trabalho de um psicólogo ou psicanalista com um paciente com lesão psicossomática num hospital?

6.3 A psicossomática no contexto hospitalar

Uma doença é constatada quando se pode enunciá-la e o médico, no encontro com o paciente, usará questionário e exame para que se possa evidenciar um diagnóstico.

A organização dos sintomas em conjuntos vai determinar a constituição do quadro clínico que exige linguagem precisa e é através do olhar médico que os fenômenos do corpo serão lidos como sinais de doença. "É porque o olho do médico pode ler o que da doença está escrito no corpo como sinal que ele pode pintar o quadro clínico. As doenças são, portanto compostas de letras e a clínica fundamentalmente baseada na nominação". (QUINET, 1988, p. 7)

Pode-se dizer que a medicina vem cumprindo bem o seu papel científico e o seu compromisso social uma vez que consegue decifrar e atender muitos males físicos que acarreta sofrimento e risco de vida à população. No entanto, há momentos em que um paciente adoece, é submetido a uma bateria de exames e não se consegue estabelecer um diagnóstico ou este é descoberto, mas se desconhece a sua etiologia. Essa é uma das formas que um sujeito com lesão psicossomática chega a um psicólogo ou psicanalista, seja num hospital ou nos consultórios.

Muitas vezes, esse corpo lesionado parece fazer menos questão ao paciente do que àqueles que o cerca. Inclusive passam anos com uma lesão, aparentemente alheio ao que lhe ocorre, sem ao menos consultar um médico.

> [...] O obscuro distanciamento e embotamento do sujeito em relação à lesão psicossomática percorre toda a indagação dessa clínica, donde os analistas fazem a hipótese de que a maioria desses sujeitos apresenta uma extrema dificuldade para realizar o caminho da invenção freudiana: recordar, repetir, elaborar [...]. (RAMIREZ; ASSADI; DUNKER, 2011, p. 146)

Além desse impasse, o que também pode dificultar um trabalho com um sujeito com lesão psicossomática num hospital é o tempo de atendimento. Muitos são atendidos por um psicólogo apenas uma vez já que, devido a uma alta médica, não permanecerão no hospital. Mas, apesar dos limites impostos por uma instituição, é possível haver um trabalho de escuta.

Foi pensando nessa enfermidade tão intrigante que é a doença psicossomática, que um grupo de psicanalistas se empenhou a intervir em serviços de dermatologia em São Paulo, visto que há algumas afecções dermatológicas que podem ser consideradas de caráter psicossomático.

Conforme relatado no livro *A pele como litoral: fenômeno psicossomático e psicanálise* (RAMIREZ; ASSADI; DUNKER, 2011), o trabalho se iniciou através de conversas com dermatologistas que fizeram alguns relatos a respeito da falta de adesão ao tratamento e da vulnerabilidade psicológicas dos pacientes acompanhados.

A partir daí, foi implantado o projeto de pesquisa: *Aspectos psicológicos do paciente com vitiligo e psoríase*, elaborado e aplicado no âmbito do Laboratório de Teoria Social, Filosofia e Psicanálise, em cooperação com o Instituto da Pele e com o Fórum do Campo Lacaniano de São Paulo.

Nesse projeto havia o intuito de fazer uma investigação das formas típicas de adesão ao tratamento ou a interrupção do mesmo, do tipo de laço social que o paciente estabelece (considerando que doenças de pele como vitiligo e psoríase podem causar impacto na sociedade), e dos processos e recursos psíquicos que dispõem para lidar com o sofrimento.

Psicólogos e psicanalistas envolvidos nesse projeto puderam escutar de outros profissionais as expectativas em relação à adesão ao tratamento e o desejo de êxito em relação ao mesmo.

Além disso, foi possível a escuta do paciente através do atendimento individual, grupos de apoio - que também contavam com a participação de um dermatologista da equipe e todos discutiam a respeito de dúvidas, expectativas, medos etc. -, além de consultas compartilhadas nas quais o psicólogo acompanha o início das consultas médicas do paciente com a intenção de observar a relação médico-paciente, uma possível adesão ao tratamento e demandas específicas para a psicologia.

Com esse acompanhamento, foi possível perceber uma evidente eficácia do atendimento individual de acordo com critérios psicanalíticos e, apesar de um paciente frequentemente não demandar atendimento psicológico via lesão psicossomática, ele o faz pela via da psicanálise ou psicologia.

É através de relatos de seu estado emocional como, por exemplo, ser ansioso, nervoso ou inseguro que se pode provocar uma demanda e, aí sim permitir ao sujeito falar mais sobre sua história que está além do órgão lesionado. Num atendimento, poderá aparecer algum evento que marcou de forma avassaladora a vida do sujeito como uma perda inesperada, uma mudança repentina ou um episódio de traição e, a partir disso, a doença psicossomática foi desencadeada.

E o que se espera, na verdade, é que se

> [...] faça uso desse lugar oferecido pela psicanálise e possa sair da condição imposta pelo corpo e resgatar a capacidade simbólica da

palavra lhe permitirá nomear, parcialmente, sua experiência e o diálogo com o desejo (RAMIREZ; ASSADI; DUNKER, 2011, p. 28).

Em trabalhos como esse pode-se refletir a respeito de um atendimento a um paciente que apresenta uma enfermidade de caráter psicossomático. No entanto, trata-se de algo que desafia as possibilidades oferecidas pelo trabalho de um psicólogo numa instituição.

Além do tempo limitado para os atendimentos, outro ponto que pode dificultar o trabalho de um psicólogo ou psicanalista num ambiente hospitalar é o fato de que, diferentemente do paciente histérico que conta com uma capacidade subjetiva e uma implicação ao Outro, apresentando recursos para lidar com a angústia, no paciente psicossomático pode haver falta de demanda e de expediente para driblar o gozo, já que por trás do FPS pode haver uma angústia mortífera.

Diante disso, "[...] é função do analista oferecer significantes para provocar a demanda [...]" (DUNKER, 2011, p. 142), ou seja, apostar que mesmo com uma simbolização precária, há um sujeito desejante. Para que isso ocorra, é preciso que o analista seja persistente e paciente, oferecendo uma escuta, pontuando significantes, mas abrindo mão da interpretação selvagem.

Se a demanda do paciente para falar de si é consolidada, a transferência pode se estabelecer e, mesmo se o tempo é restrito, pode-se dar sequência ao atendimento psicológico em consultório ou através de encaminhamentos.

Pelo menos, o desejo de relatar uma história é reconhecido e isso pode ser um bom começo.

6.4 Considerações finais

O que se pôde pensar a respeito da psicossomática é que sua clínica requer bastante cautela e prudência e não só propõe um desafio à medicina, mas também à psicanálise, principalmente no contexto hospitalar, pois seu trabalho requer tempo, o que, às vezes, torna-se crucial.

Seja no hospital ou em consultório, é importante considerar a singularidade de cada caso, pois o novo sempre será encontrado e deve ser escutado todas as vezes que aparecer.

Longe de compreender ou explicar, a função da psicanálise é ouvir e a verdade está contida no sujeito, embora a lesão psicossomática seja de difícil deciframento.

Antes de tudo, ela representa algo e, como uma escrita no corpo, sustenta o sujeito dentro de uma alienação. É um tipo de amarração eficaz e está no lugar de algo que poderia ser insuportável para o paciente psicossomático.

Há uma obra de Freud (1937) chamada "Construções em análise" que propõe uma analogia do trabalho do analista ao do arqueólogo no sentido de fazer uma escavação de algo que foi destruído ou soterrado com a diferença de que o analista tem melhores condições de trabalho e tem mais material para ajudá-lo na medida em que, neste caso, não se trata de algo que foi destruído, mas que ainda está vivo.

> [...] Mas assim como o arqueólogo ergue as paredes do prédio a partir dos alicerces que permaneceram de pé, determina o numero e a posição das colunas pelas depressões no chão e reconstrói as decorações e as pinturas murais a partir dos restos encontrados nos escombros, assim também o analista procede quando extrai suas inferências a partir dos fragmentos de lembranças, das associações e do comportamento do sujeito em análise. Ambos possuem direito indiscutido a reconstruir por meio da suplementação e da combinação dos restos que sobreviveram. (FREUD [1996/ 1937], p. 277)

Se o material existe, a dificuldade em lê-lo é enorme. Sendo assim, a construção em análise também se aplicaria ao trabalho com pacientes com FPS? Como se daria esse trabalho com pacientes hospitalizados?

Após uma escuta cuidadosa e eficaz, é possível buscar rastros e encontrar alguma "peça" dessa trama para que se comece a construir a história do sujeito e, no caso do trabalho no hospital que, em grande parte das vezes, ocorre o agravante de o tempo de atendimento e a permanência do paciente serem mais curtos, o profissional também pode ter a escuta a seu favor.

Ainda no mesmo texto, Freud acrescenta que a grande diferença entre o trabalho do arqueólogo e do psicanalista é que enquanto para o primeiro a reconstrução representa o objetivo final dos seus esforços, numa análise ela dá início a um trabalho preliminar. Pensando nisso, pode ser possível fazer com que o sujeito tenha a chance de que, diante da resposta de uma lesão, ele comece ao menos a realizar perguntas.

Referências

ANDRETTA, S.; SALAMONE, L. **Fenómeno psicosomático**: consideraciones teóricas. In: Biblioteca praxis freudiana. *Testimonios de Trabajo.* Buenos Aires: Editorial Universitaria Kennedy Argentina, 1993.

ANSERMET, F. O fenômeno psicossomático. In: **A clínica da origem:** a criança entre a psicanálise e a medicina. Rio de Janeiro: Contra Capa, 2003.

ARRANZ, Z. **La perspectiva freudiana del fenómeno psicosomático.** Buenos Aires: Letra Viva, 2009.

BARRETO, F. Corpo e psicossomática. In: *Correio: Revista da Escola Brasileira de Psicanálise,* nº 35, Belo Horizonte, 2001.

BESSET, V; BRANDÃO JUNIOR, P. Quando a dor faz corpo. In: **Revista Borromeo**, nº 3, año 2012, Buenos Aires, Argentina. Disponível em http://borromeo.kennedy.edu.ar.

CASTRO, J. R. S. Psicossomática: uma atividade interdisciplinar. In: CALDEIRA, G.; MARTINS, J. D. **Fundamentos em psicossomática.** Belo Horizonte: Postgraduate Brasil, 1998, p. 147-163.

FREUD, S. Projeto para uma psicologia científica. In: **Edição Standard Brasileira das Obras Completas de Sigmund Freud**, v. 1. Rio de Janeiro: Imago, 1996.

FREUD, S. Construções em análise. In: **Edição Standard Brasileira das Obras Completas de Sigmund Freud**, v. 23. Rio de Janeiro: Imago, 1996.

FUX, S. Psicossomática: uma questão para a psicanálise. In **Correio:** Revista da Escola Brasileira de Psicanálise, nº 35, Belo Horizonte, 2001.

GASPARD, J. Discurso médico e clínica psicanalítica: colaboração ou subversão? In: BESSET, V; RUDGE, A. (org.). **Psicanálise e outros saberes.** Rio de Janeiro: Cia de Freud, 2012.

GUIMARÃES, L. **Corpo e psicossomática**. Escola letra freudiana: o corpo da psicanálise, Rio de Janeiro, v. 27, p. 323-327, 2000.

GUIR, J. **A psicossomática na clínica lacaniana**. Tradução de Cristina Rollo de Abreu. Rio de Janeiro: Jorge Zahar, 1997.

GUIR, J. Fenômenos psicossomáticos e função paterna. In: WARTEL, R. (Org.). **Psicossomática e psicanálise**. Tradução de Luiz Forbes. Rio de Janeiro: Jorge Zahar, 1996.

IMBRIANO, A. Más acerca del fenômeno psicosomático. In: BIBLIOTECA PRAXIS FREUDIANA. **Testimonios de trabajo**. Buenos Aires: Librería Editorial Universitária, 1993.

LACAN, J. **O seminário, livro 2**: O eu na teoria de Freud e na técnica da psicanálise. Rio de Janeiro: Jorge Zahar, 2010. (Trabalho original publicado em 1954-55)

LACAN, J. (1966) O lugar da psicanálise na medicina. **Opção Lacaniana**, Revista da Escola Brasileira de Psicanálise, nº 32: 8-14. 2001.

LACAN, J. **O seminário, livro 11**: Os quatro conceitos fundamentais da psicanálise. Rio de Janeiro: Jorge Zahar, 2006 (Trabalho original publicado em 1964)

LACAN, J. Conferência em Genebra sobre o sintoma. **Opção Lacaniana**. Revista da Escola Brasileira de Psicanálise. nº 23. São Paulo, 1998.

MERLET, A. Todo órgão determina deveres. In: WARTEL, R. (Org.). **Psicossomática e psicanálise**. Tradução de Luiz Forbes. Rio de Janeiro: Jorge Zahar, 1996.

MILLER, J.-A. Algumas reflexões sobre o fenômeno psicossomático. In: MILLER, J.-A. **Psicossomática e psicanálise**. Tradução de Luiz Forbes. Rio de Janeiro: Jorge Zahar, 1996.

QUINET, A. O corpo e seus fenômenos. In: **Simpósio do Campo Freudiano**, 1988, Belo Horizonte, 19p.

SAGNA, C. D. Lesões sensíveis à palavra. Tradução de Maria Lúcia Sá Pacheco e Silva. In: **Jornadas do Instituto do Campo Freudiano**, 1996, Buenos Aires.

RAMIREZ, H.; ASSADI, T.; DUNKER, C. (Org.). **A pele como litoral**: fenômeno psicossomático e psicanálise. São Paulo: Annablume, 2011.

SOLER, C. Retorno sobre a questão do sintoma e o FPS. Tradução de Maria Dolores Jordan Orfei Abe. **Estudios de psicossomática**, Buenos Aires, v. 2, p. 66-68,1994.

VALAS, P. Horizontes da psicossomática. In: WARTEL, R. (Org.). **Psicossomática e psicanálise**. Tradução de Luiz Forbes. Rio de Janeiro: Jorge Zahar, 1996.

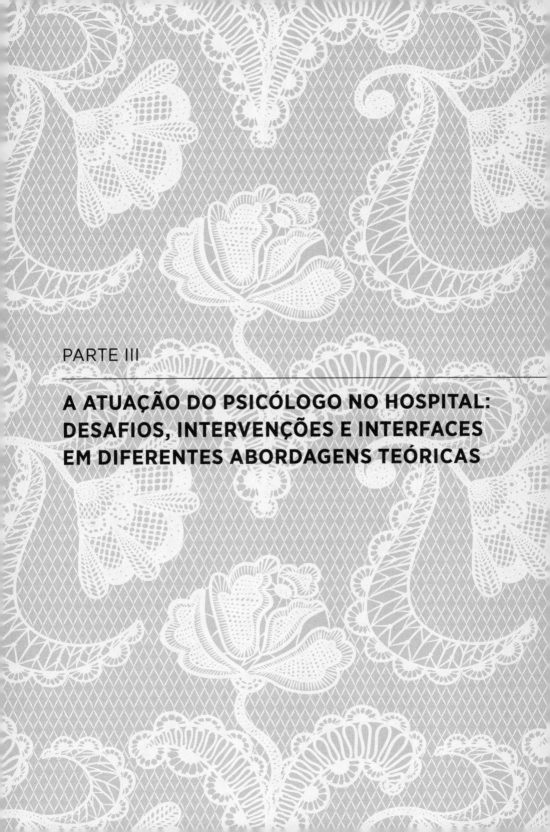

PARTE III

A ATUAÇÃO DO PSICÓLOGO NO HOSPITAL: DESAFIOS, INTERVENÇÕES E INTERFACES EM DIFERENTES ABORDAGENS TEÓRICAS

CAPÍTULO 7

A PSICOLOGIA NA URGÊNCIA E EMERGÊNCIA: ATUAÇÃO NO ACOLHIMENTO COM CLASSIFICAÇÃO DE RISCO

Eunice Moreira Fernandes Miranda
Gláucia Mascarenhas Mourthé

7.1 Introdução

Historicamente os serviços de urgência tem sido o local de acesso à população que busca uma oportunidade para a solução de seus problemas, seja de ordem orgânica, psicossocial e político-econômico. Com o aumento da demanda e procura pelos serviços de urgência e emergência, observou-se que o fluxo de circulação dos usuários, na porta do Pronto Socorro (PS), era desordenado, com filas enormes e longas horas de espera por um atendimento médico que nem sempre era o de urgência e emergência. E os que eram da emergência, muitas vezes passavam despercebidos, levando pessoas graves e silenciosas à morte.

Diante deste panorama foi necessário reorganizar o trabalho nesta Unidade, de forma que a assistência prestada ocorresse de acordo com os diferentes graus de necessidades ou sofrimento e não mais impessoal e por ordem de chegada. (BRASIL, 2004)

Por esta razão, implantou-se a Política Nacional de Atenção às Urgências (BRASIL, 2003) que teve por objetivo criar Planos de Atenção às Urgências, de responsabilidade partilhada e pactuada entre as três instâncias governamentais (Federal, Estadual e Municipal). Além disso, considerando as graves lacunas do Sistema Único de Saúde (SUS), foi criada a Política Nacional de Humanização da Atenção e Gestão do SUS (HumanizaSUS), que prioriza a urgência e emergência como um de seus grandes eixos de intervenção. Uma das ações desenvolvidas é o Acolhimento com Classificação de Risco (ACR), sobre o qual iremos discorrer neste trabalho, descrevendo o que é o Acolhimento e, em especial, qual é a competência do psicólogo hospitalar na equipe do Acolhimento do Pronto-Socorro (PS) do Hospital Municipal Odilon Behrens (HOB), desde setembro de 2005. Para discorrer sobre o tema a metodologia utilizada foi a pesquisa bibliográfica tendo como embasamento teórico o Aconselhamento Psicológico Centrado na Pessoa, o Aconselhamento Existencial (apoiados no método fenomenológico), a Avaliação Psicológica, e além da pesquisa há ainda o relato de experiência no HOB. Este trabalho mostra a Psicologia como um instrumento necessário para a efetivação das Políticas Públicas a serviço do cidadão.

7.2 O que é acolhimento

A proposta do HumanizaSUS (2004) para a Urgência e Emergência, no PS, é

> Acolher a demanda do usuário por meio de critérios de avaliação de risco, garantindo o acesso referenciado aos demais níveis de assistência. Comprometer-se com a referência e contra referência, aumentando a resolução da urgência e emergência, provendo o acesso à estrutura hospitalar e a transferência segura, conforme a necessidade dos usuários e definir protocolos clínicos, garantindo a eliminação de intervenções desnecessárias e respeitando as diferenças e as necessidades do sujeito. (HUMANIZASUS, 2004, p. 37)

A palavrar acolher em seus vários sentidos, expressa uma ação de aproximação que implica em 'estar com' e 'perto de', ou seja, uma atitude de estabelecer uma relação com alguém. É neste sentido que o acolhimento surgiu como uma das diretrizes de maior relevância política, ética e estética do HumanizaSUS. (BRASIL, 2010) e foi apresentado através da Cartilha da PNH (ABBÉS; MASSARO, 2004).

A cartilha preconiza que a prioridade da assistência médica e de enfermagem deverá ser feita categorizando o atendimento aos pacientes, levando-se em conta a gravidade clínica do paciente e não a ordem de chegada ao PS. Seus autores destacam que "a classificação é um processo dinâmico de identificação dos usuários que necessitam de tratamento imediato, de acordo com seu potencial de risco, agravos à saúde ou grau de sofrimento". (ABBÉS; MASSARO, 2004, p. 7).

O acolhimento é uma ação tecno-assistencial que pressupõe a mudança da relação profissional/usuário através de parâmetros técnicos, éticos, humanitários e de solidariedade, reconhecendo o usuário como sujeito e participante ativo no processo de produção da saúde. (ABBÉS; MASSARO, 2004, p. 5)

Ademais, o acolhimento é um modo de operar os processos de trabalho em saúde, de forma a atender a todos que procuram este serviço, com presteza e atenção. Isto acarreta um atendimento com resolutividade e responsabilidade, onde o profissional orienta em relação a outros serviços para a continuidade da assistência, quando o caso não for para de Urgência e Emergência. (ABBÉS; MASSARO, 2004; BRASIL, 2004).

7.3 A implantação do acolhimento com classificação de risco

O HOB é uma autarquia municipal, fundada em 1944 e desde 1989 presta assistência exclusivamente aos usuários do SUS. (BELO HORIZONTE, 2014). Tem o PS como principal porta de entrada para o usuário com atendimento médio de 456 pacientes por dia.[56]

O que se percebia antes da implantação do ACR no PS do HOB, é que o trabalho seguia a lógica da exclusão, com pessoas na fila do guichê, aguardando a realização de uma ficha para serem atendidas na Triagem, sem ser percebida a situação de risco e a possibilidade de agravamento durante a espera de atendimento e também sem levar em conta a sua subjetividade. Sabíamos, porém, que a solução não consistia somente em acabar com as longas filas e, por outro lado, manter o processo de triagem médica e administrativa com o foco na doença e não na pessoa doente (MIRANDA, 2006).

De acordo com Ribeiro (2008), dentro deste cenário, o grupo Gestor do HOB, pautado numa filosofia de Gestão Participativa optou, em 2003, por iniciar seu processo de reestruturação organizacional apostando na participação da comunidade hospitalar, colocando em seu Plano Diretor a implantação dos colegiados gestores por Unidade de Produção[57].

---

[56] Informação extraída do Relatório Estatístico do HOB de 2013. Acesso em 12/02/2014.

[57] No PS foram implantados três colegiados: Unidade de Pronto-Atendimento, Unidade de Urgência e Emergência e Unidades de Observação (que eram semi-internações).

Aproveitando, então, um momento de reforma estrutural do setor da Urgência, baseada no conceito de ambiência[58], foi proposto ao grupo colegiado da Unidade de Pronto Atendimento e da Emergência, a implantação do dispositivo da PNH, o ACR, que propiciou todo um debate centrado na interdisciplinaridade, subjetividade e singularidade.

Pensando nas mudanças estruturais necessárias para a implantação do ACR no HOB, criou-se uma oficina de sensibilização para discussão e construção de ações para a implantação do ACR, que foi realizada com o apoio e participação dos consultores da Humanização/QualiSUS-MS, em junho de 2004. A Psicologia participou efetivamente deste momento histórico (Miranda, 2006).

A proposta metodológica escolhida foi a realização de oficinas de trabalho, que são estratégias interativas para desenvolver o tema em questão. (Miranda, 2006).

Para diagnosticar a situação do PS antes da implantação do acolhimento, os participantes elegiam uma situação problema e através de um *role-playing*, que é um modelo de ensino que possibilita a aprendizagem através da representação de papéis, refletiam sobre a forma de funcionamento do PS, visando à construção do conceito de acolhimento com a equipe. Em seguida era apresentado o conceito de Acolhimento dado pelo Ministério da Saúde; apresentação da planta-baixa contendo a área que estava sendo reformada para a implantação da Central do ACR.

Além disso foram utilizados alguns recursos (texto sobre relação de ajuda, cartilha e reflexões sobre alguns conceitos, a partir de situações vivenciadas pela equipe no PS) para o desenvolvimento de habilidades interpessoais, destes funcionários, na relação estabelecida com o usuário, com o portador de deficiência e de sofrimento mental. Houve também a apresentação de um vídeo sobre o HumanizaSUS. Um dos pontos importantes nas oficinas foi a divulgação da Cartilha da PNH (Miranda, 2006).

Após esta oficina, formou-se o grupo de trabalho de planejamento e operacionalização da implantação do ACR. "Foi elaborado um plano de trabalho, com envolvimento da equipe multidisciplinar, a ser desenvolvido para qualificação das equipes de Acolhimento". (Miranda, 2006)

---

[58] Refere-se ao tratamento dado ao espaço físico entendido como espaço social, profissional e de relações interpessoais que deve proporcionar atenção acolhedora, resolutiva e humana.

Por entender que "acolhimento" depende do estabelecimento de uma postura de escuta qualificada, onde o usuário é singularizado em seu agravo de saúde e reconhecendo a necessidade de fortalecer o trabalho em equipe, foram incorporadas à equipe do ACR, duas psicólogas, que foram contratadas para esse fim. Nas outras áreas também foi feito o redimensionamento da equipe escolhendo aqueles funcionários com habilidades para acolher o usuário e treinamento dos mesmos[59].

Antes da inauguração do PS foi confeccionado o Manual do Acolhedor. Ele contém atribuições de toda equipe do Acolhimento e fluxos do PS e atualmente está na sua segunda edição revisada.

> Construído a muitas mãos, compõem-se de informações estratégicas para a organização do processo de trabalho da equipe de Urgência e Emergência para garantia da integralidade da atenção, uma vez que contém fluxos, protocolos, rede de serviços internas e rede SUS/BH e rede de proteção social. (HOB, 2007, p. 5)

Em maio de 2006, baseado em outros protocolos já existentes e na realidade local, foi publicado o Protocolo de Acolhimento com Classificação de Risco (HOB, 2006) que é um documento técnico que contém o fluxograma do usuário no acolhimento SUS-BH e os critérios da classificação de risco a serem seguidos pela equipe do HOB.

De acordo com Souza *et al* (2011) o protocolo do HOB foi substituído pelo protocolo de Manchester, com o objetivo de padronizar o uso de um único protocolo na rede SUS-BH. Este protocolo estabelece: os níveis de prioridade; o tempo de espera para o atendimento médico (de imediato a 240 minutos, para os casos de não urgente); a reavaliação da enfermagem e o método de avaliação da queixa principal, estratificando o risco em cinco níveis distintos e que têm sido referidos por cores (vermelho - prioridade 1; laranja - prioridade 2; amarelo - prioridade 3; verde - prioridade 4; azul - prioridade 5).

7.4 O papel da psicologia no acolhimento

A ação do psicólogo é fundamentada no conceito de Acolhimento, que pressupõe metodologias interativas, tais como discussões interdisciplinares de

---

[59] Enfermeiros, auxiliares e técnicos de enfermagem, porteiros, recepcionistas e secretários

casos clínicos, discussões de situações problemas, reclassificação de risco, e referenciamento dos casos atendidos no PS do HOB para a atenção básica (APSs) ou secundária (CERSAMs). Percebemos no contato com a equipe e no trabalho cotidiano no PS que o Psicólogo tem sido um profissional estratégico dentro do apoio matricial.

De acordo com o manual do acolhedor (HOB, 2007, p. 11) são atribuições do psicólogo no Acolhimento:

- Prestar apoio matricial a todos os casos solicitados pela equipe multidisciplinar, bem como atender e avaliar os usuários identificados pela própria equipe para sua intervenção profissional;
- realizar Avaliação Psicológica dos usuários que apresentam queixas e ou sintomas de etiologia psicodinâmica, levantando a hipótese diagnóstica e a definição do diagnóstico diferencial, auxiliando na determinação das causas e na dinâmica das alterações e/ou distúrbios da estrutura psicológica do paciente, detectando quadros reativos ou patológicos; registrar no prontuário eletrônico, informações básicas que forneçam à equipe de saúde uma visão geral do estado psicológico do paciente, bem como definição de condutas adotadas pela Psicologia em relação ao caso (atendimento, encaminhamento, orientações efetuadas);
- acompanhar a equipe de saúde, no contato com o usuário e familiar nos demais setores do PS (salas de observação, PS odontológico, ortopedia, sutura, bloco cirúrgico) sempre que necessário. Caso o usuário seja transferido para as Unidades de Internação poderá ser dada sequência ao atendimento, pelo psicólogo da Unidade;
- participar de discussão interdisciplinar de casos clínicos para definição de ações terapêuticas;
- participar do horário de visita da Sala de Emergência, juntamente com o Serviço Social e estagiário do "Posso ajudar?", acompanhando os familiares antes e após a visita e realizando o atendimento psicológico aos familiares sempre que necessário;
- acompanhar o médico das salas de emergência, no contato com o familiar, numa abordagem transdisciplinar, dentro e fora do horário de visita, no momento do boletim médico e sempre que necessário;
- realizar passagem de plantão psicológico diariamente;
- avaliar pacientes com comportamento suicida e tomar medidas necessárias;

- realizar atendimento aos usuários vítimas de violência física e sexual, conforme protocolo do HOB e em conjunto com o Serviço Social;
- identificar riscos e vulnerabilidades, permanecendo atento ao grau de sofrimento físico e psíquico.
- procurar participar das reuniões da Saúde Mental da Secretaria Municipal de Saúde, buscando soluções para o encaminhamento de pacientes portadores de sofrimento mental e comportamento suicida;

Além disso, e de acordo com a Cartilha da PNH, cabe ao psicólogo, assim como aos demais membros da equipe:

- atender ao usuário de forma responsável e acolhedora;
- responsabilizar-se para dar uma resposta pactuada ao problema, conjugando as necessidades imediatas dos usuários com a possibilidade de ofertas do serviço; participar das reuniões de colegiado do PS para resolução de problemas da unidade.

Atualmente, além das atribuições descritas acima, cabe ao psicólogo participar diariamente da corrida de leitos multiprofissional, realizar busca ativa nas salas de observação e realizar atendimentos demandados espontaneamente por pacientes, familiares e acompanhantes.

A sustentação teórica e prática do trabalho da Psicologia no ACR atualmente estão pautadas na formação profissional de cada plantonista, ou seja, está de acordo com a abordagem teórica do profissional do plantão.

Ao iniciar o trabalho no PS tornou-se necessário pensarmos em uma proposta que possibilitasse uma interação total, um encontro humano autêntico com os pacientes do PS e seus familiares/acompanhantes. Houve ainda outro aspecto que foi considerado nessa estruturação, em decorrência da natureza da Unidade de Urgência e Emergência: a finitude, de forma concreta e cotidiana.

7.5 O aconselhamento psicológico e a prática do psicólogo no Pronto Socorro

"O aconselhamento terapêutico, também denominado de aconselhamento psicológico consiste num relacionamento interpessoal de ajuda existencial (FORGHIERI, 2007, p. 125). De acordo com Forghieri, (2007) ele passou a ser reconhecido como uma eficiente forma de ajuda terapêutica pela comunidade científica. Carl R. Rogers, psicólogo norte-americano, "teve grande influência para que isso acontecesse, com a publicação de seu livro *Counseling and Psychoterapy*, em 1942" (FORGHIERI, 2007, p. 127).

Uma das aplicações mais conhecidas de Rogers é justamente o processo de aconselhamento. Para ele o aconselhamento é entendido como um trabalho clínico em situações especiais, diferente do contexto da Psicoterapia, onde questões como tempo, espaço e procedimentos requerem atenção especial. (GOBBI; MISSEL, 1998). Das proposições de Rogers surge o termo não-diretividade, que "valoriza os aspectos individuais e que determinam que a condução do processo fica a cargo do próprio cliente". (GOBBI; MISSEL, 1998, p.15) Para Scheeffer (1980); Gobbi & Missel (1998) o método não diretivo, iniciado por Carl Rogers, e denominado por ele como Aconselhamento não diretivo, tem como características: a) maior responsabilidade na condução da entrevista por parte do cliente; b) ênfase maior dada à pessoa e não ao problema; c) oportunidade de maior amadurecimento pessoal e, ênfase nos conteúdos emocionais. Assim, e ainda de acordo com o significado da palavra[60], quando pensamos no processo de aconselhamento psicológico, visualizamos uma relação estabelecida entre duas ou mais pessoas, e temos a clareza de que aconselhar não é dar conselhos, não significa fazer ou pensar pelo outro. Erickson (citado por SCHEEFFER, 1980), apresentando possibilidades de aplicação do aconselhamento não diretivo proposto por Rogers, sugere que o mesmo seja aplicado nas situações em que o cliente revela considerável estado de tensão, bloqueio emocional que o impede de fazer uma análise racional da situação, quando a solução dos problemas do cliente exige que o mesmo assuma considerável responsabilidade para decisão e ação e quando as causas da dificuldade são obscuras e complicadas.

Segundo Morato e de acordo com Rogers, através do aconselhamento psicológico é possível oferecer uma

> Relação de ajuda a pessoas que estão passando por mudanças em suas vidas, que estão vivendo intensos momentos de transição,

---

[60] Aconselhar vem do verbo latino consiliare e nos remete *a consilium*, que significa com/unidade, com/união (ROCHA, 2011)

com muita dor e angustia por sentirem destruído seu equilíbrio e com dificuldade para se recuperar. Dependendo de como ocorrem essas mudanças, se voluntárias ou involuntárias, considerando também o modo como a pessoa interpreta essas transições, se com criatividade, com naturalidade, recorrendo a suas experiências anteriores, ou como desastres, catástrofes inimagináveis; enfim, dependendo de fatores externos e internos, tais crises são inegavelmente expressões pessoais de vivencia e, como tal, imprevisíveis. (MORATO, 1987, p. 26)

Do ponto de vista existencial compreende-se que o aconselhamento "é uma atitude perante o ser humano, no sentido de entendê-lo nas suas experiências individuais" (PATTERSON, 1966 citado por SCHEEFFER, 1986, p. 70-71). De acordo com Scheeffer (1986), o aconselhamento existencial centraliza-se especificamente na compreensão do homem como ser único, livre e vivente, em busca de um sentido existencial, nas experiências subjetivas do indivíduo, que é a fonte de todos os seus significados.

O acidente, assim como a doença são obstáculos com os quais nos defrontamos ou nos defrontaremos em algum momento de nossa vida. Faz parte de nossa facticidade, e constitui uns dos limites mundanos. (...) De certo modo perdemos nossa referência no mundo e não podemos esquecer que a nossa identidade está implicada nos acontecimentos que vivenciamos. Desta forma devemos ter referência de onde e por que estamos num determinado local. Sendo assim o adoecer, ter que parar em um hospital, representa a vivência da perda do próprio mundo e até de si próprio. (MIRANDA; SASDELLI, 2000)

Segundo a fenomenologia

Todos nós, seres humanos, estamos sujeitos a ficarmos abalados psicologicamente em momentos de extrema frustração e contrariedade. Quando, por exemplo, temos que nos defrontar com a morte de uma pessoa próxima e muito querida; ou com o seu lento definhar, sabendo que nada podemos fazer para salva-la, sentimo-nos completamente impotentes; ou qualquer outra adversidade que nos atinja no mais íntimo de nosso ser. (FORGHIERI, 2007, p. 126)

Ancoradas nestes pressupostos teóricos, buscou-se o Aconselhamento Psicológico, como um recurso possível para a Psicologia no PS.

Nesse sentido, cada usuário que passa pela Psicologia no PS é escutado na sua unicidade, na sua singularidade. O psicólogo se esforça para penetrar e compreender o mundo vivencial do usuário do PS, que chega necessitando de ajuda para se perceber e para sentir a realidade da sua existência.

Muitas vezes, o adoecer desencadeia momentos de crise que são vivenciados também pelos familiares e acompanhantes.

> A crise significa tomada de decisões, definição de valores, ou escolha de uma posição face à existência. Embora represente uma situação de abalo interior, a crise integra o próprio processo de desenvolvimento e de maturação do ser humano. (SCHEEFFER, 1986, p. 68)

Outras vezes, a crise existencial é o que desencadeia a hospitalização, como nos casos de tentativas de autoextermínio.

> O ser humano, na condição de ser emergente e em constante evolução, está sujeito a períodos de descontinuidade que o conduzem a situações de crises existenciais. Ela separa e de novo liga dois estados da existência, caracterizados, cada qual, por determinada ordem de vida. (BOLLNOW, 1971 *apud* SCHEEFER, 1986, p. 71)[61]

Ao abordar o usuário e familiares em situação de crise, o psicólogo pode facilitar a superação da crise de maneira mais realista e menos penosa, oferecendo apoio emocional, ouvindo-os com compreensão, empatia e respeito, sem emitir julgamento de valor. Recorrendo ao aconselhamento psicológico, poderá oferecer uma ajuda para que a pessoa consiga se reestruturar e se reencontrar diante da situação em que se encontra. (SCHEEFFER, 1986).

Scheeffer (1986) afirma que o psicoterapeuta deve ser flexível, considerando cada cliente em sua unicidade.

> Cada aconselhando, com o seu mundo de significados, é verdadeiramente único, exigindo, portanto, do aconselhador uma atuação criativa que surge de sua participação nessa unicidade existencial. (...) A criatividade do aconselhador envolve flexibilidade de atitudes e de sentimentos expressos em respostas autênticas à situação real apresentada por cada aconselhando. (...) A gentileza e a bondade necessitam estar presentes em sua atuação e revelam-se

---

[61] BOLLNOW, O. F. **Pedagogia e Filosofia da Existência**. Petrópolis, Vozes, 1971.

através do respeito, da sensibilidade e da tolerância pelo modo de ser do aconselhando. (p. 75-76)

Muitas vezes, principalmente nos casos de pessoas com comportamentos suicidas, percebemos que este é um momento propício para que a pessoa encontre o sentido da sua existência. A descoberta do significado dessa existência, mediante o atendimento psicológico, pode possibilitar uma reestruturação e/ou ampliação das experiências do cliente, de maneira que seja possível ressignificar o momento vivido, possibilitando que a pessoa faça novas escolhas, de maneira mais assertiva e congruente.

Desse atendimento, que na maioria das vezes é único, pode resultar maiores possibilidades para a pessoa desenvolver outros relacionamentos humanos significativos, pois o processo de aconselhamento é, na sua essência, um relacionamento humano. Pela sua atitude e compreensão empática, o psicólogo busca ajudar o cliente a liberar a sua inautenticidade, se conscientizar da sua problemática emocional desencadeada pela hospitalização (ou que foi a desencadeadora da mesma) e a aceitar o encaminhamento para a psicoterapia.

Há ainda as pessoas que dão entrada no PS em processos de somatização[62]. A atitude do psicólogo nessa situação visa à exploração do mundo pessoal do cliente e suas relações com os sintomas físicos apresentados, participando do seu mundo na qualidade de um observador respeitoso e compreensivo, não se esquecendo de que a presença de somatização não exclui a possibilidade de que o paciente tenha também uma doença física.

Dentro da proposta do Aconselhamento Psicológico no PS, foi instituído no ano de 1998 o **Plantão Psicológico** que permanece funcionando até hoje, de segunda a sexta, de 7h às 19h. Foi implantada também a passagem de plantão da Psicologia, que ocorre diariamente de 13h às 13h30min, para discussão de casos que necessitarão de ter continuidade no atendimento por outro psicólogo. Esta é uma especificidade do trabalho do psicólogo no PS. Sabe-se quando se inicia o atendimento,

---

[62] De acordo com Fortes *et al* (2006,) paciente somático é aquele que busca a consulta por sintomas somáticos, sem justificativa orgânica, e inclui pacientes com transtornos depressivos, de ansiedade e de ajustamento, pacientes hipocondríacos (que reinterpretam sensações somáticas normais como indicadoras de uma patologia grave). A presença de somatização não exclui a possibilidade de que o paciente também tenha uma doença física concomitante, nem garante que o paciente não desenvolverá problemas orgânicos

mas devido à complexidade da situação do paciente que chega ao PS e da possibilidade de que haja alguns desdobramentos em função da sua gravidade, não há como prever o seu término e nem quantas pessoas serão atendidas. Desta forma não é raro o atendimento ser iniciado no turno da manhã e ser encerrado no turno da tarde. A passagem de plantão faz-se necessária para as discussões da continuidade das ações psicoterapêuticas.

7.6 Plantão psicológico

O plantão psicológico é uma modalidade de escuta clínica que tem sido aplicado em diversas instituições. Na literatura foram encontrados alguns relatos de experiência que descrevam o plantão psicológico em Hospital Geral, e também trabalhos em outras instituições como hospitais psiquiátricos, instituição judiciária, Centro de Referência da Assistência Social, Instituições de Defesa de Direitos e principalmente em escolas. (MAHFOUD, 1987; MORATO, 1999; TASSINARI; CORDEIRO; DURANGE, 2013).

"Na dimensão da Psicologia Clínica, o plantão psicológico oferece cuidado e acolhimento significativos às urgências e emergências psicológicas, abrindo possibilidades de atenção e promoção de saúde, geralmente no momento da crise". (TASSINARI; CORDEIRO; DURANGE, 2013, p. 96)

Já no campo da Psicologia Hospitalar, se considerarmos a particularidades da Unidade de PS, talvez ele seja a prática psicológica mais adequada. Neste contexto a crise geralmente se instala frente às questões inusitadas experenciadas pelos pacientes/familiares no PS, e o indivíduo precisa ser compreendido em sua totalidade experiencial/circunstancial.

> O plantão psicológico é um instrumento que se propõe a facilitar o resgate de uma visão mais integrada do cliente (Psico-Bio-Social). O plantonista não deve estar atento apenas às queixas psicológicas do cliente, mas sim, no modo como a situação conflitiva interfere nas várias esferas da vida da pessoa. Acolher a experiência global do cliente, e não orientar os rumos do encontro pela sua especialidade coloca o plantonista em uma posição privilegiada para fazer encaminhamentos quando necessário. (CAUTELLA JÚNIOR, 1999)

Em relação ao hospital geral e o doente hospitalizado Coppe e Miranda (1998, p. 67) esclarecem que:

> Nenhum diagnóstico, prognóstico será suficiente para tranquilizar aquele que necessita de ajuda, pois nesse momento ocorre uma quebra das suas convicções: estamos falando da urgência subjetiva, que extrapola as barreiras do orgânico e do racional.... A urgência envolve a imprevisibilidade, as alterações que surgem rapidamente na vida do indivíduo. As reações psicológicas são as mais variadas, englobando medo, ansiedade, ressentimentos, abalos na autonomia, perda do autodomínio, sensações de estranheza, alterações da autoestima e na imagem do eu corporal.

Segundo Tassinari; Durange (2011) o plantão psicológico pode ser definido como

> Um tipo de atendimento psicológico que se completa em si mesmo, realizado em uma ou mais consultas sem duração predeterminada, objetivando receber qualquer pessoa no momento exato (ou quase exato) de sua necessidade, para ajudá-la a compreender melhor sua emergência e, se necessário, encaminhá-la a outros serviços. (...) o plantonista e o cliente vão juntos procurar no 'momento já' as possibilidades ainda não exploradas, que podem ser deflagradas a partir de uma relação calorosa, sem julgamentos, na qual a escuta sensível e empática, a expressividade do plantonista e seu genuíno interesse em ajudar, desempenham papel primordial.

A necessidade de um atendimento psicológico pode ocorrer a qualquer momento, principalmente diante de vivências traumáticas que chegam até o PS. Nessa medida quem chega ao PS tem pressa em ser acolhido e escutado na sua dor e sofrimento. Através do atendimento psicológico ele poderá ser auxiliado na busca de soluções de problemas de natureza emocional e por isto consideramos ser o plantão psicológico a melhor forma de cobrir esta demanda, pelo seu caráter abrangente e eficiência, em curto espaço de tempo.

A possibilidade da existência de um plantão, onde a pessoa possa ser escutada enquanto ainda experimenta o seu sofrimento, a sua angústia, o medo da perda, o medo da morte iminente, isto é, no momento exato da sua necessidade, traz para o atendimento a possibilidade de o usuário expor seus sentimentos mais emergentes.

> Muitas vezes, o motivo da procura pelo Plantão Psicológico não se refere apenas a angústias e medos, mas sim, pessoas que vêm

> em busca de um espaço para se expressar, alguém para ouvi-las, ou mesmo uma busca por outras alternativas, como por exemplo: solução para problemas familiares ou terceiros, encaminhamento para outros profissionais etc. (MAHFOUD, 1987, p. 130)

Com base na fenomenologia, podemos aproximar a escuta da experiência imediata que ali se mostra enquanto demanda da pessoa atendida.

O trabalho consiste em estar disponível para realizar o atendimento psicológico ao paciente/familiar, ajudando-o a entrar em contato consigo mesmo, com suas experiências, a partir do seu referencial interno.

O atendimento pode ocorrer de forma individual, junto ao usuário e acompanhante e também em grupos espontâneos como, por exemplo, familiares em situação de óbito, em qualquer ambiente do PS[63]. Geralmente as intervenções são breves e focadas na vivencia emocional da pessoa diante da situação de crise em que se encontra (situação problema)

> A situação-problema – ou situação crítica, situação-obstáculo, situação desencadeante etc. – pode ser provocada por ocorrências tais como um exame, uma viagem ou uma intervenção cirúrgica próximos, a perda de um ser querido, um acidente, uma crise evolutiva como a da adolescência, uma gravidez, o nascimento de um filho, uma mudança de trabalho etc. Implica, então, referência a fatos que são manifestos e objetiváveis. Com relação a eles, e como consequência de uma falta de resolução favorável, aparecem no sujeito inibições e sintomas diversos (ansiedade, medo, depressão, distúrbios corporais etc.), que costumam constituir o motivo (manifesto) da consulta e que poderão ou não ser ligados pelo paciente – e pelo terapeuta – às situações-problema que na realidade os provocam. (BRAIER, 1991, p. 38)

É como dizem Cotta e Miranda (1998) quando se referem ao PS, pode-se reafirmar que compete ao psicólogo hospitalar, neste contexto, se adequar a uma rotina onde tudo é da ordem do imprevisível, da urgência, da prontidão, que requer deste profissional a capacidade para intervir pontualmente no momento da crise, desencadeada pelo

---

[63] O *setting* terapêutico é diferente do *setting* tradicional uma vez que ocorre no local onde o paciente se encontra. Neste contexto o que importa é a atitude do terapeuta centrada na pessoa.

adoecimento e/ou risco de morte iminente. Este trabalho requer uma habilidade terapêutica, para estabelecimento de *rapport* e compreensão do momento vivido dentro da dinâmica histórica da pessoa, levando-se em conta os quadros psicorreativos e psicopatológicos.

Cabe a este profissional realizar além do aconselhamento psicológico a avaliação do estado emocional geral do paciente e encaminhamentos necessários a outros locais para assistência psicológica, seguindo os princípios do SUS, que enfatiza a necessidade de assegurar acesso e atenção integral à população, e estratégias para ampliação de direitos e de cidadania dos indivíduos.

7.7 Avaliação psicológica

A Lei Federal nº 4119, de 27 de agosto de 1962, que regulamenta a profissão de psicólogo, concede a este profissional o direito de utilizar privativamente métodos e técnicas psicológicas com os objetivos de diagnóstico psicológico, orientação, solução de problemas de ajustamento, dentre outros. Tal direito implica em responsabilidades legais e éticas no exercício da função, qualificando o psicólogo como único profissional habilitado para a utilização de métodos e técnicas psicológicas (CRP, 2007). Desta forma a Avaliação Psicológica (AP) é uma atribuição exclusiva do profissional psicólogo.

> É uma tarefa complexa e exige do profissional uma preparação especial para o exercício desta função. Não há como imaginar o trabalho do psicólogo sem antes existir uma investigação, baseada em referenciais teóricos e metodológicos, que norteiam a compreensão de determinado fenômeno psíquico e o planejamento da intervenção. (Lopes; Amorim, 2004, p. 53)

Em se tratando de uma AP a usuários da Unidade de Urgência e Emergência esta tarefa torna-se extremamente complexa. Para tal, recorremos ao Roteiro de Exame e Avaliação Psicológica, elaborado por Fongaro & Sebastiani (1996) por considerá-lo um instrumental adequado à realidade do Hospital Geral.[64]

---

[64] Este roteiro subsidiou a definição das atribuições do psicólogo, incluída no Manual do Acolhedor.

Esta AP fornece dados sobre a estrutura psicodinâmica da personalidade da pessoa hospitalizada, diante do diagnóstico, do prognóstico e sua relação do usuário com o seu processo de adoecimento, recuperação e tratamento. Portanto, para estes autores, a AP e o exame psíquico do doente hospitalizado constituem "instrumentos de avaliação continuada do processo evolutivo da relação do paciente com sua doença e tratamento". (FONGARO; SEBASTIANI, 1996, p. 7)

Ao realizar o exame psíquico procuramos observar os traços de personalidade, possíveis conflitos emocionais e eventuais doenças mentais. O diagnóstico quanto à saúde mental visa identificar alterações psicopatológicas atuais, bem como levantar história psiquiátrica pregressa do usuário.

No HOB, ao passar pela Classificação de Risco, em conformidade com o protocolo do ACR, o usuário é avaliado pela Enfermagem nos seguintes aspectos da Saúde Mental, constante no item "doença psiquiátrica ou comportamental":

> Agitação menos intensa; risco para si ou para outrem; estados de pânico; potencialmente agressivo; alucinação; desorientação; pensamentos suicidas; gesticulando, mas não agitado; sem risco imediato; depressão crônica ou recorrente; crise social; impulsividade; insônia; aparência; comportamento; discurso; pensamento; humor; percepção; capacidade cognitiva; história de dependência química; antecedentes psiquiátricos. (HOB, 2006, p. 10, 15, 18 e 21);

Sempre que necessário ele é encaminhado à Psicologia para uma avaliação mais aprofundada e este profissional por sua vez, recorre à rede SUS-BH nos casos que requerem avaliação psiquiátrica.

Vale ressaltar que o protocolo muitas vezes é falho e não abarca a multiplicidade de casos que demandam uma abordagem psicológica. Na prática, é comum ao enfermeiro solicitar a presença do psicólogo para auxiliá-lo no momento da classificação.

Recebemos usuários sem histórico psiquiátrico que passam a apresentar alguma psicopatologia em razão de causas orgânicas, paciente com sintomas físicos em razão de conflitos psíquicos, pacientes com quadro psiquiátrico de início súbito e ausência de histórico psiquiátrico, pacientes dependentes de álcool e outras drogas e tantos outros. Recebemos ainda familiares e acompanhantes de usuários do PS, geralmente em crise emocional, que necessitam ser atendidos prontamente.

Após a AP, se for necessário, o psicólogo solicita à equipe do Acolhimento a reclassificação do usuário, mediante discussão do caso, ou a avaliação médica (clínica ou neurológica) para serem afastadas as causas orgânicas antes de assumi-lo como tendo principal fator do adoecimento, o psiquismo.

Caso seja necessário algum encaminhamento externo, buscamos primeiramente o contato por telefone e em seguida a orientação ao usuário. Em casos de encaminhamentos internos, seguimos os fluxos que constam do Manual do Acolhedor do Hospital (HOB, 2007).

Fongaro & Sebastiani (1996, p. 7) destacam que

> Um bom número de intercorrências psicológicas e psiquiátricas no Hospital Geral está associada a quadros exógenos (psicose) e a distúrbios adaptativos do tipo Síndrome Geral de Adaptação e doenças de adaptação, sem contar com quadros mais tradicionais, como os episódios conversivos, tão comuns nas rotinas de Pronto-Socorro. É igualmente importante lembrar que o tratamento muitas vezes pode desencadear episódios confusionais, como o tropismo de alguns pacientes a certo tipo de medicação, ou o procedimento terapêutico que se utiliza de recursos externos que podem gerar situações de sofrimento metabólico, que, por consequência, desencadeiam quadros confusionais (ex. hemodiálise).

Em muitos casos do ACR, o usuário é encaminhado à Psicologia pela indefinição do seu diagnóstico e com frequência realizamos AP visando auxiliar a equipe médica no diagnóstico diferencial. Isto é feito mediante entrevista psicológica e observação dos aspectos físicos, para identificar situações existenciais e subjetivas do paciente e a relação com sintomas físicos apresentados. Estes sintomas podem evidenciar vários quadros, dentre eles: choque emocional, crise de ansiedade e de pânico, processo de somatização, hipocondria, síndromes psicóticas, síndromes de agitação psicomotora, transtorno de comportamento alimentar, transtorno de comportamento devido ao uso de substância psicoativa, síndrome de dependência e de abstinência, quadros de estresse pós-traumático, casos de abuso sexual, violência doméstica, tentativas de autoextermínio etc.

O trabalho da Psicologia no ACR é compartilhado com a equipe mediante discussões interdisciplinares dos casos clínicos e a AP realizada fornece subsídios para a troca de informações com a equipe de saúde, acerca dos aspectos psicodinâmicos do usuário e para orientações e sugestões a respeito de posturas e condutas a serem adotadas em relação ao usuário e à sua família.

7.8 Conclusões

A interface da Psicologia Hospitalar com o SUS ocorre através dos processos de subjetivação que se dão num plano coletivo com diversos enfoques. Cabe ao psicólogo *re-conhecer* os princípios da autonomia e corresponsabilidade, na sua relação com o usuário e seus familiares, mantendo os direitos e autonomia do cidadão e assumir junto com a equipe de saúde uma resposta para a demanda do mesmo. Ao fazermos parte da Instituição, do SUS, da equipe do PS do HOB somos coparticipantes e corresponsáveis pelo processo de trabalho instituído, o ACR.

A prática do psicólogo no PS atesta que o processo de adoecimento é perpassado pela subjetividade, pela história singular de cada usuário e que o aconselhamento terapêutico, realizado nos plantões psicológicos é um recurso para o psicólogo hospitalar. A resolutividade dos casos atendidos pela psicologia no PS, através do aconselhamento psicológico e da avaliação psicológica demonstra que mente e corpo estão indubitavelmente interligados, e que precisam ser compreendidos dentro da vivência de cada cliente.

Ao refletirmos sobre o percurso histórico do HOB, concluímos que conseguimos avançar numa outra direção em nosso modo de praticar a Psicologia Hospitalar, incluindo o psicólogo na linha de frente do PS, na equipe do ACR, através do Plantão Psicológico.

Com esta experiência, percebemos que trabalhar com saúde pública implica em conhecer e exercer políticas de saúde, criando protocolos, participando dos dispositivos da PNH, ajudando a equipe a ter um espaço de troca, levando-se em conta a tríade usuário, trabalhador e gestor, para a formação do trabalho interdisciplinar.

Este trabalho do HOB evidencia que a Psicologia Hospitalar vem ampliando o seu campo de atuação, mediante a utilização de saberes e práticas psicológicas, que colaboram veementemente com as Políticas Públicas atuais implementadas e desenvolvidas no Brasil.

Referências

ABBÊS, C.; MASSARO, A. **Cartilha da PNH** - Acolhimento com Classificação de Risco. Brasília: Ministério da Saúde, 2004. (Série B: textos básicos de saúde)

BELO HORIZONTE. Prefeitura Municipal. **Hospital Municipal Odilon Behrens:** história. Disponível em <http://portalpbh.pbh.gov.br/pbh/ecp/comunidade.do?evento=portlet&pIdPlc=ecpTaxonomiaMenuPortal&app=hob&tax=21692&lang=pt_BR&pg=8542&taxp=0&> Acesso em: 10 fev. 2014.

BRAIER, E. A. **Psicoterapia Breve de Orientação Psicanalítica**. Tradução IPEPLAN. 2. ed. São Paulo: Martins Fontes, 1991. Cap.3, p. 13-56.

BRASIL. **Portaria GM nº 1863** de 29/9/2003. Brasília: Ministério da Saúde, 2003

BRASIL. **Acolhimento nas práticas de produção de saúde.** Ministério da Saúde, Secretaria da Atenção à Saúde, Núcleo Técnico da Política Nacional de Humanização. 2. ed. Brasília: Ministério da Saúde, 2006, 44p;

BRASIL. Ministério da Saúde. **HumanizaSUS:** Política Nacional de Humanização: documento base para gestores e trabalhadores do SUS. 3 ed. Brasília: Ministério da Saúde, 2006.

BRASIL. Ministério da Saúde. **Ambiência.** 2. ed. Ministério da Saúde. Brasília: 2006 (Série B. textos básicos de saúde)

BRASIL. Ministério da Saúde. **HumanizaSUS**: Política Nacional de Humanização: a humanização como eixo norteador das práticas de atenção e gestão em todas as instâncias do SUS. Brasília: Ministério da Saúde, 2004. 60p.

BRASIL. Ministério da Saúde. Secretaria de Atenção à Saúde. Política Nacional de Humanização da Atenção e Gestão do SUS. **Acolhimento e classificação de risco nos serviços de urgência.** Ministério da Saúde. 1. ed. 1. Reimpr. Brasília: Ministério da Saúde, 2010.

CAUTELLA JR., W. Plantão Psicológico em Hospital Psiquiátrico. In: Morato, H. T. P. (Coord.). **Aconselhamento psicológico centrado na pessoa: novos desafios. (Org.)** São Paulo: Casa do psicólogo. 1999. Cap. 9, p. 168-169.

CONSELHO REGIONAL DE PSICOLOGIA - MINAS GERAIS (CRP-MG). **Lei Federal 4119**, de 27/08/1962. Disponível em: <http://www.conselhodepsicologiamg.org.br/psico/index.asp> Acesso em: 10/01/2014.

COPPE, A. A. F.; MIRANDA, E. M. F. O psicólogo diante da Urgência no Pronto Socorro In: ANGERAMI-CAMON, V. A. (org.) **Urgências psicológicas no hospital**. São Paulo: Pioneira, 1998. Cap. 4, p.61-80.

COTTA, F. P.; MIRANDA, E. M. F. A atuação do psicólogo numa unidade de urgência. **Revista de Psicologia Hospitalar do Hospital Municipal Odilon Behrens,** Belo Horizonte, Ano 1, nº1, p. 30-33, 1998.

FONGARO, B.; SEBASTIANI, R. W. Roteiro de Avaliação Psicológica Aplicada ao Hospital Geral. In: ANGERAMI-CAMON, V. A. (org.) **E a psicologia entrou no hospital...** São Paulo: Pioneira, 1996. Cap. 1, p. 5-64.

FORGHIERI, Y. C. O Aconselhamento terapêutico na atualidade. **Revista da Abordagem Gestáltica**. XIII (1); 125-133, jan-jun, 2007.

FORTES, S. *et al.* In: BOTEGA, N. J. (org.) **Prática Psiquiátrica no Hospital Geral:** interconsultas e emergência. 2. ed. Porto Alegre: Artmed, 2006.

HOSPITAL MUNICIPAL ODILON BEHRENS (HOB). **Protocolo de Acolhimento com Classificação de Risco.** Belo Horizonte: Hospital Municipal Odilon Behrens. 1ª Edição. Mai. 2006.

HOSPITAL MUNICIPAL ODILON BEHRENS (HOB). **Manual do Acolhedor**. Belo Horizonte: Hospital Municipal Odilon Behrens. 2007. 2. ed.

LOPES, S. R. A.; AMORIM, S. F. Avaliação Psicológica no Hospital Geral. In: BRUSCATO; BENEDETTI; LOPES. **A Prática da Psicologia Hospitalar na Santa Casa de São Paulo:** novas páginas de uma antiga história. São Paulo: Casa do Psicólogo, 2004. Cap. 4, p.53-68.

MAHFOUD, M. A vivência de um desafio: Plantão Psicológico. In RO-SENBERG, R. L. (org.), **Aconselhamento Psicológico Centrado na Pessoa.** São Paulo: EPU, 1987. Cap. 6, p.75-83.

MIRANDA, E. M. F.; SASDELLI, E. N. Ser: o sentido da dor na urgência e na emergência In: ANGERAMI-CAMON V. A. (org.). **Psicossomática e psicologia da dor.** São Paulo: Pioneira, 2000. Cap. 5, p. 93-112.

MIRANDA, E. M. F. Relato de Experiência – Psicologia Hospitalar e Pronto-Socorro. In: II Psicologia nas Gerais: o psicólogo na saúde pública, ago. 2006, Belo Horizonte. **Anais...** Belo Horizonte: Conselho Regional de Psicologia de Minas Gerais, 2006. p.91-92.

MORATO, H. T. P. **Aconselhamento psicológico centrado na pessoa:** novos desafios. (Org.) São Paulo: Casa do psicólogo. 1999. 434p.

ROCHA, M. C. Plantão psicológico e triagem: aproximações e distanciamentos. **Revista NUFEN**. São Paulo, v.3, nº1, 2011. p.

119-134. Disponível em: <http://pepsic.bvsalud.org/scielo.php?pid=S2175-25912011000100007&script=sci_arttext> Acesso em: 24 jun. 2014.

SCHEEFFER, R. O aconselhamento Existencial. In: SCHEEFFER, R. **Teorias de aconselhamento.** São Paulo: Atlas, 1986. Cap. 3, p. 66-77.

SEBASTIANI, R. W. Aspectos Emocionais e Psicofisiológicos nas Situações de Emergência no Hospital Geral. In: ANGERAMI-CAMON (org.), V. A. **Urgências psicológicas no hospital.** São Paulo: Pioneira, 1998. Cap. 1, p. 9-30.

SOUZA, C. C; TOLEDO, A. D; TADEU, L. F. R.; CHIANCA, T. C. M. Classificação de risco em pronto-socorro: concordância entre um protocolo institucional brasileiro e Manchester. **Revista Latino-Americana de Enfermagem,** São Paulo. jan.-fev. 2011 Disponível em: <http://www.scielo.br/pdf/rlae/v19n1/pt_05.pdf> Acesso em: 07 fev. 2014.

TASSINARI, M. A.; CORDEIRO, A. P. S.; DURANGE, W. T. (org.) Revisitando o Plantão Psicológico Centrado na Pessoa. 1. ed. Curitiba: CRV, 2013.

TASSINARI, M. A.; DURANGE, W. Plantão psicológico e sua inserção na contemporaneidade. **Rev. NUFEN**, São Paulo, v. 3, n° 1, 2011. Disponível em: <http://pepsic.bvsalud.org/scielo.php?script=sci_arttext&pid=S2175-25912011000100004&lng=pt&nrm=iso>. Acesso em: 23 set. 2014.

CAPÍTULO 8

TRAUMA E TOXICOMANIA: QUANDO A IMOBILIDADE DO CORPO FÍSICO MOBILIZA O PSÍQUICO[65]

Aline de Mendonça Magalhães
Arlêta Maria Serra Carvalho

8.1 Introdução

O trauma é uma das principais causas de morte no Brasil. Segundo o Ministério da Saúde – MS (BRASIL, 2011), as causas externas representam a terceira causa mais frequente de morte no país, precedido apenas pelas doenças cardiovasculares e neoplasias malignas. Os óbitos por causa externa ocupam a primeira posição quando analisado o grupo de pessoas de um a 39 anos, configurando-se como desafio tanto para gestores quanto para profissionais da saúde.

As causas externas de morbidade e mortalidade são conceituadas como: "lesões decorrentes de acidentes (relacionados ao trânsito, afogamento, envenenamento, quedas ou queimaduras) e de violências (agressões/homicídios, suicídios, tentativas de suicídio, abusos físicos, sexuais e psicológicos)" (BRASIL, 2011, p. 227). Anualmente, essas causas são responsáveis por mais de cinco milhões de mortes em todo o mundo, representando cerca de 9% da mortalidade mundial. O consumo de álcool e outras drogas são potencializadores dos riscos de acidentes e violências.

---

[65] Este trabalho foi produzido a partir de vivências e percepções construídas durante a Residência Multiprofissional em Saúde na área de ênfase em Urgência e Trauma, do Hospital Municipal Odilon Behrens. A iniciativa de produzir o texto surgiu após identificar que muitos dependentes químicos, que vivenciavam situações de trauma físico, mostravam-se mais pretensos a mudanças no padrão de uso de drogas. A necessidade de mostrar a importância do psicólogo e do seu olhar para o subjetivo em ambientes nos quais o corpo biológico está na centralidade, como no Pronto Socorro e Sala de Politraumatizados de hospitais, foi mais um estimulo para escrever esse capítulo.

Além do risco de morte, a pessoa que sofre um trauma físico, está sujeita a várias sequelas, como cegueiras, amputações, paraplegia, hemiplegia e queimaduras. Essas sequelas podem modificar radicalmente o estilo de vida do paciente.

Os usuários de álcool e outras drogas ficam mais vulneráveis aos riscos e de sofrerem trauma físico. Na rotina de um pronto socorro podemos encontrar acidentados por dirigir veículos sob efeitos de drogas, atropelados por atravessar a rua alcoolizado em momento indevido, afogamentos ao nadar embriagados, acidentes de trabalho por gerir máquinas bêbado, baleados por não saldar dívidas com traficantes, entre outras situações.

Neste sentido, podemos inferir que o trauma físico e a toxicomania em muitos casos estão associados e, portanto, em conjunto, constituem um problema grave de saúde pública. Além de ações educativas para prevenção de acidentes, sejam no trânsito, no trabalho e em outros locais que potencializam os riscos, é necessário também que as ações em saúde contemplem políticas para os usuários de álcool e outras drogas.

Segundo o MS (BRASIL, 2003), uma das principais dificuldades nesta clínica é a baixa adesão ao tratamento. Relativo à dependência das drogas, sabe-se que é um transtorno "onde predomina a heterogeneidade, já que afeta as pessoas de diferentes maneiras, por diferentes razões, em diferentes contextos e circunstâncias" (BRASIL, 2003, p. 8). Assim, uma conclusão importante a partir das considerações do MS, é que não existe um tratamento único para todos os drogaditos e sim o tratamento ideal para aquele sujeito específico.

Em se tratando de um hospital geral, cenário da nossa análise, temos observado por meio das anotações sobre os pacientes, que é frequente a internação por uso de substâncias psicoativas. Os usuários geralmente procuram os serviços em momentos de agudização: síndrome de abstinência, intoxicações, complicações clínicas ou psiquiátricas, situações de trauma físico. Segundo Reis, Figlie e Laranjeira (2006) o uso de substâncias psicoativas em pacientes que sofrem trauma é de alta prevalência.

Esse alto índice nem sempre é evidenciado, pois existe um mascaramento do problema na rotina hospitalar. Em muitas das internações são diagnosticadas as doenças secundárias ao uso destas substâncias e, o uso abusivo, que é a base para muitas das enfermidades, muitas vezes passa despercebido ou é até mesmo negligenciado pelos profissionais de saúde.

O trauma deixa uma marca que é vivida com muita dor e sofrimento emocional. Essa situação provoca uma fragilidade no paciente, o que possibilita um período com grande chance para mobilizações psíquicas e mudanças de comportamento.

O padrão de uso de drogas é caracterizado pela quantidade de droga e frequência com que uma pessoa as consome. Ao ser mencionada a expressão mudança de padrão de uso de drogas, pode-se abordar as seguintes possibilidades terapêuticas: redução de danos, diminuir a quantidade ou frequência do consumo, interromper totalmente o uso.

Este estudo tem o objetivo de analisar o impacto do trauma físico e a vivência da abstinência em pacientes usuários do álcool e outras drogas na hospitalização. Associado a isso, propomos analisar as mudanças possíveis de ocorrer no padrão de uso de drogas, quando um trauma físico gera outro de proporções psíquicas capazes de mobilizar o paciente para aquisição de novas formas de existência.

8.2 A toxicomania na ótica psicanalítica

A toxicomania é considerada um sintoma da sociedade moderna. Para Freud (1926) o sintoma é um sinal da falha do recalque em que a pulsão encontra um substituto muito mais reduzido. O toxicômano tenta satisfazer a pulsão a partir das drogas.

Existem três importantes conceitos que nos possibilitam compreender, em parte, o processo da toxicomania; dois deles são de Freud, compulsão à repetição e pulsão de morte e o outro de Lacan, o gozo.

O princípio do prazer é um dos princípios do funcionamento mental anunciado por Freud, que conduz o indivíduo à busca pelo prazer e à evitação da dor, com objetivo de manter o nível de energia do aparelho psíquico o mais baixo possível. O desprazer está relacionado ao aumento das quantidades de excitação e o prazer à sua redução.

No texto "Além do Princípio de Prazer", Freud (1920) reconhece que há algo da pulsão que excede os limites impostos pelo princípio de prazer que está para além do prazer, e nomeou de pulsão de morte, tendo a compulsão à repetição como uma de suas principais manifestações. Esta outra força também rege o funcionamento mental.

No texto "Recordar, repetir e elaborar" (1914), Freud tematiza a questão da repetição. Segundo Lobato (2007), a compulsão à repetição é de origem inconsciente e o sujeito se coloca repetitivamente em situações dolorosas, reincidentes de experiências antigas.

Nos estudos de Freud sobre as pulsões, fica evidente um importante aspecto das pulsões, que é ser imperativa e querer determinar, a todo custo, a satisfação. A pulsão jamais renuncia à satisfação, é uma exigência radical.

A pulsão de morte e a compulsão à repetição são as principais bases teóricas referenciais na obra de Freud que fundamentaram a construção do conceito de gozo por Lacan. O gozo é aquilo que está para além do princípio de prazer, que é da ordem do excesso, da transgressão e que pode induzir ao sofrimento.

A pulsão de morte leva a uma busca de uma satisfação impossível e que por isso está fadada a um fracasso contínuo. Os objetos da pulsão são variáveis e indeterminados. Cada sujeito lidará de forma particular com os imperativos desta pulsão e os toxicômanos encontram na compulsão pela droga uma forma de destinar a satisfação pulsional.

Freud (1929), em "O mal-estar na civilização", aponta para a necessidade de medidas paliativas para lidarmos com as questões levantadas pelo existir e destaca as substâncias tóxicas como um forte recurso. As drogas fornecem a ilusão de um gozo intenso. Freud, *apud* Miranda e Faveret (2011), determinou os efeitos simultâneos das substâncias tóxicas: provocar sensações prazerosas de modo que os impulsos desagradáveis deixam de ser apreendidos e a possibilidade do sujeito criar um mundo próprio para se distanciar das pressões da realidade.

Podemos perceber na clínica da toxicomania que vários pacientes que fazem uso de drogas para aliviar sintomas desagradáveis causados por outros transtornos. Alguns exemplos são pessoas que usam álcool para melhorar uma fobia social, usar maconha para aliviar sintomas de ansiedade, usar cocaína antes de atividade física para melhorar desempenho ou fazer uso de anfetamina para emagrecer.

De acordo com Lobato (2007) o mal-estar eliminado pela droga é aumentado à medida que se faz uso intensivo dela. Para ele, nas toxicomanias graves esse mal-estar traz um consequente aumento na necessidade de usá-la. O que a princípio causava euforia, com a repetição e o aumento do uso, gera desprazer e para tratar o mal-estar novamente recorre-se à droga, que induz a um ciclo gozoso.

O desamparo é uma realidade da era moderna. Kehl *apud* Menita e Teixeira (2010), aponta que:

> Nas sociedades tradicionais, a grande falta que nos caracteriza como desamparados era camuflada pela estabilidade das estruturas simbólicas de parentesco, que conferiam às pessoas um lugar, nome, destino e que raramente eram modificados ao longo da vida (MENITA; TEIXEIRA, 2010, p. 7).

Entretanto, na atualidade, o indivíduo é muito mais desamparado, pois as filiações simbólicas, como a autoridade paterna, estão fragilizadas.

Silveira Filho (2002) descreve na toxicomania uma dificuldade de elaboração da função paterna. Ainda segundo o autor, como as figuras maternas e paternas estão fragilizadas para o toxicômano no nível relacional, o dependente substitui essa falha a partir de uma forte relação com a falta. Como o drogadito não consegue simbolizar a falta, lida com o objeto droga como real.

O dependente químico se vê diante de uma realidade intolerável na qual não consegue transformar. Silveira Filho (2002) coloca as drogas como uma forma de modificar a percepção dessa realidade insuportável. Para ele, a droga viabiliza a existência do sujeito na medida em que é inserido com a identidade de toxicômano.

Olievenstein (1990) relata que ao longo da construção de sua história pessoal, o drogadito não suporta a falta e a mesma se associa a uma satisfação momentânea. A droga é que vai trazer a completude da identidade fragmentada.

Cirino (2002) diz que o toxicômano fala da droga como um objeto insuperável. Inicialmente o toxicômano se apresenta como um sujeito sem sintoma e sem angústia. Não se angustia, pois está apenas na vertente do gozo. Para mobilizar mudanças o sujeito necessita se encontrar com o real da angústia, afirma Cirino.

A situação de trauma físico e a consequente hospitalização pode ser um dos momentos em que o dependente químico rompe com o objeto droga e se depara com a falta e com a angústia.

8.3 O toxicômano e a vivência do trauma

Existem várias situações que podem desencadear graves crises psicológicas, tais como catástrofes ambientais, violências físicas, sexuais e psicológicas, guerras, incêndios, acidentes, cirurgias de grande porte ou tratamentos clínicos prolongados. Nessas situações os traumas físicos e psicológicos podem estar presentes ao mesmo tempo.

Rouanet (2006) supõe que a grande presença de situações de choque na atualidade faz com que a neurose traumática venha a tornar-se a doença psíquica do século XXI, assim como a histeria foi do século XIX. Laplanche e Pontalis definem o trauma psíquico como:

> Acontecimento da vida do sujeito que se define pela sua intensidade, pela incapacidade em que se encontra o sujeito de reagir a ele de forma adequada, pelo transtorno e pelos efeitos patogênicos duradouros que provoca na organização psíquica. Em termos econômicos, o traumatismo caracteriza-se por um afluxo de excitações que é excessivo em relação à tolerância do sujeito e à sua capacidade de dominar e de elaborar psiquicamente estas excitações. (LAPLANCHE; PONTALIS, 1986, p. 678)

O trauma psíquico ocorre, então, quando o sujeito não consegue simbolizar a experiência traumática. Podemos perceber que um evento pode-se constituir como um trauma para uma determinada pessoa, mas não para outra. Cada sujeito irá dominar e elaborar essa situação de uma forma específica, sendo que o limiar de tolerância ao traumatismo é singular.

A teoria do trauma percorreu diversos caminhos na obra de Freud. Em "Introdução à Psicanálise e às Neuroses de Guerra", Freud (1919) estudou casos de neuroses traumáticas de guerra, que resultavam em uma fixação do momento do acidente traumático. Elas podem ocorrer após experiências atemorizantes ou graves acidentes, sem fazer alusão a um conflito do eu. Esses pacientes podem sofrer conflitos mentais inconscientes que atordoam seu emocional e podem levar a um adoecimento.

Em "Inibições, Sintoma e Angústia" Freud *apud* Menita e Teixeira (2010) compreende que o desamparo psíquico é o protótipo da situação traumática. A angústia é associada à separação e ao medo da perda do amor do objeto, sendo que a ausência desse objeto gera vários efeitos que são entendidos como eventos traumáticos. Este assunto será reabordado no tópico Angústia e Toxicomania.

Em "Moisés e o Monoteísmo", Freud (1939) percebe o fenômeno da latência, que é o período entre o impacto do evento traumático e as manifestações sintomáticas. O trauma não necessariamente vai produzir seus efeitos imediatamente, mas pela sua ressignificação posterior, no quadro da fantasia. Assim, o trauma pode se instaurar em dois tempos e no intervalo entre eles existe um período de incubação. Ou seja, uma cena que aconteceu anteriormente se liga posteriormente a outra, gerando o trauma *a posteriori,* que retorna de outras formas, como em sonhos ou crises conversivas.

Segundo Favero (2009) Freud diz que os efeitos do trauma psíquico são de dois tipos: os efeitos positivos, que possibilitam a elaboração do evento, e decorrem da fixação e da repetição à compulsão (ex.: repetições de narrativas traumáticas) ou os efeitos negativos no qual o trauma não é recordado e nem repetido, ele é esquecido. (ex.: Reações defensivas como as evitações, podem causar inibições ou fobias).

As situações de trauma físico geralmente colocam o sujeito em encontro com a possibilidade da morte. Fuks (2000) explica que a eficácia traumática nesses casos ocorre quando o sujeito se aterroriza com as fantasias de morte, as quais antes eram referidas apenas à morte de outros, e não consegue elaborar o processo.

Tarrab (2000) diz que o encontro com a possibilidade da morte pode ser único para que o drogadito consiga fazer ressignificações e se dispor a uma nova trajetória para sua vida. O importante é que o sujeito se sinta tocado de alguma forma, consiga fazer uma ruptura com o ciclo e se abra para um tratamento.

Para se obter uma melhora do trauma psíquico é preciso que o paciente fale sobre o trauma físico ocorrido. As narrativas livres sobre as dores no corpo, associadas às emoções, têm o efeito de alívio de angústia, possibilidade de eliminação de sintomas e ressignificação da cena traumática. Esse efeito só é produzido se o paciente tiver uma relação transferencial com o terapeuta.

Nas crises mais agudas, há uma predominância do agir em detrimento da palavra, pois o corpo está dissociado da cadeia significante e o sujeito expõe os outros e a si mesmo a muitas situações de risco.

Bellak e Small, *apud* Sterian (2001), relatam a importância de um trabalho preventivo de intervenções psicoterápicas nas situações de emergência para evitar que um problema pontual se transforme em uma desordem psíquica, uma situação aguda passe a ser uma situação crônica e uma agudização seja causa de uma incapacitação definitiva.

Para evitar um possível efeito negativo do trauma psíquico, em um hospital, quando o psicólogo se depara com um paciente traumatizado é importante iniciar a intervenção o mais rápido para intervir sobre a urgência psíquica e mobilizar o sujeito a dizer de seu sofrimento.

Cabe ao psicólogo estar atento às situações de crise e neste momento introduzir a escuta para que o paciente possa reconstruir sua história, criar uma demanda de tratamento e assim evitar atuações[66].

8.4 Abstinência e toxicomania

Um drogadito, quando se encontra em abstinência, geralmente faz uma escolha por essa condição. Porém, quando o dependente químico sofre uma situação de trauma físico a abstinência deixa de ser uma opção e é colocada como uma imposição.

Segundo Silveira Filho (2002), a abstinência provoca sentimentos como uma forte angústia, autoagressividade, medo da solidão, sensação de abandono. A Classificação Internacional de Doenças (CID-10) relata que uma síndrome de abstinência pode apresentar sintomas como disforia, insônia, ansiedade, irritabilidade, náusea, agitação, taquicardia e hipertensão (OMS, 1993).

Olievenstein (1990) aponta que o sujeito em processo de desintoxicação vive um constante sofrimento, já que o prazer cede lugar à falta. O autor diz que o drogadito forma com seu sofrimento uma ligação tão forte como era com a droga, pois trava uma luta entre o desejo consciente de se manter abstinente e seu desejo inconsciente de se manter na dimensão do gozo. Na desintoxicação é a angústia que aparece na incerteza entre a vontade de usar a droga e a necessidade de se manter abstinente.

O período de hospitalização de um paciente que sofre uma situação de trauma físico pode durar de algumas semanas até meses, já que ele pode submeter-se a intervenções clínicas, cirúrgicas e intensivistas. A entrada do psicólogo hospitalar é fundamental, pois ele será o profissional que poderá conseguir imunização contra a amplitude do afeto doloroso e ainda poderá iniciar a relação terapêutica que o paciente necessita para manter o tratamento no pós-alta.

---

[66] Atuações ou Passagens ao Ato são noções criadas pelos psicanalistas de língua inglesa e depois retomada tal e qual em francês, para traduzir o que Sigmund Freud denomina de colocação em prática ou em ato, segundo o verbo alemão *agieren*. O termo remete à técnica psicanalítica e designa a maneira como um sujeito passa inconscientemente ao ato, fora ou dentro do tratamento psicanalítico, ao mesmo tempo para evitar a verbalização da lembrança recalcada e para se furtar à transferência. (ROUDNESCO; PLON, 1997, p. 19).

O psicólogo, quando inicia um processo terapêutico, já nas entrevistas iniciais, não deve aceitar a demanda do paciente em estado bruto e sim, sempre, interrogá-lo, responsabilizando o sujeito por sua queixa. A esta implicação do paciente com sua demanda de tratamento, Lacan chamou retificação subjetiva.

Através desse recurso, o psicólogo terá possibilidade de ressituar o paciente, fazendo com que o mesmo se responsabilize com o que lhe ocorre. É importante questionar a prática de uso das drogas. Assim, o sujeito passa a queixar de si mesmo e não do outro; pode perceber o que se repete em suas atuações e fazer um novo enigma para seus sintomas.

Nos atendimentos psicológicos hospitalares, é de grande importância que o paciente consiga perceber o quanto de responsabilidade tem pelas doenças ou acidentes nos quais se envolvem. Este é um passo marcante para o início do processo psicoterapêutico.

A elaboração da queixa apresentada nada mais é do que o sintoma sob transferência. Isso equivale a dizer que o sujeito coloca o psicólogo no lugar daquele que supõe poder trazer à luz a obscuridade de seus sintomas e que lhe darão sentido. Assim, além da implicação com seus sintomas, outra estratégia importante da psicologia, a partir da transferência, é o paciente dar sentido para esses sintomas e, assim, poder ressignificar suas vivências.

8.5 Angústia e toxicomania

O conceito de angústia para Freud (1926), que pode ser localizado no texto "Inibição, sintoma e angústia", compreende que a angústia possui uma função de indicar uma situação de perigo, que foi nominada de angústia real.

Freud inicia seu pensamento tomando a angústia como destino da libido, uma consequência do recalque e, posteriormente, Freud (1926) revê o conceito ao descobrir que é a angústia que causa o recalque.

Freud *apud* Menita e Teixeira (2010) percebe no desamparo do bebê no momento do nascimento (separação da mãe), como a primeira vivência da angústia originária e com o desenvolvimento psíquico a experiência do desamparo é revivida nas situações de perigo. Eles destacam:

> São as repressões posteriores que mostram que a angústia é despertada como sinal de uma situação de perigo prévia, ou seja, é o recalcamento que surge diretamente de momentos traumáticos,

a partir do modelo do nascimento. Sendo assim, a vivência do nascimento é uma experiência arquetípica, que só tem sentido posteriormente nas repetições que acompanham a trajetória da vida humana. (MENITA; TEIXEIRA, 2010, p. 4)

Freud, *apud* Menita e Teixeira, ressalta ainda que posteriormente outras formas de angústia vão se estabelecendo. Uma dessas formas, na fase fálica, a angústia de separação é revivida pela angústia de castração: "a castração refere-se ao medo de perder o amor objetal que é intensificado pela vivencia arquetípica do nascimento" (MENITA; TEIXEIRA, 2010, p.5). Com a estruturação do ego, as situações de perigo antigas, como as da primeira infância, vão se enfraquecendo e em cada fase da vida a angústia aparece por causas diferenciadas. Assim, as situações que são percebidas como perigosas mudam ao longo do desenvolvimento do indivíduo, entretanto, não deixam de estar ligadas ao desamparo, podendo ser compreendido, como a perda do amor do objeto, afirmam Menita e Teixeira (2010).

A imposição da abstinência na hospitalização coloca o dependente químico diante da falta, o que pode remeter o paciente ao desamparo vivenciado pela angústia de castração. A completude que a droga trazia é rompida e esta angústia pode aparecer com muita intensidade.

Toda essa vivência intensa de angústia pode fazer o paciente entrar em crise. Cirino (2002) diz que um dependente químico busca tratamento quando o equilíbrio que conseguia manter com a droga se encontra ameaçado. As situações-limite são situações insuportáveis, que trazem esse desequilíbrio e mobilizam tentativas de mudanças. Segundo o autor, as situações-limite são: "uma overdose, a ameaça da morte, a separação de pessoas importantes, a prisão" (CIRINO, 2002, p. 3). Essas situações são vividas com muito sofrimento, pois impõe ao paciente uma separação da droga e ele se depara com o real da angústia.

Tarrab (2000) relata que a certeza do gozo a partir da droga trata o vazio do sujeito. Porém, segundo o autor, a clínica mostra que existe um fracasso deste funcionamento, quando o sujeito se depara com um limite, que seja realmente significativo para o indivíduo, seja um limite no outro e/ou um limite no corpo.

Segundo Silveira Filho (2002) a crise toxicomaníaca é o momento para entrada do elemento terapêutico na relação dual indivíduo-droga. Até a instalação da crise não existe praticamente nenhuma possibilidade de ser criado um espaço terapêutico. Para o autor, na crise, a droga perde a propriedade de estabelecer o paraíso artificial e o toxicômano se vê obrigado a se confrontar com o vazio existencial.

A mudança no padrão de uso de drogas pode vir como consequência da vivência da angústia e do processo terapêutico iniciado na hospitalização. Existem várias possibilidades de continuidade de tratamento para o dependente químico no pós-alta hospitalar. O sujeito pode escolher pelo processo da redução de danos, tratamentos que mantenham o percurso de abstinência, em alguns casos o paciente opta por interromper o uso definitivamente.

Grossi (2012) relata que existe uma diferença entre os sujeitos, em geral, que procuram tratamento e o toxicômano. Ele diz que na clínica da toxicomania o paciente acredita que o saber está do lado de quem experimenta as drogas e não supõe saber ao profissional. O toxicômano acredita que somente o usuário de drogas entende seu sofrimento. Isso é uma dificuldade para a aderência ao tratamento. Grossi (2012) afirma, então, que o terapeuta deve entrar no mundo do paciente e se interessar por suas questões. Perguntas importantes são sobre sintomas de fissuras, abstinência e tolerância, comorbidades associadas ao uso, interessar-se pela situação familiar/social. Só compreendendo o percurso e as dificuldades do sujeito, poderemos reconstruir situações para evitar recaídas e manejar para aumento da adesão ao tratamento. Ainda segundo o autor, quando o paciente percebe, através desse manejo, que o analista tem um saber do que se passa com ele, então o sujeito lhe supõe um saber e aumenta a possibilidade de adesão ao tratamento, pois a transferência se estabelece.

8.6 Conclusão

Conforme apresentado neste capítulo, o trauma impacta o sujeito pelo encontro com o real da morte e a hospitalização exige a abstinência. Essa situação pode se tornar um momento propício para o paciente ressignificar situações, atitudes e vivências dolorosas. Com a presença de um psicólogo, percebe-se que esse processo poderá ser potencializado e reforçado.

O paciente que sofre o trauma físico, em decorrência do uso de álcool e outras drogas, quando chega ao serviço de urgência, muitas vezes, não percebe o uso como problemático. Diante do acidente e o aparecimento da angústia, esse sujeito pode passar a se ver enquanto usuário abusivo ou dependente.

O psicólogo trabalhará ajudando o paciente a dar um novo sentido para sua vivência – e essa ressiginificação pode ter consequências diretas, contribuindo para a adesão ao tratamento. E esse profissional poderá, também, sensibilizar a equipe para as particularidades da clínica da toxicomania e auxiliar a equipe multiprofissional no momento da recuperação para que esta se torne mais rápida e menos conflituosa.

A intensa vivencia mobiliza os pacientes que podem entrar em crise e fazer passagens ao ato. Toda essa movimentação pulsional precisa ser acompanhada para que a recuperação orgânica não fique prejudicada. Neste momento, o paciente poderá tentar fugir, ter crises de abstinência, crises de ansiedade, tentar fazer uso de drogas no ambiente hospitalar. O psicólogo poderá manejar esse tipo de situação junto ao paciente, bem como perceber como ele está lidando com todo o processo e orientar a equipe multiprofissional.

A hospitalização impõe um tempo, uma pausa que pode ser produtiva na medida em que o toxicômano coloca uma interrogação no ciclo de repetição do gozo. Assim, uma mudança no padrão de uso de drogas ou a adesão ao tratamento podem se tornar uma possibilidade terapêutica.

Referências

BARBOSA, A. C. A. A angústia como incidência clínica do irrepresentável da pulsão: desamparo, trauma e repetição. **Reverso**, Belo Horizonte, v. 30, nº 56, out. 2008.

BIRMAM, J. **Arquivos do mal-estar e da resistência**. Rio de Janeiro: Civilização Brasileira, 2006.

BRASIL. Presidência da República. Gabinete de Segurança Institucional. Secretaria Nacional Antidrogas. **Política Nacional Antidrogas**. Brasília, 2003. 22p.

BRASIL. Ministério da Saúde. Secretaria de Atenção à Saúde. SVS/CN-DST/AIDS. **A Política do Ministério da Saúde para Atenção Integral a Usuários de Álcool e outras Drogas/Ministério da Saúde**. 2. ed. rev. ampl. Brasília: Ministério da Saúde, 2004b.

BRASIL. Ministério da Saúde. **Saúde Brasil 2010**: uma análise da situação de saúde e de evidências selecionadas de impacto de ações de vigilância em saúde. Brasília: Ministério da Saúde, 2011.

BORGES, E. S. **Psicologia Clínica Hospitalar**: trauma e emergência. São Paulo: Vetor, 2009.

CARVALHO, A; CITERO V. Situações Relacionadas ao Uso Indevido de Substâncias no Hospital Geral. In: SILVEIRA, D.X.; MOREIRA, F.G. **Panorama atual de drogas e dependências.** São Paulo: Atheneu, 2006. p. 187-191.

CASTRO, S. L. S. **Revisando o Conceito de Angústia em Freud.** Rio de Janeiro: Escola Letra Freudiana, 2005, p. 26-35.

CIRINO, O. **A angústia na toxicomania.** Belo Horizonte: CMT, 2002.

COUTINHO, M. A. C. J. A pulsão de morte, In: **Estudos de Psicanálise**, Belo Horizonte, Publicação Círculo Brasileiro de Psicanálise, n° 26, p.23-39, 2003.

FAVERO, A. B. **A Noção de Trauma em Psicanálise.** 2009. Tese (Doutorado em Psicologia). Pontifícia Universidade Católica do Rio de Janeiro, Rio de Janeiro, 2009.

FREUD, S. (1914). Recordar, repetir e elaborar. In: **Edição Standard Brasileira das Obras Psicológicas Completas de Sigmund Freud.** v. XII. Rio de Janeiro: Imago, 1990, p. 189-203.

FREUD, S. (1919). Introdução à psicanálise e às neuroses de guerra. In: **Edição Standard Brasileira das Obras Psicológicas Completas de Sigmund Freud.** v. XXVII. Rio de Janeiro: Imago,1996.

FREUD, S. (1920). Além do princípio do prazer. In: **Edição Standard Brasileira das Obras Psicológicas Completas de Sigmund Freud.** v. XVIII. Rio de Janeiro: Imago, 1996.

FREUD, S. (1926) Inibição, Sintoma e Angústia. In: **Edição Standard Brasileira das Obras Psicológicas Completas de Sigmund Freud.** v. XX Rio de Janeiro, Imago.

FREUD, S. (1929) Mal-estar na civilização. In: **Edição Standard Brasileira das Obras Psicológicas Completas de Sigmund Freud.** Instituto Raul Soares, 10 de setembro de 2012.. XXI. Rio de Janeiro: Imago Ed., 1996.

FREUD, S. (1939). Moisés e o monoteísmo, 1939. In: **Edição Standard Brasileira das Obras Psicológicas Completas de Sigmund Freud.** v. XXIII. Rio de Janeiro: Imago,1996.

FUKS, L. B.; FERRAZ, F. C (Org.). **A clínica conta histórias.** São Paulo: Escuta, 2000.

GROSSI, F. **A Clínica Cotidiana das Toxicomanias:** fatores de Risco e de Adesão. Palestra ministrada no Seminário em Dependência Química, Instituto Raul Soares, Belo Horizonte, 10 set. 2012.

KEHL, M. R. O homem moderno, o desamparo e o apelo a uma ética. In: **Sobre ética e psicanálise**. São Paulo: Companhia das letras, 2002.

LAPLANCHE, J.; PONTALIS, J. B. **Vocabulário da Psicanálise**. São Paulo: Martins Fontes, 1986.

LOBATO, V. I. **Questões sobre a toxicomania numa possível relação com o desamparo**. II Congresso de Convergência - Corpo Freudiano, Rio de Janeiro, 2007.

MELO, M. T.; RIBEIRO, P. C. Modelos do Trauma em Freud e suas repercussões na psicanálise pós freudiana. In: **Percurso,** São Paulo, n° 37, p. 33-44, 2006.

MENITA, M. G; TEIXEIRA, M. A. R. A Relação entre Trauma e desamparo na Metapsicologia Freudiana. In: I Jornada Internacional de Práticas Clínicas no Campo Social, 2010, Maringá. **Anais da Jornada Internacional de práticas clínicas no campo social**. Maringá, 2010

MIRANDA, O. B; FAVERET, B. M. S. Compulsão à repetição e adicção. In: **Psicanálise & Barroco em revista,** v.9, n° 2, p. 147-160, 2011.

OMS. **Classificação de Transtornos Mentais e de Comportamento da CID-10**: Descrições clínicas e diretrizes diagnósticas. Porto Alegre: Artmed, 1993.

OLIEVENSTEIN, C. **A clínica do toxicômano:** a falta da falta. Porto Alegre: Artes Médicas, 1990. 138p.

REIS, A. D; FLIGIE, N. B; LARANJEIRA, R. Prevalência do uso de substâncias em pacientes com traumas em um pronto socorro brasileiro. In: **Revista Brasileira de Psiquiatria**. 2006, v. 28, n° 3, p. 191-195.

ROUANET, S. P. Sobre os traumas da modernidade. In: RUDGE (org.) **Traumas**. São Paulo: Escuta, 2006, p.141-155.

ROUDINESCO, E; PLON, M. **Dicionário de Psicanálise** (V. Ribeiro & L. Magalhães, trad.). Rio de Janeiro: Jorge Zahar, 1998.

SILVEIRA FILHO, D. X. **Drogas:** uma compreensão psicodinâmica das farmacodependências. 3. ed. São Paulo: Casa do Psicólogo, 2002.

STERIAN, A. **Emergências Psiquiátricas**: uma abordagem psicanalítica. São Paulo: Casa do Psicólogo, 2001.

TARRAB, M. Os novos sintomas e a segregação do inconsciente, In: BAHIA, IDÁLIO *et al.* (orgs). **Psicóticos e adolescentes: por que se drogam tanto?** Belo Horizonte: CMT, 2000, p. 108-110.

CAPÍTULO 9

NOVAS ESTRATÉGIAS DA EQUIPE E FAMILIARES NA COMUNICAÇAO COM O PACIENTE

Eunice Moreira Fernandes Miranda
Mariana Domingues Veiga Ferreira

9.1 Apresentação

Este trabalho surgiu dos atendimentos psicológicos realizados aos usuários internados nas Unidades de Terapia Intensiva (UTI) de Adulto e Pediátrica do HOB, do Sistema Único de Saúde de Belo Horizonte (Rede SUS-BH).

Ele foi apresentado inicialmente durante o II Fórum de Defesa Profissional da Sociedade Mineira de Terapia Intensiva (SOMITI) em agosto de 2008 e publicado na *Revista Saúde On Line* da Secretaria Municipal de Saúde, da Prefeitura Municipal de Belo Horizonte (PBH) em 2008.

Por ser um trabalho que relata a estratégia criada pelas autoras, que visa facilitar a comunicação com pessoas internadas em UTIs e pelo fato da publicação via *internet* não estar mais disponível[67], fez-se necessário uma republicação do mesmo.

Nas UTIs, muitos pacientes apresentam alguma limitação na sua comunicação com a equipe e familiares, por estarem intubados, traqueostomizados ou em função de outros fatores que dificultam a expressão oral, apesar de manterem a consciência preservada. Evidenciam, com isso, sofrimento através de expressão não verbal. Diante de expressões faciais de sofrimento e da impossibilidade de se comunicar, começamos

---

[67] www.pbh.gov.br/smsa/saudeonline/artigo_novas_estrategias_eunice_e_mariana.pdf

a refletir sobre as formas alternativas de comunicação. Estar diante de um paciente nestas condições gerava nas autoras a sensação de impotência, de impossibilidade de atendimento psicológico e, em função disto, surgiu a ideia de se criar um dispositivo que nos possibilitasse acessar a pessoa, compreender o seu sofrimento, as suas preocupações e inquietações, favorecendo o contato com o outro, com o mundo e, consequentemente, com si próprio.

Este trabalho visa oferecer novas estratégias às equipes e familiares para que se estabeleça a comunicação com esse tipo de paciente. Para cumprir tal finalidade serão apresentadas as seis lâminas de comunicação não oral e não verbal, que foram desenvolvidas, com o objetivo de acessar o paciente que temporariamente fica impossibilitado de comunicar-se normalmente. O objetivo e o método de aplicação das mesmas foram descritos e através de exemplos ilustrativos será evidenciada a sua aplicabilidade.

9.2 Desenvolvimento

Primeiramente vamos pensar no paciente internado e sua comunicação, por considerar que ela é uma variável importante no cuidado com o doente crítico.

> Um organismo é continuamente atingido por informações. O bombardeio externo dos sentidos é apenas uma parte do conjunto total de mensagens que chegam ao Sistema Nervoso Central, visto somarem-se-lhe ainda outros sinais originários do interior do corpo que transmitem informações sobre o seu funcionamento. (BARBER; LEGGE, 1976, p. 86)

O que motiva a sua internação na UTI é, em geral, algum evento traumático, que aconteceu abruptamente em sua vida. Assim, nessa Unidade, ele vivencia um momento muito delicado e sem se expressar, não há como saber como ele está recebendo todas as informações que chegam até si.

Di Biaggi (2001, p. 69) descreve os diversos estressores do ambiente da UTI:

> Monitores cardíacos, ventiladores mecânicos, equipamentos e tecnologia, que se alteram constantemente, sonoros...; barulhos indiscriminados, desconhecidos ao paciente e à família; falta de privacidade, onde em algumas UTI's, também se participa de intercorrências; (...) escassez de janelas, privação sensorial, dos critérios naturais de dia e noite; procedimentos invasivos e dolorosos, sondagens, exames constantes, intubações, aspiração para higiene brônquica, cateteres; agitação psicomotora por problemas orgânicos ou não; depressão; nudez; ausência de vínculos de vida pessoal, com a exclusão de seus familiares e pertences básicos; impessoalidade dos profissionais; convivência com a morte, ou a possibilidade de vir a morrer; (...) morte de companheiros de internação; Este cenário é aversivo ao paciente não transmite conforto, levando-se em conta que é o momento mais crítico, existencialmente, para o paciente e sua família. (DI BIAGGI, 2001, p. 69-70)

Raramente o ser humano é levado a encarar sua experiência de vida, sua existência, de forma tão dramática quanto numa situação de internação, principalmente sendo em uma UTI.

Para o paciente internado, pode ocorrer a desorientação espaço-temporal desencadeada pela própria internação. Muitas vezes, o contato com o mundo (compreendendo aqui o contato com a equipe, com o ambiente e com a família...) se dá através de informações, que não são compreendidas pelo paciente, principalmente se a linguagem usada é geralmente carregada de termos técnicos e não dirigida a ele, podendo aumentar ainda mais a sua confusão e a sua angústia por não sentir-se incluído no seu tratamento.

> Só em alguns estados anormais, incluindo os induzidos por algumas drogas, como o álcool, a natureza ordenada do mundo interno e externo tende-se a dissolver-se e a colocar-nos em perigo de afogamento num torvelinho de informações sem estrutura. Subjetivamente, os nossos pensamentos podem vagar de um tópico para outro, por vezes tão depressa que vastos trechos de tempo recordados parecem perpassar de fugida por alguma janela da consciência, mas em cada instante apenas uma cena é descortinada. (BARBER; LEGGE, 1976, p. 86)

Assim, mesmo que a fala esteja desconexa, ela é carregada de sentidos. Neste quadro de desorientação, o primeiro passo é ajudar o paciente a se orientar espaço-temporalmente, informando-lhe o local em que se encontra, o dia e a hora. O segundo passo é considerar que, mesmo quando a pessoa não consegue articular a palavra, ela pode ser compreendida. No processo de seleção de informação, conforme Barber e Legge (1976, p. 87), "a mente parece ser favorável a que se faça uma coisa de cada vez". É importante informar ao paciente sobre todos os procedimentos a que será submetido e perceber o que está sendo compreendido.

Um recurso para lidar com a situação é utilizar sinais. Porém é difícil ficar limitado à linguagem de sinais, principalmente quando o paciente tem restrição nos movimentos. Muitas vezes, um sinal gerado por ele, numa tentativa de comunicação, pode não ser compreensível, embora movimentos labiais sejam feitos, por vezes.

Isto exige do profissional uma habilidade para uma comunicação silenciosa: uma tentativa de comunicação não oral. E por isto sentiu-se a necessidade de criar lâminas para favorecer a comunicação com pacientes intubados, traqueostomizados, com dificuldades em falar e que estejam com a consciência preservada.

As lâminas foram criadas inicialmente para auxiliar no atendimento psicológico aos pacientes internados em UTIs mas tem utilidade também em outros setores do hospital, quando o paciente apresentar alguma dificuldade na comunicação oral.

São seis lâminas compostas por letras, números, símbolos, palavras, frases e desenhos impressos em papel no formato A-4, plastificadas[68]. No anexo 1 apresentamos alguns exemplos de atendimentos, que têm a finalidade de ilustrar e complementar o trabalho. As lâminas, no tamanho original, estavam disponíveis no *site* da PBH, porém como o site não está mais ativo, elas poderão ser solicitadas às autoras, pois propõe-se que esta ferramenta esteja a serviço da construção do direito à cidadania e à vida.

Para a construção das lâminas recorreu-se à teoria da percepção e informação, descrita por Barber e Legge (1976), verificando os modos de processamento de informação e reconhecimento de padrões. Sabemos que o sistema perceptual busca, seleciona e adquire informações.

---

[68] Que serão apresentadas no corpo do artigo em tamanho reduzido para facilitar a compreensão

> Seus dados, uma vez circunscritos têm de ser submetidos a novos processamentos. Localizado um objeto visual, a tarefa seguinte consiste em identificá-lo; isto geralmente referido como o problema de reconhecimento de padrões. Isso não quer dizer que seja fácil ou, em última análise, razoável fazer uma distinção entre as operações de seleção e reconhecimento. (BARBER; LEGGE, 1976, p. 102)

Esses autores fizeram um estudo sobre o reconhecimento de padrões, examinando os componentes elementares que os compõem (traços característicos)

> As teorias de análise de traços característicos têm sido usadas para descrever o reconhecimento de letras e o reconhecimento da fala. Na linguagem escrita, uma unidade 'natural' em termos da qual uma mensagem pode ser segmentada é a letra. Mas na linguagem falada o problema de segmentação é muito maior, pois não existe uma unidade 'natural' óbvia. (BARBER; LEGGE, 1976, p. 104)

Para a montagem das lâminas teve-se cuidado na escolha dos caracteres, para facilitar o reconhecimento de letras, palavras e símbolos. Gibson[69] (citado por BARBER; LEGGE, 1976, p. 106) empreendeu um estudo que constituiu

> uma tentativa análoga para desenvolver uma especificação de letras maiúsculas em termos de características distintivas. Foram utilizadas numerosas classes de traços característicos (...). As especificações a que se chegou são únicas para esses caracteres bastante simples, mas não se poderá dizer o mesmo no caso que permitirem tipos de imprensa mais elaborados. (BARBER; LEGGE, 1976, p. 106)

Por esta razão, na **Lâmina 1 - "Comunicação não oral"**, utilizou-se estímulos, com caracteres bastante simples: cor e disposição das letras, números e símbolos. Esta lâmina é composta por letras maiúsculas dispostas em linhas retas horizontais, iniciando com vogais, para auxiliar na formação de sílabas/palavras e em seguida linhas horizontais com consoantes. Logo abaixo há a presença de algarismos de zero a nove e outra linha com as palavras: SIM e NÃO e o símbolo de um telefone.

---

[69] Gibson, E. J. Principles of perceptual learning and development. Nova York: Appleton-Century-Crofts. 106, 107.

A **Lâmina 2 - "Assuntos Importantes"** busca facilitar mais o estabelecimento da comunicação, porque ela apresenta, por áreas, os temas que podem estar preocupando o paciente durante a internação. As palavras podem dizer sobre o que o preocupa e ou algum assunto que ficou pendente, a partir da internação.

ASSUNTOS IMPORTANTES
Elaborado pela psicóloga Marisan Veiga Ferreira/HOB-2003

FAMÍLIA?
PAI - MÃE
MARIDO – MULHER
FILHO – FILHA
IRMÃO - IRMÃ
AVÔ – AVÓ
PRIMO – TIO
NETO – BEBÊ
NAMORADO (A)

AMIGOS?
NAMORADO (A)
VIZINHO
TRABALHO

ESCOLA?
NOTA
PROFESSOR
COLEGA
ABONO DE FALTA

IGREJA?
PASTOR - PADRE
IRMÃ – IRMÃO

TRABALHO?
PATRÃO - CHEFE
EMPREGADO
HORÁRIO
INSS - LICENÇA
LOCAL DE TRABALHO
SALÁRIO - PENSÃO

BANCO?
DOCUMENTO
DÍVIDA - DINHEIRO
PAGAMENTO
CHEQUE – CARTÃO
PRESTAÇÃO

CASA?
COMIDA - DINHEIRO

HOSPITAL?
MÉDICO
ENFERMEIRA
FISIOTERAPEUTA
PSICÓLOGA
SECRETÁRIA
OUTRO PACIENTE

SIM   NÃO

HOSPITAL MUNICIPAL ODILON BEHRENS

Na **Lâmina 3 – "Formas Alternativas de Comunicação"**, foram colocadas várias palavras agrupadas que poderiam traduzir os sentimentos, as reações e sensações do paciente no momento.

> Emoção é o fenômeno em que se podem caracterizar três estados: sentimento, resposta fisiológica e comportamento. A emoção busca uma forma de expressão através da palavra e de seu significado para solucionar o estado que foi criado. (REIS, 1999, p. 18)

A emoção pode ser expressa pelas palavras e também pelo corpo, pois nele

> a comunicação se faz através das expressões faciais, dos gestos, da distância, da postura, da inflexão de voz, da sequência e do ritmo das palavras, do toque, do olhar, dentre outras formas, buscando a interação. No momento de adoecimento, muitas vezes, a situação orgânica impede a fala. A pessoa assim, busca estratégias não verbais para expressar os sentimentos em relação a este momento. A angústia é grande, até porque para que possa elaborar e entrar em contato com todas as questões, ela precisa se expressar. (REIS, 1999, p. 22)

Para facilitar a comunicação desses estados, usou-se palavras agrupadas que expressam sentimentos, reações e sensações.

COMUNICAÇÃO NÃO-VERBAL: REAÇÕES, SENSAÇÕES E SENTIMENTOS

Elaborado pela psicóloga Mariana D. Veiga Ferreira / HOB 2003

ALEGRIA – TRISTEZA - MEDO – RAIVA
DESESPERO – REVOLTA - ESPERANÇA

IRRITAÇÃO – VERGONHA – DESAMPARO
SAUDADE - ANGÚSTIA – ANSIEDADE - SOLIDÃO

FALTA DE AR – FOME – SEDE – DOR
MAL-ESTAR – FRIO - CALOR – MOLHADO
MUDAR DE POSIÇÃO – FALAR COM ALGUÉM

HOSPITAL MUNICIPAL ODILON BEHRENS

As autoras ficaram atentas também à comunicação analógica, isto é, não verbal.

> O ser humano comunica-se digital e analogicamente, sequencialmente contribuindo para que a interação ocorra no sentido de transmitir o conteúdo da mensagem e de construção do aspecto relacional. A comunicação analógica refere-se à mensagem não verbal e a digital refere-se à comunicação verbal. Os dois modos de comunicação não só existem lado a lado mas completam-se entre si. (WALZLAWICK; BERVIN; JACKSON, 1967, p. 57)

Da **Lâmina 3** escolheu-se as palavras que exprimem sensações e as colocaram em outra lâmina, a **Lâmina 4 – "Formas Alternativas de Comunicação: sensações"**, para ser usada também pela equipe de saúde e familiares/cuidador, facilitando a abordagem ao paciente e a humanização da assistência.

COMUNICAÇÃO NÃO-VERBAL: SENSAÇÕES

Elaborado pela psicóloga Mariana D. Veiga Ferreira / HOB 2003

FALTA DE AR	FRIO
FOME	CALOR
SEDE	MOLHADO
DOR	MUDAR DE POSIÇÃO
MAL-ESTAR	FALAR COM ALGUÉM

HOSPITAL MUNICIPAL ODILON BEHRENS

No decorrer dos atendimentos, sentiu-se a falta de algumas palavras-chave que sintetizassem as preocupações dos pacientes, especialmente daqueles que sofreram acidentes automobilísticos envolvendo outras pessoas, ou daqueles que foram vítimas de violência, como assalto, por exemplo.

Assim, foi elaborada a **Lâmina 5 – "Preocupações"** com palavras soltas e que tem ajudado esses pacientes em suas questões emergentes.

COMUNICAÇÃO NÃO-VERBAL: PREOCUPAÇÕES

Elaborado pelas psicólogas Eunice M. Fernandes Miranda e Mariana D. Veiga Ferreira / HOB 2003

ONDE ESTOU?	PIOROU?
ONDE ESTÁ?	MACHUCOU?
O QUE É ISTO?	MELHOROU?
POR QUÊ?	TEVE ALTA?
MORREU?	ESTÁ EM OUTRO HOSPITAL?

HOSPITAL MUNICIPAL ODILON BEHRENS

Na **Lâmina 6, "Comunicação não verbal – lugares"** com o desenho de uma cidade, foram utilizados locais que representam o cotidiano. Caso o paciente seja analfabeto, esta lâmina poderá auxiliá-lo. Criou-se uma cena visual para fornecer informações acerca da presença de pessoas, lugares e objetos. Fez-se o desenho de uma cidade, incluindo tudo o que envolve o cotidiano das pessoas como bancos, escolas, supermercados, shopping, igreja, praça, favela, bar e também elementos que podem remeter o paciente ao fator desencadeante da sua internação como ambulâncias, carros de polícia e de bombeiro. Associado ao desenho usou-se símbolos comerciais popularmente conhecidos, como logomarcas[70], para facilitar a comunicação com o analfabeto.

---

[70] Na ocasião da criação da lâmina 6 foi feita consulta à Assessoria Jurídica do HOB que não considerou indevida a sua utilização pela finalidade a que se presta.

9.3 Método de utilização das lâminas

O método de utilização das lâminas foi desenvolvido a partir da prática, na medida da construção e aplicação das mesmas, durante os atendimentos, onde foi observado que uma lâmina completa a outra e que várias podem ser usadas simultaneamente. Não há uma sequência a ser seguida na sua utilização.

São oferecidos ao paciente estímulos e, através da percepção dos mesmos, as informações podem ser processadas. Apesar de todo o cuidado na montagem das lâminas, isso não garante que o paciente conseguirá fazer uma distinção entre as operações de seleção dos símbolos e reconhecimento dos mesmos.

Barber e Legge (1976, p. 70), ao se referirem ao percurso de exploração e reconhecimento, afirmam que "o percurso de exploração emerge no decurso da observação inicial de uma figura". No nosso caso, o paciente necessita inicialmente observar a lâmina e a tarefa seguinte consiste em identificá-la. Barber e Legge (1976, p. 73) expõem que "a rapidez com que a informação pode ser adquirida depende da posição da fonte de informação no campo visual" do paciente. Por isso, é preciso ter cuidado em verificar se a forma, a posição e a distância como a lâmina está sendo apresentada é visualizada adequadamente pelo paciente e se ele compreende a finalidade da mesma.

Na sequência do atendimento psicológico, ao iniciar um atendimento é conveniente comentar o anterior, fazendo uma recapitulação para que o paciente retome o que quer dizer e também para ajudá-lo a se orientar espacio-temporalmente.

Na ocasião da apresentação das lâminas no Fórum da SOMITI, para que os demais membros da equipe dos UTIs pudessem também utilizar as lâminas no contato com o paciente, o hospital reproduziu e plastificou uma cópia das lâminas para cada UTI, bem como para cada membro da equipe de Psicologia. Nesta época, foi realizada a capacitação dos funcionários dessas Unidades e sensibilização das equipes para utilização desse dispositivo, cabendo aos mesmos utilizar somente as lâminas 1, 2 e 4. As demais ficaram para uso exclusivo do psicólogo por possibilitar a escuta do conteúdo emocional.

Após a utilização das lâminas, a sua limpeza deve ser feita com álcool a 70%, segundo a Comissão de Controle de Infecção Hospitalar do HOB.

A vivência da nossa prática no contexto hospitalar evidencia que mesmo quem não consegue falar, demonstra necessidade de ser compreendido. Para elucidação do que é percebido em nossa prática e de como recorremos às lâminas como recurso no atendimento psicológico, foram anexados ao artigo alguns exemplos de situações clínicas, que demonstram a aplicação e resultados encontrados.

A comunicação é construída a cada encontro, em que registramos nossas impressões do que foi comunicado verbalmente e/ou analogicamente. A cada contato, novas informações podem ser acrescentadas.

9.4 Considerações Finais

Observa-se, durante os atendimentos, que o vínculo terapêutico vai se estruturando e que o paciente demonstra uma necessidade cada vez maior da presença do psicólogo, por ver nessa relação uma possibilidade de ajuda para expressar seus conteúdos emocionais, suas preocupações e para tentar viabilizar soluções frente a seus familiares. É como se decifrássemos um código para ele.

É preciso avaliar a percepção do paciente, seu estado de consciência e sua capacidade de comunicação: buscar, olhar e escutar. Isso exige de nós uma habilidade técnica e profissional, o que nos parece ser cada vez mais necessário, para que de fato possamos humanizar a assistência.

Este recurso tem possibilitado, desde a época de sua apresentação, que diversos profissionais da área utilizem dos recursos criados, na assistência a estes pacientes, pois, apesar de estarem temporariamente na condição de doentes internados, eles necessitam ser incluídos e compreendidos na sua vivência emocional diante da internação.

Referências

BARBER, P. J.; LEGGE, D. **Percepção e Informação**. Tradução de Eduardo D'Almeida. Rio de Janeiro: Zahar Editores, 1976. 161p.

DI BIAGGI, M. T. **A Relação Médico-família em Unidade de Terapia Intensiva** – um estudo sobre as percepções do médico intensivista. Dissertação (Mestrado). Pontifícia Universidade Católica, São Paulo, 2001.

MIRANDA, E. M. F.; PÁDUA, M. E. S. L. As especificidades do trabalho psicológico na UCI. In: ENCONTRO DAS ESCOLAS DE PSICOLOGIA DE BELO HORIZONTE, Belo Horizonte. **Anais...** Belo Horizonte: UFMG, 1997.

REIS, F. D. **A influência da comunicação humana na saúde e no bem-estar psicofísico do indivíduo:** relação do psicólogo com o paciente hospitalizado. 49f, 1999. Monografia (Especialização em Psicologia Hospitalar). Pontifícia Universidade Católica de Minas Gerais, Belo Horizonte, 1999.

WATZLAWICK, P; BERVIN, J. H.; JACKSON, D. D. **Pragmática da Comunicação Humana:** um estudo do padrão, patologia e paradoxos da interação. São Paulo: Cultrix, 1967. p.57-59.

Anexo 1 – exemplos de utilização das lâminas

Lâmina 1 – "Comunicação não oral"

Uma criança de dez anos, que, após uma apendicectomia, precisou ir para o CTI Infantil, com septicemia e peritonite. A paciente permaneceu em estado grave por um longo período, tendo sido colocada em ventilação mecânica. Depois de 15 dias de permanência no CTI, sua pressão arterial subiu e ela entrou em coma. Teve o diagnóstico de hemorragia intracraniana com edema cerebral à esquerda, ficando hemiplégica à direita. Após drenagem da hemorragia, ela começou a apresentar melhora no quadro neurológico, foi extubada e, diante da pouca resposta ao contato verbal, o pediatra consultou um psiquiatra sobre indicação do uso de antidepressivo, pensando num quadro de depressão, devido a paciente não estar receptiva ao contato. O psiquiatra contraindicou o antidepressivo e sugeriu o acompanhamento psicológico. No primeiro contato da psicóloga com a paciente, esta foi receptiva. Porém, não se manifestou oralmente. Era o 28º dia da internação. A psicóloga pegou a **Lâmina 1** e, ao pedir que ela indicasse a palavra **SIM,** ela mostrou a **letra B**. Ao pedir que mostrasse a primeira letra do nome dela que era a **letra L,** ela mostrou o **número 5**. Foi discutido o caso com a equipe e falou-se que os sintomas apresentados pela paciente evidenciavam um quadro neurológico. A partir da melhora neurológica, a comunicação foi sendo facilitada e no 34º dia ela já identificava todas as letras e números. A partir daí passou a se comunicar através de movimentos labiais. Permaneceu internada durante três meses e meio. Aos poucos recuperou a fala, manteve a hemiparesia durante a internação e voltou a andar três meses depois, após reabilitação num hospital especializado de BH.

Neste caso, a hipótese era depressão. Porém, a ausência da possibilidade de reconhecimento e distinção entre as letras trouxe-nos a hipótese de alteração neurológica que, segundo a equipe médica, provavelmente teria sido desencadeada pelo sangramento em micro abscessos cerebrais, advindos da Hipertensão Arterial Sistêmica. Apesar de não se manifestar oralmente, buscava formas alternativas de comunicação, como olhares e sorrisos. O uso da lâmina como instrumento auxiliar no exame psíquico do paciente possibilitou uma nova visão sobre seu estado.

Não fizemos um estudo neurofisiológico aprofundado acerca da natureza da codificação de imagens no sistema visual, porém, partimos do pressuposto de que a primeira de várias representações centrais do estímulo consiste nas características visuais, que são os produtos da organização do campo receptivo do córtex cerebral.

Lâmina 2 - "Assuntos importantes"

Um paciente com quadro de insuficiência respiratória aguda e pneumonia, traqueostomizado, ao receber a visita de sua irmã, encontrava-se muito agitado, tentando se comunicar. A psicóloga do CTI de adulto, percebendo sua aflição, pegou as lâminas para auxiliar na comunicação. Ele fazia sinal com a mão, indicando que queria ir embora. Ao ver a lâmina, mostrou as palavras "**hospital – médico**", depois "**banco, dívida, dinheiro**" e em seguida apontou "**casa, dinheiro, comida**". Aí fez novamente o sinal com a mão, indicando que precisava ir embora. Voltava para a lâmina e batia o dedo insistentemente em cima da palavra "**dinheiro**". O que pôde ser compreendido nesta situação foi que a sua maior preocupação era com a questão financeira: como pagar o hospital e ainda sustentar a sua família? A psicóloga fez uma colocação, explicando que o hospital era do SUS e que o tratamento era um direito dele e que não teria nenhum custo. A sua reação neste momento foi de alívio, chegando a esboçar um sorriso.

Lâmina 3 – "Formas alternativas de comunicação: sentimento, reações e sensações"

Uma paciente de 14 anos, tinha pneumonia atípica, insuficiência respiratória e colecistite acalculosa. Ela estava no CTI Adulto, intubada, consciente, atendendo a comandos verbais e evidenciando estar atenta a estímulos ao seu redor. Durante uma corrida de leito, quando o cirurgião comentava com o clínico se deveria ou não operá-la e como seria a cirurgia, um deles demarcou no corpo da paciente a forma da incisão cirúrgica. Nesse momento, ela buscava com o olhar a psicóloga, numa reação de desespero. Detectou-se, pelo seu olhar, a sua forte aflição. Há que se pensar: o que ela entendeu de tudo aquilo que estava sendo falado a seu respeito, sem que ela fosse incluída, questionada, considerada? Era difícil perceber qual a compreensão dela sobre os procedimentos definidos pela equipe médica; quais os sentimentos desencadeados desde então.

O que se pôde perceber é que, após a discussão da equipe, a paciente apresentou lágrimas e fácies de sofrimento. Diante disso, a psicóloga manteve-se ao seu lado, tentando estabelecer a comunicação.

Ao ser mostrada a **Lâmina 3**, ela batia o dedo, insistentemente, sobre as palavras **"medo, raiva e tristeza"** e foi feita a escuta em cima do conteúdo expressado, que evidenciava sofrimento. A psicóloga fez uma intervenção compreensiva e passou para a equipe qual era a condição emocional dela naquele momento.

Lâmina 5 – "Preocupações"

Uma paciente, de 38 anos, teve trauma abdominal por arma de fogo devido a um assalto que sofreu quando chegava em casa com o namorado. Estava intubada, agitada, querendo se comunicar. Inicialmente foi mostrada a **Lâmina 2 – "Assuntos Importantes"** –, e ela colocou o dedo na palavra **"namorado"** e fez sinal com a cabeça, num movimento de baixo para cima como se estivesse perguntando algo: "– Você quer saber notícias de seu namorado?" perguntou a psicóloga. Fez sinal afirmativo mostrando o polegar direito. Diante da **Lâmina 5 –"Preocupações"** – ela apontou: **"morreu?"** A psicóloga respondeu que não. Diante desta resposta, ela juntou as mãos como se estivesse agradecendo a Deus e apontou para a palavra: **"machucou?"** Ficou agitada, demonstrando ansiedade. Foi dito a ela que, no horário de visitas, teria mais informações com a família.

Assim que sua irmã se aproximou, com autorização da paciente foi-lhe dito da preocupação da paciente com o namorado. Diante da **Lâmina 5,** a paciente apontou para a frase: **"está em outro hospital?"** A irmã disse que não e ela apontou para a pergunta: **"onde está?"** A irmã lhe informou que ele estava sem coragem de visitá-la. Apresentou expressão facial de desagrado. Dois dias depois, já sem o tubo, disse à psicóloga que tinha pouco tempo de namoro e que de uma coisa estava decidida: "– terminaria o namoro por não gostar de homem mole".

Lâmina 6 – "Comunicação não verbal – Lugares"

Certa vez, foi atendida uma mulher de 35 anos, com cetoacidose diabética, que estava entubada e demonstrava necessidade de se comunicar. A psicóloga, ao perceber que ela era analfabeta, apresentou-lhe a **Lâmina 6** e ela apontou para o **bar**. Diante da pergunta: "– a senhora gostaria de se comunicar com alguém do bar?", ela balançou a cabeça negativamente e apontou para si. "- A senhora costuma ir ao bar?" Balançou novamente a cabeça, negando. "- Seu marido?" Fez sinal de positivo com o polegar. "- O que a senhora gostaria?", perguntou a psicóloga. A paciente então apontou para as figuras **escola e criança. "- Seu filho está na escola?"** Fez sinal afirmativo com o dedo. Aos poucos foi sendo compreendido que o marido frequentava o bar e ela estava preocupada, sem saber se ele estava levando o filho de oito anos à escola. No momento da visita, a psicóloga fez o atendimento da paciente, junto com sua irmã, a quem foi exposta a preocupação manifestada anteriormente pela paciente. A irmã se prontificou em levar a criança à escola, deixando a paciente aliviada.

Exemplo de utilização das lâminas em conjunto

Temos o caso de um paciente do CTI Adulto, que havia sido atropelado, politraumatizado. Estava com fístula de bexiga, fratura pélvica e insuficiência respiratória aguda, intubado e foi atendido 11 vezes pela Psicologia, sendo que as lâminas foram usadas em cinco atendimentos.

Inicialmente foi atendido, pela psicóloga, no Pronto-Socorro. Nesse momento, estava consciente, falando normalmente, preocupado em perder o emprego e com a família. Ao ser abordado no CTI, encontrava-se intubado, acordado, agitado, evidenciando querer conversar. Demonstrou satisfação ao rever a psicóloga. Foi-lhe apresentada a **Lâmina 2,** de "**Assuntos Importantes**" e ele apontou para as palavras "**família e dinheiro**". Sabia-se que, no dia do acidente, ele havia saído de casa para ir ao banco receber seu salário e antes disso foi atropelado. Assim sendo, seu dinheiro ainda estava no banco. Apontou depois para a palavra "**mulher**". Foi perguntado se o dinheiro seria para sua mulher e ele respondeu afirmativamente com a cabeça.

No mesmo dia, no horário de visitas, ele estava receptivo ao contato, consciente, gesticulando muito, indicando que necessitava de ajuda. Foi-lhe perguntado se ele gostaria que se dissesse à sua mãe sobre a questão do salário. Ele sinalizou com o polegar que sim e isto foi feito. A mãe ficou de retirar o dinheiro. Seu caso se agravou e ele foi para o Bloco Cirúrgico para uma nova cirurgia. Voltou traqueostomizado, sedado e ficou sem falar durante 12 dias. Nesse período foram feitos atendimentos à mãe e à esposa. O paciente estava muito grave.

Acordou bastante sonolento, mas demonstrando compreensão, ficando assim por três dias. Num dia, sua mãe foi vista ao seu lado e não compreendia o que ele queria dizer. Foi mostrada a **Lâmina 2,** onde ele mostrou as palavras "INSS" e "**licença**". A mãe lhe disse que havia comunicado ao INSS seu afastamento. Ele mostrou "**banco**". A mãe lhe informou que havia tirado uma quantia de um banco e dado para a ex-esposa, como ele havia pedido. Ele continuou insistindo em querer falar mais alguma coisa e foi mostrada a ele novamente a **Lâmina 2,** em que apontou a palavra "**cartão**". A mãe novamente explicou o dado acima. Ele insistiu em "**cartão**". " - E a senha?" perguntou a mãe. Foi mostrada a **Lâmina 1** e ele formou a palavra **nova! nova!** e apontou "**banco**", na **Lâmina 2**. A mãe disse: " – Banco X?" Ele fez sinal que não com a cabeça. Diante da **Lâmina 1,** começou a formar a palavra I-T-A-Ú e a mãe completou, dizendo o nome do Banco Itaú. Ele sorriu afirmativamente. A mãe disse que havia visto um cartão dele do Banco Itaú, mas precisava da senha. Ela ficou de passar na agência para ver o que fazer. Foi-lhe perguntado: " - qual agência?" Novamente na **Lâmina 1,** ele começa a apontar para **B-A** " - Barreiro?" pergunta a psicóloga, por saber da localização da sua moradia. Na **Lâmina 1** ele indica a palavra **NÃO.** E começou com a **Lâmina 1** a formar uma nova palavra: **I-B-I-R** e a mãe completou: " - Ibirité?" Respondeu afirmativamente com a cabeça e sorriu.

Novamente piorou, apresentou hemorragia, hipertermia, hipotensão e ficou mais três dias sem contato.

Teve melhora e, assim que percebeu a presença da psicóloga, levantou um pouco a cabeça e disse: " - a senhora pode..." e não mais saiu a voz. A psicóloga pergunta: "- você quer que o ajude em quê?" E mostrou-lhe a **Lâmina 1**. Ele apontou as letras **P-I-S, PIS**. E pela leitura labial, entendeu-se que seu PIS era para ser pago naquele mês. Ele precisava ir ao banco. Pediu que olhasse o dia para ele e, também por movimentos labiais, disse que não sabia onde estava o cartão. No horário de visitas, a psicóloga mediou novamente o contato dele com sua mãe, falando de suas preocupações. Ele pediu a ela que olhasse onde estava o cartão do PIS e que o trouxesse, o que foi feito no dia seguinte. A mãe conseguiu, junto à uma instituição bancária, um formulário para que ele assinasse e colocasse a impressão digital, para depois retirar o seu PIS.

A psicóloga se retirou, para que ele ficasse mais à vontade com a mãe, podendo decidir como empregar o dinheiro. Ao sair, a auxiliar de enfermagem que cuidava dele comentou com a psicóloga sobre seu receio de que a mãe do paciente não empregasse devidamente o dinheiro por já tê-la visto com cheiro de álcool. Diante disto, a psicóloga retornou e apresentou a **Lâmina 1**, que tem números, e sugeriu que ele indicasse quais os valores gostaria que a mãe empregasse para ele. Assim, ele indicou o quanto ela deveria usar para pagar o vizinho, quanto deveria dar à ex-esposa e aos filhos. O restante seria para a mãe, com quem ele estava morando. A sua reação depois deste momento foi de satisfação.

CAPÍTULO 10

O TRABALHO DO PSICÓLOGO NA UNIDADE DE CLÍNICA MÉDICA: ATUAÇÃO, POSSIBILIDADES E DESAFIOS

Mariana Pôssas Guimarães dos Santos
Pauline Toledo Neves
Tatiana de Deus Corrêa Linhares

10.1 Introdução

A psicologia hospitalar tem feito um percurso de construção e definição da sua identidade e modo de atuação em um ambiente que, até há pouco tempo, era visto e entendido como biomédico. Derivada da Psicologia Clínica, ela apresenta especificidades derivadas da composição hospitalar, além dos limites e possibilidades institucionais, com suas rotinas, dinâmicas e regras de funcionamento. A psicologia vem assumindo, gradativamente, um modelo de atuação direcionado à realidade hospitalar, procurando instituir quais as necessidades de paciente e dos familiares, para, então, oferecer um atendimento voltado ao estabelecimento do bem-estar físico, social e mental dos indivíduos atendidos.

Para que isto se concretize efetivamente, é mister que o psicólogo procure se inserir na equipe de saúde, estabelecendo uma interação que traga benefícios diretos aos pacientes e seus familiares, facilitando a todos os profissionais a oferta de um serviço humanizado, que diminua o sofrimento que a hospitalização e a doença causam ao paciente doente.

Portanto, a proposta desse capítulo é a de refletir, analisar e discutir sob o prisma da psicologia hospitalar alguns dos fatores que podem influenciar o relacionamento entre a equipe de saúde, pacientes internados e seus acompanhantes/familiares em uma unidade da Clínica Médica de um Hospital Geral da Rede Pública de Saúde do município de Belo Horizonte, Minas Gerais.

Será apresentado como é efetivamente o trabalho do psicólogo no setor da Clínica Médica, sua atuação junto à equipe, ao paciente e a família, mostrando um pouco da rotina de trabalho e os tipos de intervenções feitos por esse profissional. As dificuldades de manejo, conflitos, impasses e as formas de enfrentamento vivenciadas na prática assistencial também serão temas de discussão.

10.2 A Clínica Médica

Para iniciar a reflexão proposta nesse trabalho é necessário que se conheça o conceito de Clínica Médica e suas especificidades. É um setor voltado à assistência dos sujeitos adultos que se encontram em estado crítico ou semicrítico. Estes pacientes são admitidos nessa unidade hospitalar advindos dos demais setores do hospital, como Pronto Socorro e Centro de Tratamento Intensivo.

Na visão de Romagnoli (2006), a Clínica Médica pode ser entendida como o setor que trata clinicamente (sem cirurgias), as doenças em geral. Nessa unidade, os profissionais devem orientar cada paciente para os tratamentos especializados necessários para cada caso. Esse autor ainda ressalta a necessidade de valorização de cada profissional envolvido na Clínica Médica, para que haja a democratização do conhecimento e o fortalecimento da relação profissional-paciente.

Para Costa *et al.* (2005), trata-se de um setor hospitalar onde se oferece o atendimento integral dos sujeitos com idade superior a 12 anos que se encontram em estado crítico ou semicrítico e, no geral, não advêm de qualquer tratamento cirúrgico. Nessa unidade, é prestada assistência integral aos hospitalizados, compreendendo um grupo de especialidades médicas, enfermeiros, psicólogos e demais profissionais de saúde. O paciente internado é submetido a exames clínicos, físicos, laboratoriais e especiais para que se possa estabelecer um diagnóstico e, consequentemente, um tratamento específico.

Para Bedrikow e Campos (2011), é importante para os profissionais perceberem alguns pontos relacionados à Clínica Médica, como o perfil dos pacientes atendidos na unidade, que é amplo, abrangente e envolve diversas patologias e condições clínicas, como doenças agudas, crônicas ou sem possibilidade de cura. Os casos atendidos são de média complexidade e o paciente apresenta um estado clínico hemodinamicamente estável. Essa percepção ajuda nas tomadas de decisões por todos os envolvidos com o paciente hospitalizado. Além disso, a média do tempo de internação varia conforme cada caso, sendo que em algumas situações acontece a internação prolongada, que pode ser causada por inúmeras variáveis: a necessidade de estabilização de doenças crônicas, a dificuldade de diagnóstico, questões relacionadas à vulnerabilidade psicossocial e familiar, entre outros (FERREIRA NETO, 2004)

Em relação à organização da liberação de visita dos familiares e acompanhantes dos pacientes internados, o setor da Clínica Médica deve seguir as recomendações da Política Nacional de Humanização na Atenção Hospitalar (BRASIL, 2004). Segundo essa diretriz, o paciente tem a garantia de visita aberta por meio da presença do acompanhante e de sua rede social, respeitando a dinâmica da unidade hospitalar e as peculiaridades do acompanhamento.

Quanto à formação da equipe multiprofissional, a Clínica Médica conta com profissionais de diversas áreas como médicos clínicos gerais, cardiologistas, neurologistas, enfermeiros, técnicos de enfermagem, assistentes sociais, farmacêuticos, fisioterapeutas, fonoaudiólogos, nutricionistas, psicólogos, terapeutas ocupacionais e equipe auxiliar que trabalham juntas para que se possa oferecer um atendimento humanizado e de qualidade aos pacientes internados, seus familiares e acompanhantes (AMIM, 2001).

Para que se possa entender melhor como acontece o fluxo da unidade da Clinica Médica, cabe informar que na instituição analisada nesse trabalho, o número de pacientes atendidos por cada profissional é variável. Cada médico acompanha, em média, seis ou sete pacientes. Já a dinâmica da equipe multiprofissional é diferenciada: há apenas de um a três profissionais de cada área para acompanhar o número total de leitos – que é em torno de 60 leitos – e os atendimentos são realizados por meio de um pedido de interconsulta[71].

Diante do exposto, percebe-se que todos esses aspectos podem impactar no setor como um todo, influenciando pacientes, familiares e

---

[71] Pedido que um profissional faz a outro, de outra especialidade/área de conhecimento, após verificar uma demanda advinda do paciente ou do núcleo familiar, de forma a favorecer uma avaliação, complementação diagnóstica, acompanhamento ou encaminhamento.

equipe, portanto devem ser devidamente observados, avaliados e seguidos conforme as normas que os regem. E é também a partir dessas premissas que se pode apreender que a atuação da psicologia se torna primordial, para que sejam garantidas as necessidades de cada paciente, a adequada prática do acolhimento e a humanização para o sujeito e seus familiares, diminuindo o sofrimento daqueles que se encontram doentes, fragilizados e necessitados de um atendimento efetivo e de qualidade.

10.3 Atuação do psicólogo na Clínica Médica

O complexo cenário da Clínica Médica expõe casos com limite do tratamento terapêutico, dificuldades terapêuticas e diagnósticas e que podem ocasionar uma internação prolongada e inúmeros efeitos decorrentes dela, dentre elas o sofrimento físico, social e mental. É nesse contexto que se percebe que o objetivo do trabalho do psicólogo é minimizar o sofrimento provocado pela hospitalização, patologia e, principalmente, as sequelas e decorrências emocionais deste adoecimento.

A dor orgânica, o adoecimento e o sofrimento corporal, unido à hospitalização, trazem à tona as consequências psíquicas e emocionais e "é nesse ambiente e contexto que a Psicologia Hospitalar é convidada a comparecer com a investigação e intervenção no potencial sofrimento psíquico que implica o adoecer e ter que cuidar-se" (PROSDÓCIMO, 2011, p. 1). Isso implica colocar em evidência a subjetividade, instância aparentemente descolada do orgânico mas que em realidade está unido a este, o constitui e por ele é constituída.

Segundo Dias e Radomile:

> o tratamento psicológico de pacientes internados em hospital geral pode acarretar importantes benefícios terapêuticos e vantagens, tais como uma melhor adesão ao tratamento médico, recuperação mais rápida e, consequentemente, menor tempo de permanência no hospital, menor utilização de serviços médicos e, por conseguinte, redução de custos com assistência médica, entre outros. (2006, p. 116)

Simonetti (2004) amplia essa realidade e coloca que o psicólogo deve trabalhar também a angústia declarada da família, a angústia disfarçada da equipe e a angústia geralmente negada dos médicos. O psicólogo inserido no contexto hospitalar deve não só considerar essas pessoas individualmente, como também abranger as relações entre elas, de modo a facilitar a ligação e os relacionamentos entre pacientes, familiares e médicos, fortalecendo todos esses sujeitos.

Portanto, neste contexto, é imperativo que se entenda que o sujeito hospitalizado possui demandas diferentes daquele que procura o consultório psicológico, uma vez que ele não apresenta quadros clássicos de psicopatologia, mas uma situação psicológica específica. Para Gorayde (2001, p. 264), esse paciente "necessita comunicar-se bem com seu médico, ou colocado de uma forma correta, necessita que seu médico se comunique adequadamente consigo, necessita informações e apoio". Gorayde (2001, p. 263) esclarece melhor essa questão quando diz que:

> [...] por psicologia médica se entende o estudo das situações psicológicas envolvidas na questão mais ampla de saúde do paciente, com destaque para o aspecto da saúde orgânica. Os aspectos psicológicos são vistos e tratados como associados à questão de saúde física, não devendo desta ser dissociados. Não se trata de diminuir a importância da psicologia, mas sim de adequá-la, para uma maior eficiência.

A partir da vivência da prática assistencial e de contribuições da literatura científica, é importante levantar questões que se apresentam no cotidiano que causam ou podem causar embaraços na prática clínica. Tais questões ao serem analisadas trazem a possibilidade de melhoria nos manejos e facilidades na resolução de impasses e conflitos.

Segundo Amin (2011), as questões que envolvem a internação como sexualidade, o adoecimento e a morte trazem proximidade na relação entre paciente e seus familiares e equipe de saúde. O que na prática clínica causam reflexões pessoais, profissionais e institucionais, que ao serem absorvidas geram ações positivas e facilitam a relação com o outro.

Pode-se dizer, então, que a atuação do psicólogo hospitalar perpassa pelo apoio ao indivíduo hospitalizado e sua família, procurando entender o sentido da sua hospitalização, sobre todos os aspectos relacionados à sua patologia e o prognóstico. Além disso, esse profissional deve esclarecer e informar à equipe que atende esse cliente as reais necessidades desse sujeito. Assim, o profissional da psicologia institui a boa relação e a harmonia entre a equipe e entre essa e o paciente, sendo fundamental no restabelecimento da saúde desse indivíduo.

10.4 Atuação, desafios e possibilidades do psicólogo com a família

Quando se aborda o trabalho do psicólogo na Clínica Médica, a primeira imagem que surge é quanto a sua relação com o paciente. Porém, deve-se ampliar essa realidade para uma atuação também voltada à família e os acompanhantes do indivíduo hospitalizado. Os familiares, assim como o doente, se sentem fragilizados, impotentes, inseguros. Além disso há a distância imposta pela necessidade de o indivíduo adoecido ter que permanecer no ambiente hospitalar e do medo de perder o ente querido. É nesse momento que o psicólogo deve estar atento ao estado emocional da família (ou de seus acompanhantes) diante do impacto do adoecimento, da internação e da distância conferida a esses indivíduos.

Chiattone (2003, p. 32) corrobora com esse pensamento quando atenta para o fato de que:

> No hospital, o psicólogo hospitalar também estará realizando avaliação e atendimento psicológico aos familiares, apoiando-os e orientando-os em suas dúvidas, angústias, fantasias e temores. Junto à família, o psicólogo deverá atuar apoiando e orientando, possibilitando que se reorganize de forma a poder ajudar o paciente em seu processo de doença e hospitalização. Não se pode perder de vista a importância da força afetiva da família. Ela representa os vínculos que o paciente mantém com a vida e, é, quase sempre, uma importante força de motivação para o paciente na situação de crise.

Além disso, o psicólogo deve se ater ao fato de que, algumas vezes, existem algumas fantasias – geralmente catastróficas – desses familiares quanto à doença, ao quadro clinico do paciente e à relação do doente com os profissionais que o atendem. Esse aspecto deve ser bastante trabalhado, pois esses "mitos" podem interferir negativamente no tratamento e desestabilizar o estado emocional do indivíduo hospitalizado (RODRIGUES; RONZANI, 2006).

Seguindo essa linha de pensamento, Oliveira *et al.* (2011) acrescentam que na maioria dos estudos realizados com familiares e cuidadores foram observados relatos de insatisfação desses com a equipe de saúde de referência em relação ao fraco suporte emocional prestado, tanto para o paciente quanto para a família no período de internação. Em outros estudos foram reveladas queixas em relação ao apoio da equipe na estruturação do ambiente para atender as necessidades do paciente e do cuidador. Portanto, nota-se mais uma vez que o papel de mediador do psicólogo é fundamental na relação paciente-familiar e equipe multidisciplinar para tentar evitar que tais queixas não se estabeleçam e para que se possa reconstruir a realidade na qual vive o indivíduo hospitalizado.

Rodrigues e Ronzani (2006), por outro lado, veem os familiares como fortes "aliados", pois diante de uma relação bem estruturada e equilibrada, a família pode ser vista como uma ferramenta importante na melhoria ou cura do paciente e na potencialização de recursos terapêuticos.

Para Vieira (2010), a intervenção de apoio aos familiares dos pacientes deve estar focada nos seguintes aspectos:

- Conhecer os sentimentos do paciente: expressando respostas empáticas que facilitem a expressão e acolhimento;
- Considerar como suas as preocupações do paciente: com atitudes que mostre o quanto você está prestando atenção, mostrando que o que ele traz é pertinente; mostrando que entende as preocupações e que estas serão consideradas;
- Fazer um plano para o problema: com envolvimento do paciente e familiar, fortalecendo o vínculo e a confiabilidade. (p. 516)

Pode-se dizer, então, que é primordial a intervenção adequada do psicólogo da Clínica Médica, acolhendo a família, e favorecendo a humanização do ambiente hospitalar e da permanência dos sujeitos nesse espaço, que geralmente favorece quadros emocionais de sofrimento, fragilidade e desamparo. Um grupo terapêutico focal é um bom instrumento.

10.5 Psicólogo e paciente: a possibilidade de uma escuta diferenciada

O hospital é visto como um local para se tratar de enfermidades. Nele está inserido o discurso do suposto saber médico, discurso esse que fala da doença, nosologia e tratamento. A doença e a cura são o foco, a razão de todo o trabalho. Procedimentos e rotinas sistematizados e foco bem definido, assim se estabelece o trabalho (prático e objetivo) nessa instituição.

Para Dimenstein (2001), a rotina hospitalar tende a fazer com que os profissionais de saúde automatizem suas ações e condutas, visando apenas à doença isoladamente, esquecendo o sujeito que ali se encontra. O paciente nessa situação muitas vezes pode ser destituído de seu lugar de sujeito sendo reduzido à dimensão de objeto. Porém, deve-se entender que no hospital não tratam apenas de doenças, mas também de pessoas que naquele momento estão com uma enfermidade que causam desconforto e insegurança.

Para o paciente, o adoecimento se apresenta como uma situação real, em seu corpo, organicamente falando, e que influencia de maneira direta ou indireta em sua saúde psíquica. A construção psíquica do sujeito é feita a partir de sua interação com o meio, de modo a influenciar e ser influenciado pelo mesmo. Deste modo, o sujeito carrega consigo um saber próprio construído a partir destas interações, experiências, associações e representações sociais (GORAYED, 2001).

Ainda para Gorayed (2001), a internação é marcada por essas representações e significações. Porém, o adoecimento juntamente com a mudança no cotidiano e as características da rotina hospitalar podem sobrepor o saber que é do paciente. Isso leva esse paciente a perder, naquele momento, o que constitui a sua subjetividade e tomar como seu o discurso do médico, que tudo sabe.

De acordo com Amin (2011), na internação hospitalar existem "situações", que seriam ações situadas em um determinado lugar, que nem sempre são acessíveis à consciência, ou seja, ficam no âmbito do inconsciente, mas que refletem diretamente no período de internação. Tais manifestações podem se apresentar de inúmeras maneiras como sintomas, somatizações, sofrimento emocional e físico, e devem ser entendidos não apenas como um mero processo, mas como um conjunto de fatores que decorrem desse processo e suas implicações na vida do paciente (AUGUSTO et al., 1994).

Assim, o trabalho do psicólogo com o paciente é feito no sentido de minimizar o sofrimento provocado pela hospitalização, patologia e principalmente as sequelas e decorrências emocionais deste adoecimento. Durante a internação, o psicólogo vai acompanhar o paciente, a família e a interação desses com a equipe de saúde.

De acordo com Simonetti (2004), o trabalho consiste em abordar o adoecimento pelo registro do simbólico, através da oferta de escuta, proporcionando a esse sujeito enfermo falar de si, da doença, da vida ou da morte, do que pensa, do que sente, do que teme, do que deseja ou do que quiser falar. O principal interesse está em dar voz ao paciente, restituindo-lhe o lugar de sujeito que a medicina lhe afasta, configurando assim a clínica do sujeito. Ou seja, a escuta possibilita dar voz à subjetividade, e nesse momento o psicólogo ajuda o paciente a sair do lugar de objeto do saber médico. Através da presença e da inserção da palavra, o psicólogo proporciona ao paciente vivenciar um deslocamento do corpo para a cadeia de significantes, aliviando esse corpo da carga extra de tensão.

O espaço da escuta diferenciada permite ao paciente falar, ouvir e refletir e confere ao psicólogo a possibilidade de escuta e de fazer intervenções e pontuações, que permitam a ele fazer uma retificação em relação ao adoecimento. Esse processo permite que o paciente se implique em sua história de modo que entenda que a doença, a hospitalização, o tratamento, a cirurgia caso necessário, a possível ou não cura fazem parte de sua história. Esta conscientização faz com que o paciente saia da posição de assujeitado à doença e passe a construir um saber que é dele.

Desta maneira, juntamente com o psicólogo, o paciente pode destituir perdas concretas e o que é da ordem da fantasia, possibilitando que se posicione para enfrentar a nova realidade e a construir novos projetos, considerando as possíveis influências do adoecimento em sua vida.

10.6 Caso clínico

A oferta de escuta diferenciada permite que o paciente se abra, fale de suas questões, medos, impossibilidades, impotências, fantasias, e relate o que muitas vezes está oculto até mesmo para si.

Paciente Sr. X, masculino, 66 anos, viúvo, 2 filhos, aposentado, ficou internado em um hospital devido a um Acidente Vascular Cerebral (AVC) leve, que não lhe deixou sequelas. Na enfermaria onde estava internado permanecia sentado em uma cadeira olhando fixo para o nada. Foram seis dias de internação, nos quais foi acompanhado por um psicólogo, com longos atendimentos.

Através da oferta de uma escuta diferenciada, Sr. X, que até então estava apático diante do acometimento por AVC, consegue falar de si, de como era difícil se deparar com a nova realidade de doente inválido. Durante atendimento, Sr. X se emociona ao relembrar da mocidade na qual era caminhoneiro, vivia livre pelo mundo, aproveitava tudo que a vida oferecia. Conta como era difícil enfrentar a dor do envelhecimento, ele que era um homem ativo, cheio de vitalidade, e, de repente, envelhecer e se tornar um homem velho e sem utilidade. Sr. X consegue se abrir e expressar como se sentia falido frente às possibilidades da vida, entendendo que está pronto para a morte, sem novas perspectivas, relata que não sabe o que fazer da vida. Sente que já não tem mais nada a fazer, que é um velho que morreu não de corpo presente, mas morreu frente às possibilidades da vida.

Sr. X deixa claro que os atendimentos eram oportunidades de falar de suas questões, pois muito além do AVC, ele falava de si, de suas questões existenciais frente à velhice. Nos dias de atendimento, aconteceu intensa construção, desconstrução, reconhecimentos e novos conhecimentos, ou seja, retificações subjetivas. Com o passar dos dias e dos atendimentos, Sr. X conseguiu se reorganizar diante das inúmeras questões da vida, de forma a retificar pensamentos e questões existenciais. Durante um dos atendimentos, Sr. X revelou emocionado que na verdade não queria morrer e não estava pronto para este momento, que tinha medo da morte e deste dia chegar. No restante dos atendimentos foram trabalhadas questões sobre a morte, o envelhecimento e as possibilidades de vida.

No último dia de atendimento, Sr. X reconheceu que realmente eram novos tempos, que não se era mais jovem, que a vida realmente tinha mudado, e que não não era possível retornar às experiências vivenciadas anteriormente. Porém, mesmo percebendo que o tempo mudara, reconheceu que ainda restavam várias "novas possibilidades". Ele foi encaminhado para psicoterapia com indicação de dar continuidade ao tratamento.

10.7 Atuação, desafios e possibilidades do psicólogo com a equipe

Além da preocupação com a atuação do psicólogo com o paciente e sua família, existem grandes desafios e possibilidades de se estabelecer uma relação equilibrada e produtiva com a equipe multidisciplinar. A prática hospitalar coloca o psicólogo inserido em uma equipe multiprofissional constituída de diversos saberes e na qual a comunicação, com clareza e objetividade, será instrumento primordial de qualificação do atendimento ao usuário.

Diante deste contexto, o psicólogo hospitalar deverá constituir conhecimentos sobre o paciente a ser acompanhado, sua avaliação deverá ser compreendida pela equipe, deverá haver comunicação de sua atuação, assim como resultará avaliações de sua prática no seio da equipe e da hierarquia hospitalar.

Nas complexas atividades exercidas em um hospital, é indispensável que os papéis e tarefas de cada área profissional sejam delimitados e seguidos. Caso contrário, a indefinição do papel de cada um pode trazer conflitos para a equipe, com reflexos nos pacientes. Chiattone (2003, p. 33) entende que:

> [...] a delimitação do papel profissional acompanha as expectativas dos outros membros da equipe quanto ao papel que o profissional em questão deve exercer, acrescidas das próprias expectativas do profissional sobre sua capacidade de realização e de interpretação das expectativas dos outros. Em geral, no hospital geral, é muito comum ocorrerem conflitos em equipes compostas por profissionais com distintos graus de instrução e conhecimentos sobre as outras especialidades, sendo que o potencial conflitivo torna-se aumentado se não houver compreensão das capacidades dos membros, se o profissional visualizar a tarefa como invasão de terreno dos outros profissionais, se assumir um comportamento defensivo em prol das prerrogativas profissionais e se acreditar na falha de utilização plena das qualificações dos outros membros.

Para Fossi e Guareshi (2007), essa delineação é importante para o bom desenvolvimento dos papéis de cada um e, ao mesmo tempo, permite que se possa compartilhar efetivamente os diversos saberes e experiências para que as decisões conjuntas sejam produtivas e concretas. Assim, se estabelecerá respeito, confiança, boa comunicação, dentro de total profissionalismo. Essa equipe multidisciplinar harmoniosa terá impactos positivos no paciente hospitalizado e em seus familiares, que se sentirão mais seguros e abertos para seguirem o tratamento de maneira eficaz.

Assim, pode-se dizer que o psicólogo, nessa relação, deve procurar instituir um contato mais próximo com outros profissionais e deles entre si. Sabe-se que a saúde, não só física como emocional, não deve ser competência de um único profissional, mas trata-se de uma prática interdisciplinar. Os profissionais das diversas áreas devem encontrar métodos/processos que levem a atividades integradas de modo que se perceba e institua um tratamento das questões somatopsicossociais, inter-relacionando saúde e doença e considerando as manifestações emocionais e comportamentais frente ao adoecimento, hospitalização, internação prolongada e possibilidade de morte. Não só o profissional da psicologia, mas toda a equipe deve perceber que o paciente hospitalizado perde o controle de sua vida e, portanto, sua dignidade, quando deixa sua confortável posição de sujeito e passa a ser objeto de intervenção e controle de outros.

Segundo Oliveira *et al.* (2011), a apreensão da falta de possibilidade de cura não significa estar fora de possibilidade de vida. Por isso o acompanhamento da equipe de saúde ao paciente e sua família ou acompanhante deve ser consolidado com disponibilidade, atenção e zelo, para que sejam atingidos os objetivos de proporcionar qualidade de vida para o doente. Deste modo, a prática clínica permite perceber que é relevante a presença da equipe de saúde como suporte no processo de tratamento, já que tal situação abrange tanto as dimensões físicas quanto as psicológicas.

Esse trabalho interdisciplinar permite que se institua o manejo das situações existentes no contexto da hospitalização e, segundo Vieira (2010, p. 516): "o fortalecimento em equipe dos fatores positivos que proporcionem a adesão, a adaptação e colaboração do paciente e familiar para lidarem com as limitações e o enfrentamento de doenças agudas e graves no contexto hospitalar".

10.8 A sistematização da atuação do psicólogo como instrumento de trabalho na equipe multidisciplinar

10.8.1 Protocolo de Avaliação Psicológica da Clínica Médica

Considerando que a prática hospitalar coloca o psicólogo inserido em uma equipe multiprofissional é constituída de diversos saberes e na qual a comunicação, com clareza e objetividade, será instrumento primordial de qualificação do atendimento ao usuário, propõe-se que o psicólogo hospitalar deverá constituir conhecimentos sobre o paciente a ser acompanhado; sua avaliação deverá ser compreendida pela equipe e impactar o processo de trabalho.

Umas das formas de objetivar e instrumentalizar a prática psicológica em hospitais é através de protocolos de avaliação psicológica:

> A implementação e a padronização dos atendimentos psicológicos no contexto hospitalar, mais do que favorecer a integração multidisciplinar e prover dados pertinentes que auxiliem a equipe no trato com o paciente, leva a uma melhoria contínua no atendimento prestado a este, sendo também relevante e profícuo à instituição na elaboração das estatísticas atinentes a procedimentos e demandas (DIAS; RADOMILE, 2006, p. 118).

É importante salientar que a aplicação do protocolo delineia as intervenções mas não implica na sistematização dos atendimentos efetuados, ou seja, cada paciente permanece sendo único, sujeito subjetivo que aponta e carrega consigo questões únicas que devem ser atentamente acolhidas, escutadas e trabalhadas. Além disso, "a variedade e a complexidade do cotidiano da internação hospitalar não permitem a asfixia de uma forma rígida de atuação do psicólogo" (TURRA et al, 2012, p. 501).

Assim, por meio da vivência da prática assistencial das autoras desse trabalho, inseridas no setor de Clínica Médica do hospital público em questão, percebeu-se:

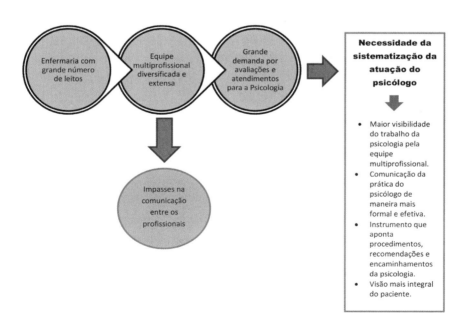

10.8.2 Objetivos do Protocolo de Avaliação Psicológica da Clínica Médica:

- Avaliar objetivamente todos os casos solicitados em interconsulta.
- Comunicar formalmente à equipe um parecer inicial sobre os aspectos cognitivos, afetivo-emocionais e relacionais do paciente.
- Propor adequada conduta interventiva.
- Delimitar a identidade da psicologia hospitalar dentro da Clínica Médica.
- Delimitar a prática do psicólogo hospitalar e suas contribuições no contexto hospitalar.
- Identificar as demandas atendidas pelo serviço de psicologia, bem como os procedimentos adotados pelos profissionais frente a estas.
- Avaliar a prática do serviço de psicologia e possibilitar uma devolutiva à instituição, acerca dos atendimentos oferecidos.

10.8.3 Metodologia

a) Produção do protocolo:

- Leitura da produção bibliográfica sobre protocolos psicológicos.
- Avaliação e discussão, pela equipe de psicologia, dos aspectos a serem abordados no instrumento, com base na experiência advinda da prática assistência na unidade → caráter específico do setor de Clínica Médica do HOB.
- Montagem do protocolo e revisão da estrutura.
- Material produzido – resultado: roteiro de exame psicológico, abordando aspectos cognitivos (consciência, atenção, orientação, pensamento, memória, linguagem), afetivos-emocionais (estados afetivos/humor, sono, apetite) e relacionais (relacionamento interpessoal e familiar), contemplando também dados pertinentes ao uso de álcool e drogas, aspectos da saúde mental e ao processo de hospitalização, bem como o contexto sócio familiar. Contém também a proposta de atuação pelo psicólogo do momento da aplicação em diante, assim como um parecer da avaliação.

b) Aplicação do protocolo na unidade na Clinica Médica

- Protocolo de preenchimento objetivo.
- Será anexado ao prontuário de cada paciente avaliado, seguindo a ordenação das evoluções de todos os profissionais, de acordo com a data da avaliação.
- Após preenchimento e avaliação, o procedimento adotado será o de evoluções em cada atendimento, na ordem do prontuário.
- Protocolo será produzido em duas vias. Um para ser anexado ao prontuário; outro para arquivamento no setor de psicologia.
- Informações sigilosas e íntimas, que eventualmente os pacientes possam vir a relatar mas que não interfiram diretamente no tratamento dos demais membros da equipe, não serão registradas no protocolo, de modo a respeitar o sigilo e manter uma postura ética frente às demandas do paciente.

10.9 Conclusão

Diante do exposto nesse capítulo, pode-se dizer que a consolidação do trabalho do psicólogo na unidade da Clínica Médica é incontestável. Várias são as possibilidades e os desafios de qualquer profissão quando se trata da saúde/doença. No caso da psicologia, diferentes aspectos são levados em conta, além da parte prática e objetiva, pois envolve uma atuação permeada por fatores subjetivos, emocionais, históricos e das condições de vida dos pacientes e seus familiares, que são determinantes no tratamento, na recuperação ou não do indivíduo hospitalizado. Além disso, o psicólogo precisa atender as exigências de normas institucionais, considerar a ética da profissão, ao mesmo tempo em que deve considerar as demandas do doente e da equipe profissional que o atende. Muitos são os sujeitos envolvidos nesse processo de atendimento hospitalar.

Nesse ambiente, o psicólogo atua como um intérprete das necessidades do paciente, da família e da equipe profissional, facilitando o diálogo entre esses sujeitos, procurando sempre promover a recuperação da saúde e a qualidade dos atendimentos dispensados, por meio da integração e interação das diferentes práticas teóricas e dos diversos saberes.

Por fim, pode-se dizer que essa efetiva contribuição do psicólogo no contexto hospitalar mostra uma grande mudança na maneira de se ver esse profissional, de ampliar sua atuação para além do atendimento individualizado em um consultório. E esta adequação da prática traz importantes melhorias ao atendimento do paciente, de seus familiares e na atuação da equipe multidisciplinar. Estabelece, então, uma parceria e colocam-se todos os sujeitos envolvidos em uma internação hospitalar entrosados com objetivos comuns.

Referências

AMIN, T. C. C. **O paciente internado no hospital, a família e a equipe de saúde**: redução de sofrimentos desnecessários. 2001. 201 f. Dissertação (Mestrado em Psicologia) – Escola Nacional de Saúde Pública. Fundação Oswaldo Cruz, Rio de Janeiro, 2001.

ANGERAMI-CAMON, V. A. *et al.*(Org.) **Psicologia Hospitalar**: teoria e prática. São Paulo: Pioneira, 1994.

BEDRIKOW, R.; CAMPOS, G. W. de S. Clínica: a arte de equilibrar a doença e o sujeito. *Rev. Assoc. Med. Bras.* [online], v. 57, nº 6, p. 610-613, jan. 2011.

BRASIL. Ministério da Saúde. Política Nacional de Humanização. **Acolhimento com avaliação e classificação de risco**: um paradigma ético-estético no fazer em saúde. Brasília: MS, 2004.

CHIATTONE. H. B. de C. Prática Hospitalar. In: ENCONTRO NACIONAL DE PSICÓLOGOS DA ÁREA HOSPITALAR, 08, 2003, São Paulo. *Anais...* São Paulo: Associação Brasileira de Psicologia da Saúde e Hospitalar, 2003.

COSTA, A. L. F. *et al.* A Psicologia, o Sistema Único de Saúde e o Sistema de Informações Ambulatoriais: inovações, propostas e desvirtuamentos. **Interação em Psicologia,** Curitiba, v. 9, nº 2, p. 273-283, jul./dez. 2005.

DIAS, N. M.; RADOMILE, M. E. S. A implantação do serviço de psicologia no hospital geral: uma proposta de desenvolvimento de instrumentos e procedimentos de atuação. **Rev. SBPH** [online]. 2006, v.9, nº 2, p. 114-132.

DIMENSTEIN, M. D. B. O psicólogo e o compromisso social no contexto da Saúde Coletiva. **Psicologia em Estudo**, Maringá, v. 6, nº 2, p. 57-63, jul./dez. 2001.

FERREIRA NETO, J. L. **A formação do psicólogo**: clínica, social e mercado. São Paulo: Escuta, 2004.

FOSSI. L. B; GUARESHI. N. M. de F. A psicologia hospitalar e as equipes multidisciplinares. **Revista da Sociedade Brasileira de Psicologia Hospitalar**, Rio de Janeiro, v.7, n°1, jun. 2007.

GORAYED. R. A prática da psicologia hospitalar. In: MARINHO. M. L; CABALLO. V. (Org.) **Psicologia Clínica e da Saúde**. Granada: Editora UEL, 2001. p. 263-278.

OLIVEIRA, S. G. *et al*. Familiares cuidadores e a terminalidade: tendência da produção científica na área de saúde. **Reme: Rev. Min.Enferm**. [online], v.15, n.4, p. 588-594, jan. 2011.

PROSDOCIMO, A. C. M. G. Protocolos em Psicologia Hospitalar. **Anais do VIII Congresso da SBPH**. Curso pré-congresso. Curitiba, 2011. p. 1-2.

RODRIGUES, M. C.; RONZANI, T. M. O psicólogo na atenção primária à saúde: contribuições, desafios e redirecionamentos. **Psicologia - ciência e profissão,** Brasília, v. 26, n. 1, p. 132-143, mar. 2006.

ROMAGNOLI, R. C. Algumas reflexões acerca da clínica social. **Revista do Departamento de Psicologia da UFF**, Niterói, v.18, n° 2, p. 47-56, jul./dez. 2006.

SIMONETTI, A. **Manual de Psicologia Hospitalar**: o mapa da doença. São Paulo: Casa do Psicólogo, 2004.

TURRA, V. Protocolo de Atendimento Psicológico em Saúde Orientado para o Problema. **PSICO**, Porto Alegre, PUCRS, v. 43, n. 4, pp. 500-509, out./dez. 2012.

VIEIRA, M. C. Atuação da Psicologia hospitalar na Medicina de Urgência e Emergência. **Rev. Bras. Clin. Med.**, São Paulo, v. 8, n° 6, p. 513-9, nov./dez. 2010.

Anexo 1 – Protocolo de avaliação psicológica

Protocolo de Avaliação Psicológica
Clínica Médica 3° andar / HOB

Nome do paciente:
Idade:
Leito n°:
Solicitação da avaliação psicológica
( ) Enfermagem ( )Médico ( )Próprio paciente ( ) Familiar/acompanhante
( )Outro profissional _____
Queixa:_____

1. ASPECTOS COGNITIVOS, AFETIVOS-EMOCIONAIS E RELACIONAIS

	Preservado	Não preservado
Consciência		
Atenção		
Orientação		
Pensamento		
Memória		
Linguagem		
Afeto/humor		
Sono		
Apetite		
Relacionamento Interpessoal		
Família		
Uso de drogas ou álcool	( ) Sim (Ir para item 2)	( )Não
Tratamento em serviço de saúde mental	( ) Sim (Ir para item 2)	( )Não

2. ASPECTOS RELACIONADOS AO USO DE ÁLCOOL E DROGAS
a. Substância:( )Álcool ( )Tabaco ( )Droga
b. Frequência do uso:
c. Tentativas de parar: ( )Sim ( )Não
d. Tratamentos prévios:
e. Consciência da dependência:( ) Sim ( )Não
f. Obs.: _____

3. ASPECTOS RELACIONADOS À SAÚDE MENTAL
a. Serviço: _____
b. Motivo do acompanhamento no serviço: _____

c. Uso de psicofármacos: ( )Sim ( )Não
   Qual? _____

4. POSTURA FRENTE À ATUAL HOSPITALIZAÇÃO
a. Primeira internação: ( )Sim ( )Não
b. Postura nesta internação: ( )Desânimo ( )Medo
   ( )Tristeza ( )Revolta ( )Ansiedade
   ( )Tranquilidade
   ( )Outra _____
c. Interação com a equipe:
   ( )Colaborativa/Favorável ( )Hostil/Agressiva
d. Compreensão do quadro clínico: ( )Sim ( )Não
e. Obs: _____

5. CONTEXTO SÓCIO FAMILIAR
_____

6. PROCEDIMENTO A SER ADOTADO
( ) Acompanhamento do paciente
( ) Acompanhamento dos familiares / acompanhantes
( ) Atendimento pontual
Encaminhamentos _____

7. PARECER
_____

Assinatura e carimbo:
Data:

Elaborado por: Tatiana Corrêa – Psicóloga/Preceptora da Residência Multiprofissional em Saúde, Mirelle Veloso – Psicóloga/ Residente da Urgência e Trauma e Mariana Pôssas – Psicóloga/ Residente da Saúde do Idoso. Belo Horizonte: Hospital Odilon Behrens, março de 2013.

Adaptação: Dias, Natália Martins; Radomile, Maria Eugênia Scatena. A implantação do serviço de psicologia no hospital geral: uma proposta de desenvolvimento de instrumentos e procedimentos de atuação. *Rev. SBPH* [online]. 2006, vol.9, n.2, pp. 114-132.

CAPÍTULO 11

AS DOENÇAS RARAS, A PSICOLOGIA E AS POLÍTICAS PÚBLICAS

Flávia Santos Beaumord

11.1 Introdução

As doenças raras, segundo a Organização Mundial de Saúde (OMS), são aquelas que incidem em até 65 indivíduos a cada 100.000 habitantes. Estima-se existir de 6 a 8 mil tipos, surgindo a cada dia uma nova doença publicada nas revistas científicas. Aproximadamente 80% são oriundas de fatores genéticos e as demais, de causas ambientais, infecciosas, imuno-lógicas, dentre outras (PORTUGAL, 2008; BRASIL, 2014). A Epidermólise Bolhosa, Mucopolissacaridose, Síndrome do X Frágil, Esclerose Tuberosa, Progéria, Doença de Gaucher são alguns exemplos de doenças raras.

Apresentam como característica o fato de serem crônicas, de-generativas, debilitantes, progressivas e até incapacitantes, associadas à diminuição da expectativa de vida, propiciando com frequência o óbito na primeira infância. Além dos inúmeros sintomas, que variam a cada doença, o pouco conhecimento dos profissionais da saúde provoca um diagnóstico errôneo de uma doença comum ou até mesmo a falta deste por vários anos. Para a maioria das patologias não existe a cura, assim o tratamento exigirá um trabalho em equipe interdisciplinar (médico, fisioterapeuta, fonoaudiólogo, psicólogo, assistente social, terapeuta ocu-pacional, entre outros) a fim de promover o alívio dos sintomas ou retardar sua manifestação. Estes fatores e a falta de um Centro de Referência para Doenças Raras ou um encaminhamento especializado potencializam o sofrimento físico e psicossocial das pessoas com tais doenças e seus familiares (PORTUGAL, 2008; BRASIL, 2014).

11.2 Aspectos psicológicos

As novas vivências impactarão de maneira distinta em cada indivíduo e sua família, pois encontram-se vinculadas com a fase de desenvolvimento em que a doença será descoberta ou desencadeada (no nascimento, infância, adolescência, adulta ou velhice). Como 66% surge antes dos dois anos de idade, geralmente os familiares são os primeiros a sofrerem diante das mudanças que estão por vir.

São reações comuns a angústia, a ansiedade, a frustração e o medo do "não-saber" – pela falta de diagnóstico - e posteriormente por "saber" da existência de uma doença rara. Pode-se acrescentar a estes fatores o sentimento de culpa e a quebra das expectativas diante da vida. Estes sentimentos, descritos abaixo, e sua intensidade mostrarão como cada membro da família e/ou a pessoa vivencia e se posiciona enquanto ser-no-mundo (ROMERO, 2002).

O medo surge perante situações de ameaças sentidas como certas, iminentes e remete à morte (ROMERO, 2002).

A ansiedade e a angústia associam-se ao medo. A ansiedade é uma inquietude perante uma ameaça possível; atinge o ser físico, a sua existência e suas possibilidades.

A angústia refere-se ao estar amedrontado diante do nada existencial, ao medo da morte (ANGERAMI-CAMON, 1993; BOSS, 1981). A morte é entendida enquanto óbito do afetado, como também pelas perdas/limitações físicas, cognitivas e psicossociais, o que gera frustração.

A frustração é o sentimento de contrariedade perante a impossibilidade de alcançar um objetivo; aqui o de ter um filho saudável ou uma vida plena. Quando não superada, a frustração pode desencadear ansiedade e depressão (MIRA Y LÓPEZ, 1991; ROMERO, 2002). Emilio Romero (2002) acrescenta: "A essência da frustração é ser uma mistura de protesto e impotência, de revolta e de aflição".

A culpa remete ao senso de responsabilidade, o reconhecimento da falta, do arrependimento e implica em sofrimento. O indivíduo sente-se culpado perante o outro e a si próprio (ROMERO, 2001; 2002). Pensamentos do que poderia ter sido feito a fim de evitar a doença rara surgem: um mapeamento genético prévio à gravidez, algum tratamento inespecífico, evitação de algum estresse ou raiva durante a gestação, dentre outros.

A família encontra-se numa situação nova e de crise, como se tivesse ocorrido uma pane num sistema de engrenagens. Um ser "diferente", necessitando de inúmeros cuidados, modifica o contexto familiar, desorganizando-o. Os pais sentem-se culpados por gerarem um filho com uma doença, por não darem a atenção necessária aos outros filhos, por se sentirem inseguros nos cuidados com o indivíduo doente, como também a rejeição e a ambivalência de sentimentos (amor e ódio). Um momento também marcado por intensa busca de informações sobre a doença rara, o que pode privar a família de uma vida social em prol do restabelecimento da saúde do ente querido e com a pouca perspectiva de vida para a medicina (Luz, 2011).

Além das mudanças naturais relacionadas aos ciclos da vida (infância, adolescência, vida adulta e velhice) que necessitam de adequação e ajustamento, as famílias precisam de se adaptar às novas necessidades. Há uma sobrecarga emocional, física e financeira para os pais, cônjuge e filhos podendo gerar reestruturações desarmônicas e conflituosas entre os seus membros, desde uma superproteção até a indiferença emocional patológica com o adulto ou criança com doença rara. Todos estes aspectos colocam as famílias em situação de vulnerabilidade social.

As feridas, a incapacitação física e mental, as deformações espalhadas ao longo do corpo podem causar estranheza, repugnância, horror. No primeiro momento, a tendência é de fuga. As pessoas não gostam de ver o que é feio, as degenerações, pois equivale ao ruim e o contagioso causa medo. Num segundo estágio, pode se desenvolver o sentimento de dó e piedade ou a aceitação. Tanto a fuga devido à repugnância como a piedade são destruidores da autoestima.

Além de lidar com a discriminação e a vulnerabilidade social, esses indivíduos podem tender ao retraimento, à revolta, à depressão; negar a patologia, querendo fazer tudo igual a uma pessoa saudável, ou fechar-se para o mundo, não aceitando a inserção social. Outro aspecto importante a salientar é quando ocorre a identificação do indivíduo com a doença. Diante da dor, limites físicos e sofrimento, não consegue perceber que há um mundo cheio de vida. Entre ele e a doença, não há distinção, podendo se deparar com o vazio existencial.

Por outro viés, a sociedade contemporânea corrobora com o sofrimento ao supervalorizar a estética corporal e ambiental, o poder, a força física em detrimento das relações humanas, o que é reforçado pela mídia. A identidade do indivíduo passa a ser definida por aquilo que se tem e não pelo o que se é - o caráter, os valores. As doenças raras clamam por uma transcendência do indivíduo do "ter" para o "ser", uma vez que sua aparência física pode não ser aquela sonhada pela família, pela sociedade e muito menos pela mídia. Nesta circunstância é preciso ser "apesar de..." em busca de um sentido para a vida.

> Todos os estágios vivenciados na doença podem ser duradouros ou momentâneos, mas o viver da doença é uma construção de cada ser-no-mundo, de cada família diante de uma realidade parecida para os expectadores externos, mas diferente para quem experiencia, um viver autêntico que impõe condições proibitivas; um viver em que cada um constrói mundos diferentes de sentir e de ser feliz. (Luz, 2011, p. 131)

A escuta psicológica pode facilitar a elaboração do luto das fantasias criadas, do estilo de vida, da dinâmica sócio familiar. Os pais, o indivíduo com doença rara e seus irmãos, diante do sofrimento, tendem à desestruturação para, ao longo do processo, haver uma reorganização da família de forma harmônica e saudável. Esta é de fundamental importância para o desenvolvimento da noção de eu do indivíduo, a partir da aceitação e congruência das experiências vivenciadas.

11.3 A importância das associações no contexto das doenças raras

No mundo existem diversos tipos de associações como as auto-denominadas associações de familiares e as que atuam no campo das patologias: associações de uma determinada doença rara, degenerativa, mental, dentre outras. Em todas elas, as famílias possuem um papel importante (Nunes, 2011) tanto como apoio social aos associados, como fomentadora de políticas públicas.

Enquanto apoio social, elas promovem o acolhimento dos afetados e seus familiares, que se encontram perdidos na sociedade, diante de uma patologia desconhecida por grande parte dos profissionais da saúde. Atuam com a informação, orientando e divulgando a doença rara nos diversos segmentos (saúde, educação, político e social). O suporte emocional ocorre através da interação de seus integrantes com a troca de experiência e apoio psicológico, viabilizando o empoderamento dos indivíduos por uma postura mais ativa e responsável diante do tratamento e da vida. (Luz, 2011). Lutam contra a doença, a discriminação social e por outro lado lutam pela reinserção social e/ou ocupacional. (Nunes, 2011). Segundo estes autores

> No caso das doenças raras e, mais especificamente, onde não há terapias efetivas disponíveis, o que faz com que os doentes sigam uma trajetória de degenerescência, que acaba muitas vezes numa morte prematura, as associações assumem a tarefa de traduzir essa perda pessoal em mobilização e ação coletivas. (Nunes, 2011, p. 7)

Para Luz, Carvalho e Silva (2011), o apoio social fornecido pelas associações promove a diminuição da ansiedade, da depressão, aumenta a autoestima e potencializa a capacidade da família e do indivíduo com doença rara de enfrentar situações geradoras de estresse.

> O apoio social oferecido pelas associações de pacientes contribui no sentido de criar aos indivíduos doentes a sensação de controle da vida, de ter voz ativa, assumir a responsabilidade pela sua própria saúde e favorecer comportamentos positivos para os pacientes mais novos. Este cenário de transformação na vida das famílias, diante da fragilidade da doença, reluz esperanças de voltar a interagir com a sociedade e cooperar com o outro. (Luz, 2011)

Como fomentadora de políticas públicas, as associações possuem papéis fundamentais em prol de ações coletivas de disseminação de informação da doença, em busca de reconhecimento público, tratamento adequado e acesso aos medicamentos órfãos[72].

O reconhecimento das Doenças Raras pela sociedade e Órgãos Públicos é uma luta diária e de retorno lento, que no Brasil o tema começa a ganhar espaço e importância no ano de 2009 com a realização do I Congresso Brasileiro de Doenças Raras, em São Paulo. No entanto, o primeiro programa de ação da Comunidade Europeia vigorou em janeiro

---

[72] Medicamentos ou drogas órfãos são conceituados como fármacos utilizados para o diagnóstico, prevenção e tratamento contínuo de doenças crônicas e raras. Por serem de custo elevado para o mercado e não proverem retorno financeiro à indústria farmacêutica, não possuem incentivos econômicos para pesquisa e produção (WIEST, 2010).

de 1999 (OLIVEIRA, 2012). Desde então, vários encontros científicos e com os órgãos públicos (municipais, estaduais e federal) vêm ocorrendo seja enquanto grupo de doenças raras, seja na individualidade de cada patologia.

Embora individualmente raras, somam-se cerca de 6 mil doenças que afetam cerca de 55 milhões de pessoas na União Europeia e Estados Unidos. No Brasil, estima-se de 11 a 15 milhões de pessoas sem uma política pública específica para o tratamento e disponibilização dos medicamentos (OLIVEIRA, 2012).

> Tomadas individualmente, tais doenças são, de fato, pouco prevalentes. No entanto, quando consideradas em conjunto, elas passam a ser frequentes, o que recomendaria que fossem tratadas como um problema de Saúde Pública. (OLIVEIRA, 2012, p. 4)

Em consequência, há uma crescente demanda aos Estados pelo fornecimento das medicações especiais, também conhecidas como drogas órfãs. Estas não são produzidas no Brasil, limitadas a poucos laboratórios e de alto custo. Como grande parte não se encontra disponível no Sistema Único de Saúde (SUS), familiares apelam judicialmente (judicialização da saúde) para obterem as medicações, curativos e/ou equipamentos necessários ao tratamento a partir das garantias constitucionais de acesso universal e igualitário à saúde no Brasil. Tal recurso nem sempre é favorável aos indivíduos com doença rara em função do alto custo, suas repercussões orçamentárias e por serem medicações de uso por tempo indeterminado (OLIVEIRA, 2012; BOY, 2009).

Todos estes movimentos das associações e seus familiares provocam o surgimento de um novo movimento no cenário brasileiro. O Ministério da Saúde (MS) publica no Diário Oficial da União:

> A Política Nacional de Atenção Integral às Pessoas com Doenças Raras, publicada por meio da Portaria GM/MS nº 199, de 30 de janeiro de 2014, institui a Política Nacional de Atenção Integral às Pessoas com Doenças Raras, aprova as Diretrizes para Atenção Integral às Pessoas com Doenças Raras no âmbito do Sistema Único de Saúde (SUS) e institui incentivos financeiros de custeio. A Política objetiva reduzir a mortalidade, bem como contribuir para a redução da morbidade das manifestações secundárias e a melhoria da qualidade de vida das pessoas, por meio de ações de redução de incapacidade, promoção, detecção precoce, tratamento

oportuno e cuidados suportivos, habilitação e reabilitação, de forma oportuna, para as pessoas com Doenças Raras. (BRASIL, 2014)

A Portaria propõe a criação de Centros de Referência para doenças raras composto por uma equipe interdisciplinar: médico geneticista, enfermeiro, técnico de enfermagem, psicólogo, neurologista, pediatra (quando atender criança), clínico geral (quando atender adulto), nutricionista (quando atender erros inatos do metabolismo) e assistente social (BRASIL, 2014).

11.4 Considerações finais

A publicação do MS representa um grande avanço do reconhecimento das doenças raras pelo Governo Federal e o início da criação de uma política pública específica, mas não compreende a sua totalidade. Muito trabalho será necessário para a implantação e funcionamento eficaz dos Centros de Referência. Enquanto isso, a judicialização da saúde permanecerá crescente, impactando diretamente no sofrimento e na qualidade de vida dos indivíduos com doenças raras e familiares, como no planejamento orçamentário dos Estados.

Referências

ANGERAMI-CAMON, V. A. (Org.). **Psicoterapia Existencial.** 2. ed. São Paulo: Pioneira, 1993.

BRASIL. Ministério da Saúde. **Doenças Raras.** Brasília: 2014. Disponível em: <http://portalsaude.saude.gov.br/index.php/o-inisterio/principal/secretarias/898 -sas-raiz/daet-raiz/media-e-alta-complexidade/l3-media-e -alta-complexidade/ 12668-cgmac-teste-botao-7> Acesso em: 02 set. 2014.

BRASIL. Portaria GM/MS nº 199, de 30 de janeiro de 2014. Dispõe sobre Política Nacional de Atenção Integral às Pessoas com Doenças Raras, aprova as Diretrizes para Atenção Integral às Pessoas com Doenças Raras no âmbito do Sistema Único de Saúde (SUS) e institui incentivos financeiros de custeio. **Diário Oficial da União.** nº 30, p. 44. Publicado em 12 fev. 2014.

BOSS, M. **Angústia, culpa e libertação:** ensaios de psicanálise existencial. Tradução de Bárbara Spanoudis. 3. ed. São Paulo: Duas Cidades, 1981.

BOY, R.; SCHRAMM, F. R. Bioética da proteção e tratamento de doenças genéticas raras no Brasil: o caso das doenças de depósito lisossomal. **Cad. Saúde Pública**, Rio de Janeiro, v. 25, nº 6, jun. 2009 . Disponível em:<http://www.scielo.br/scielo.php?script=sci_arttext&pid=S0102-311X2009000600010&lng=en&nrm=iso>. Acesso em: 25 ago. 2014.

LUZ, G. S.; CARVALHO, M. D. B.; SILVA, M. R. S. O significado de uma organização de apoio aos portadores e familiares de fibrose cística na perspectiva das famílias. *Texto contexto - enferm.* Florianópolis, v. 20, nº 1, mar. 2011. Disponível em: <http://www.scielo.br/scielo.php?script=sci_arttext&pid=S0104-07072011000100015&lng=en&nrm=iso>. Acesso em: 2 set. 2014.

MIRA Y LÓPEZ, E. **Quatro gigantes da alma.** Tradução de Cláudio de Araújo Lima. 14 ed. Rio de Janeiro: José Olympio, 1991.

NUNES, J. A.; FILIPE, A. M.; MATIAS, M. **Os novos actores colectivos no campo da saúde**: o papel das famílias nas associações de doentes. Alicerces. 2010; III (3):119-28. Disponível em: <http://repositorio.ipl.pt/handle/10400.21/733> Acesso em: 05 set. 2014.

OLIVEIRA, C. R. C.; GUIMARÃES, M. C. S.; MACHADO, R. Doenças raras como categoria de classificação emergente: o caso brasileiro. **Revista DataGramaZero - Revista de Informação**, Rio de Janeiro, v.13, nº 1, p. 1-10, 2012. Disponível em: <http://arca.icict.fiocruz.br/handle/icict/6397> Acesso em: 23 de ago. 2014.

PORTUGAL. Ministério da Saúde. Direção Geral da Saúde. **Programa Nacional para Doenças Raras (PNDR).** Lisboa: 2008. Disponível em: <http://ec.europa.eu/health/ph threats/non com/docs/portugal.pdf> Acesso em: 02 set. 2014.

ROMERO, E. **As dimensões da vida humana**: existência e experiência. 3 ed. São José dos Campos: Novos Horizontes, 2001.

ROMERO, E. **As formas da sensibilidade:** emoções sentimentos na vida Humana. 2 ed. São José dos Campos: BellaBídia, 2002.

WIEST, R. A economia das doenças raras: teoria, evidências e políticas públicas. **Lume Repositório Digital.** Rio Grande do Sul, 2010. Disponível em: <http://hdl.handle.net/10183/28146> Acesso em: 03 out. 2014.

CAPÍTULO 12

CUIDADOS PALIATIVOS: HISTÓRIA, EQUIPE DE SAÚDE E A ATUAÇÃO DO PSICÓLOGO DIANTE DA MORTE

Katiúscia Caminhas Nunes
Carla Vieira Gomes de Faria
Eder Luiz Nogueira
Leandro da Silveira Vieira

12.1 Introdução

Muitos de nós já ouvimos falar em conversas cotidianas, que a única certeza que temos na vida é que vamos morrer. Ou seja, como somos seres vivos, sofreremos o esgotamento das forças que sustentam a vida do nosso organismo, que culminará com a sua morte. Contudo, apesar desta certeza, não se convém falar sobre a finitude nas sociedades ocidentais e capitalistas, pois ela tem que ser dominada e sempre adiada, o que acaba por impactar no modo de atenção à saúde prestada pelos serviços que cuidam de pacientes que se veem inexoravelmente diante da morte.

Segundo Ariès (2003), a morte sofreu um interdito; não se deve falar sobre ela, a sociedade moderna vive como se a morte não existisse. Atravessada por uma cultura de hospitalização e centrada na cura, nos avanços tecnológicos para o tratamento das doenças, a morte deixou de ser compreendida como curso natural da vida e passou a ser vista como um mal a ser combatido e vencido a qualquer custo. Estas elaborações modernas sobre a morte repercutem inevitavelmente na formação e na prática dos profissionais da saúde.

De fato, a vida é finita, portanto, apesar da tentativa de negação da morte, os profissionais de saúde vivenciam os dilemas consequentes da exclusão deste termo nas cenas da saúde. Perplexos diante da morte iminente do paciente, questionam-se sobre como agir quando todas as possibilidades de adiar a morte por meio dos aparatos tecnológicos foram esgotadas, como lidar com a morte do paciente cuja doença não responde mais às intervenções curativas ou quais os recursos podem ser utilizados pela equipe de saúde, inclusive pelo psicólogo, para lidar com o sofrimento do doente e de sua família.

Como tentativa de resposta, os cuidados paliativos constituem elaborações possíveis que visam resgatar a dignidade dos pacientes e familiares dos mesmos, que estão em processo de morrer.

Desta forma, o presente capítulo objetiva apresentar uma sucinta elaboração como introdução ao tema para despertar o interesse dos profissionais de saúde, mais especificamente o Psicólogo, relativo à proposta de se empregar cuidados paliativos para o paciente sem pos-sibilidades terapêuticas de cura assistido em um hospital geral, para quem a morte foi tecnicamente calculada em um espaço próximo e angustiante de tempo, bem como problematizar a atuação da equipe de saúde. É muito certo que podemos afirmar que se trata de um ter-reno que tem avançado em conhecimento e tecnologias que podem ser exploradas por profissionais interessados pelos cuidados de pacientes e familiares que vivenciam esta realidade, mais especificamente, o Psicólogo poderá participar com relevante contribuição para esta área de conhecimentos.

12.2 Cuidados paliativos: algumas considerações

Em meio a um crescente desenvolvimento das tecnologias que visam manter a vida a qualquer custo e do relativo "abandono" do pa-ciente sem possibilidades terapêuticas de cura pela equipe de saúde, o movimento *hospice* desenvolveu-se como uma proposta diferenciada de atenção ao paciente nestas condições.

Segundo Floriani e Schramm (2010), o movimento dos *hospices* modernos teve início na Inglaterra, por volta da década de 1960, com o objetivo de prestar assistência física, social e espiritual aos pacientes considerados "terminais" e "desenganados".

Esses espaços tinham como característica importante, o atendi-mento e acolhimento às pessoas economicamente desfavorecidas. Há que se destacar, que os doentes com condições econômicas favoráveis eram cuidados em casa e não contavam com o apoio das instituições da época. Este fato reforçava a dificuldade de reconhecimento e aceitação dos *hospices* (FLORIANI; SCHRAMM; 2010). Estes autores afirmam que

> Os primeiros *hospices* britânicos representaram um esforço, quase na contramão de uma tendência da época, para organizar e legitimar cuidados aos pobres que estivessem morrendo, com importante ênfase na assistência espiritual – cuidados diferentes dos oferecidos nos hospitais tradicionais ou em outras instituições de saúde da época, como as instituições filantrópicas ou os asilos e suas enfermarias para pobres. (2010, p. 170)

Considerada uma das fundadoras dos cuidados paliativos, Cicely Saunders, em 1967, sensibilizada pelas dificuldades e preconceitos que envolviam os cuidados no fim da vida, constatadas em suas experiências como enfermeira e, também, como estudante de medicina, fundou o St. Christopher's *hospice*. Este foi considerado um marco do movimento *hospice* moderno, pelo qual, além de prestar o cuidado, se propunha a oferecer qualidade de vida ao paciente cuja doença não cessava com a terapêutica curativa. E ainda incentivava e desenvolvia a pesquisa e o ensino referentes aos cuidados com o paciente, para quem a morte já era iminente.

A Organização Mundial de Saúde (OMS) entende cuidados paliativos como uma

> abordagem que promove qualidade de vida de pacientes e seus familiares diante de doenças que ameaçam a continuidade da vida, através de prevenção e alívio do sofrimento. Requer a identificação precoce, avaliação e tratamento impecável da dor e outros problemas de natureza física, psicossocial e espiritual. (OMS, 2002 *apud* MACIEL, 2008, p. 16)

Assim, cuidado paliativo é a atenção integral ao paciente e a seus familiares, visando prestar um cuidado ampliado, que envolve medidas terapêuticas que incluem atenção aos aspectos biológicos, psicológicos, sociais e espirituais, quando for o caso, tanto ao paciente como à sua família, o que possibilita, desta forma, promover a melhoria da qualidade de vida para todos os envolvidos (PONTES *et al*, 2007).

Os princípios dos cuidados paliativos, segundo a OMS, são promover o alívio da dor e de outros sintomas estressantes; reafirmar a vida e ver a morte como um processo natural; não antecipar e nem postergar a morte; integrar aspectos psicológicos e espirituais no cuidado do paciente; oferecer um sistema de suporte que auxilie ao paciente viver tão ativamente, quanto possível até sua morte; oferecer suporte a família durante o processo de adoecimento e a iminência da morte e iniciar o mais precocemente possível (MACIEL, 2008).

Nesta perspectiva, a prática dos cuidados paliativos é focada na pessoa e na busca constante de alívio para seu sofrimento.

12.3 A equipe de saúde em cuidados paliativos

Uma equipe de cuidados paliativos, de acordo com Taquemori e Sera (2008), deve ser composta por médicos, enfermeiros, psicólogos, fisioterapeutas, terapeutas ocupacionais, nutricionistas, farmacêuticos, assistentes sociais, dentistas e um orientador espiritual, e tem como objetivo proporcionar ao paciente o cuidado integral. O Orientador Espiritual pode ser compreendido como um profissional capaz de proporcionar conforto, independente da religião ou da crença em uma realidade após a morte. Neste sentido, pode-se compreender a espiritualidade como possibilidade de se experimentar aspectos da condição humana que transcendem os horizontes da experiência atualmente objetivada pela ciência.

Esta diversidade de especialidades profissionais está associada a um modelo que privilegia as ações interdisciplinares, o que é fundamental para o trabalho em cuidados paliativos. Este modelo favorece um fazer em equipe que supera a simples união de saberes, pois articula diferentes conhecimentos que não se excluem, mas que se interagem e se complementam em benefício do paciente e sua família. Assim sendo, o trabalho da equipe interdisciplinar está orientado no sentido de compreender a pessoa em toda a sua complexidade (SOUSA; CARPIGIANI, 2010), bem como um partilhar conjunto das questões inerentes ao cuidado com o paciente, o que potencializa suas possibilidades de viver plenamente a própria existência, mesmo diante de uma "sentença de morte".

Por vezes, é possível perceber no espaço do hospital geral que a equipe de saúde mantém um distanciamento ou até mesmo um abandono do paciente, quando a cura não é mais possível. Este afastamento pode ser considerado também como um mecanismo de defesa para evitar o contato com o sofrimento e a angústia do outro e de si mesmo diante da morte, bem como evitar reconhecer o fracasso da técnica diante da morte anunciada. Esta posição, além de contribuir para o afastamento, indiferença e descuido com o paciente, pode conduzir a um inevitável estresse dos profissionais. Combinato e Queiroz (2006) citam como possível consequência desta forma de lidar com a rotina do trabalho, o adoecimento do profissional, como, por exemplo, a síndrome de *burnout*[73].

12.4 Considerações sobre a formação dos profissionais de saúde nos aspectos relacionados à morte

Durante a graduação, boa parte dos profissionais de saúde teve sua formação atrelada às práticas curativas, o que se pode perceber na grade curricular e nas ementas das disciplinas desta área e no modo como lidam com o paciente cujas possibilidades de aplicação das técnicas para manter a vida não mais é possível. Pode-se observar, em variados contextos da atenção à saúde, que

> o saber da equipe de saúde voltado exclusivamente para soluções técnicas, exige uma atitude de negação da morte, na medida em que fornece poder ao profissional da saúde e ameniza o sentimento de impotência. (COMBINATO; QUEIROZ, 2006, p.211).

Este poder é destituído diante da constatação de que não há mais o que ser feito para garantir a continuidade da vida do paciente.

Percebe-se, portanto, que as lacunas associadas à formação dos profissionais para lidar com a finitude humana se relacionam também com uma formação acadêmica que não contempla os temas relacionados à morte e ao morrer. Como já mencionado, o tema morte sofreu um interdito na sociedade ocidental, o que se refletiu no ensino das escolas destinadas a formar profissionais da área de saúde.

---

[73] A síndrome de *burnout* é considerada uma resposta aos aspectos crônicos de estresse emocional e interpessoal decorrentes do ambiente de trabalho. Tal síndrome característica de profissionais destinados a prestação de serviço, principalmente as atividades que envolvem a relação de cuidado com o outro, como por exemplo, profissionais da saúde e professores. A ocorrência dessa síndrome se caracteriza pela manifestação de esgotamento emocional, diminuição da realização pessoal no trabalho e a despersonalização do outro. (BORGES *et al*, 2002)

No cenário de formação, a ocupação principal dos docentes tem sido ensinar a cura como uma espécie de "ditadura da vida", mas na verdade, a vida biológica impõe naturalmente um fim, o que é combatido pelas sociedades modernas. A ausência de diálogo sobre a morte no processo de formação produz um estranhamento nos profissionais de saúde quando se veem diante da impotência de se aplicar novas técnicas para garantir a vida, o que, por vezes, resulta em uma abordagem superficial dos assuntos associados à morte (LIMA; BUYS, 2008). Neste sentido, estas lacunas resultaram em um distanciamento intelectual e afetivo da morte por estes profissionais, como já visto, e uma consequente deficiência na elaboração e discussão sobre os cuidados que devem ser prestados ao paciente que não mais poderá encontrar nas técnicas a continuidade da vida.

A análise do contexto em que a formação se dá, bem como das práticas atuais na área de saúde relativas ao paciente, revela a importância de se investir na educação dos profissionais da saúde, de modo a proporcionar conhecimentos técnico-científicos relativos aos cuidados adequados aos pacientes no fim da vida. Além disto, reflexões sobre a morte com o objetivo de favorecer um cuidado autêntico e efetivo para o doente e seus familiares. Neste mesmo sentido, Sousa e Carpigiani (2010), ressaltando a importância da complementariedade dos saberes, afirmam que o indivíduo deve ser compreendido como um ser holístico, total e complexo, e que a equipe deve buscar articular seus saberes para melhor atender o paciente e sua família.

Outro aspecto importante a ser considerado no trabalho profissional, já abordado por Sousa e Carpigiani (2010), é a importância da comunicação entre a equipe, paciente e família. Esta comunicação pode ser facilitada através do desenvolvimento e fortalecimento dos vínculos entre os envolvidos no processo de cuidado. O estabelecimento de uma comunicação autêntica, democrática e respeitosa, possibilita, a partir da escuta do paciente e sua família, métodos eficazes de informação sobre a doença e o prognóstico do paciente. Desta forma, é possível "ajudar o paciente a encontrar sua melhor capacidade de decidir sobre sua vida, dependendo do tempo que se tem, e das condições do paciente em exercer sua competência decisória" (FLORIANI; SCHRAMM, 2008, p. 2128 e 2129). Estes mecanismos favorecem a autonomia do paciente com relação ao processo que lhe diz respeito e a encontrar em si mesmo os recursos que auxiliarão na tessitura dos seus próprios caminhos.

Para além do cuidado com o organismo doente, é importante que os profissionais considerem também os demais aspectos da existência do paciente, proporcionando-lhe, deste modo, o suporte adequado para que receba alívio para as dores objetivas e subjetivas, estas últimas caracterizadas por processos não acessíveis ao atual arsenal científico, pois são produzidas no dia a dia da experiência de cada pessoa e também cotidianamente reelaboradas.

12.5 Apoio psicológico

O psicólogo, como já mencionado, é um dos participantes da equipe que se ocupa dos cuidados paliativos, pois estes estão pautados em uma intervenção que aborda a problemática psicossocial como um dos aspectos a serem considerados no tratamento do paciente. Este profissional apresenta um papel importante na terapêutica não farmacológica e atua junto ao paciente e à família com o objetivo de contribuir com as elaborações subjetivas e intersubjetivas que proporcionem redução do sofrimento psíquico por meio das ressignificações possíveis neste processo. O Psicólogo, mediante de uma atividade compartilhada, planeja intervenções que produzam efeitos na relação entre paciente, família e equipe de saúde, bem como orientações e da aplicação de técnicas que favoreçam a solução de conflitos e a aproximação necessária entre todos os envolvidos nesta dinâmica.

A atuação do psicólogo consiste também em oferecer ao paciente, por meio de sua escuta e processo dialógico, a possibilidade de que ele possa construir narrativas sobre sua existência no momento em que a vida está ameaçada. Ao falar de si e reelaborar suas vivências, o paciente reafirma a vida como uma experiência do "aqui e agora", pois ela de fato está presente e, como tal, deve ser vivida como possibilidade de ser-no-mundo consigo e com o outro. Relativo a este encontro dialógico, Bantim (2008) afirma que

> A atuação do psicólogo neste contexto precisa ser pautada por uma escuta ativa, por uma disponibilidade interna para ouvir conteúdos relacionados à morte e ao morrer, facilitando, dessa forma, que o paciente possa expressar seus sentimentos, favorecendo uma

melhor elaboração da experiência. É ter uma experiência com o paciente, no presente, no momento crítico pelo qual ele passa. O principal é deixar emergir todo e qualquer fenômeno resultante do encontro (p.112).

Para que a escuta autêntica ocorra, é preciso que o psicólogo esteja disposto a "suspender" seus "pré-conceitos", julgamentos e crenças pessoais, tanto quanto for possível, para que possa, de fato, contribuir com a pessoa com quem estabeleceu a relação psicoterapêutica (OLIVEIRA; SANTOS; MASTROPIETRO, 2010). É por meio destes momentos de escuta ao paciente submetido aos cuidados paliativos, que o Psicólogo estabelecerá as intervenções necessárias e facilitadoras das possibilidades de ressignificação tanto do seu atual momento existencial, como também de outras vivências ao longo da sua história (PAULINI, 2007). A consciência de si e das próprias possibilidades provoca mudanças importantes na vivência do paciente e nos significados a ela atribuídos. Segundo Paulini (2007, p. 108), podemos afirmar que "mudado o significado, muda a percepção, e mudada a percepção, muda o modo do paciente sentir a realidade e de se comportar diante dela".

É importante ressaltar que a relação dialógica extrapola a comunicação verbal, pois o silêncio, o olhar, o sorriso, o choro, ou outros pequenos gestos corporais são expressões que também consolidam o encontro psicoterapêutico e podem em muito beneficiar o paciente, portanto, quando bem conduzidos no processo psicoterapêutico, constituem elementos importantes para o alívio e conforto ao paciente.

Neste modelo de atenção, a atuação do psicólogo não está restrita ao paciente, a atenção psicológica está disponível também para a família. O apoio à família deve se fazer presente desde a fase do diagnóstico, no decorrer do processo até a possível morte. Deste modo, é importante oferecer espaço para que ela esteja presente e fale abertamente das suas dificuldades diante da proximidade da morte do um ente querido, bem como dos medos, sofrimentos, angústias e dúvidas que lhe envolvem (MENDES; LUSTOSA; ANDRADE, 2009). Devemos considerar que o paciente nem sempre demanda o trabalho do Psicólogo ou esta intervenção, exclusivamente com o paciente, deverá ser submetida a um delicado planejamento, pois no processo de evolução da doença, o paciente pode encontrar dificuldades de se expressar ou atingir um quadro demencial que impossibilita alguns métodos utilizados pelos psicoterapeutas.

Além disso, como apontam Mendes, Lustosa e Andrade (2009), o trabalho do psicólogo pode ser estendido à equipe de saúde, momento em que lhes faculta narrar as próprias dificuldades em lidar com o paciente e sua dor, o que proporciona a possibilidade de elaborar o próprio sofrimento diante da experiência vivenciada. A família quando consciente de todo o processo contribui, certamente, para a melhoria dos cuidados oferecidos ao paciente e redução do sofrimento, configurando-se como parceira da equipe. No que diz respeito à atuação junto à equipe de saúde, este ainda pode atuar como um facilitador da comunicação e da relação estabelecida entre esta, a família e o paciente, por meio da construção de um diálogo aberto e efetivo, além de desenvolver um clima de apoio mútuo mediado por uma relação saudável.

A atuação do psicólogo como membro da equipe de saúde destinada a oferecer os cuidados paliativos tem como objetivo resgatar a singularidade da pessoa que se encontra próxima da morte, reconhecendo sua trajetória ao longo da vida, sua maneira única de viver, adoecer e morrer, bem como a história da organização familiar e o modo como encaram a iminência da morte do ente querido. Ao reconhecer o paciente como um ser único, procurando escutá-lo e compreender seu sofrimento, seus medos, suas necessidades, desejos, podendo assim resgatar a autonomia do sujeito. Dessa forma, o psicólogo em trabalho conjunto com os demais profissionais da equipe, pode proporcionar ao paciente e à sua família qualidade de vida, conforto e dignidade.

Como exemplo importante vivenciado por profissionais de Psicologia, em um hospital geral, citamos o caso de uma criança internada na Clínica Pediátrica, cuja mãe, conforme a Médica que solicitou intervenção do serviço de Psicologia, apresentava-se agressiva com a Equipe de Saúde, o que era uma queixa geral dos profissionais. Ao atendermos a mãe, ela se mostrou incomodada com o fato de que, após o diagnóstico da filha, foi informada pelo Médico responsável que ela não sobreviveria e a morte estava próxima. Esta mãe, além de perplexa, percebeu que alguns profissionais da Equipe Multiprofissional encerraram o atendimento à criança, o qual ficou limitado somente às visitas médicas que pouco informavam sobre o quadro da criança e apenas alterava a dosagem da medicação prescrita. Após a aplicação de um plano de intervenção, foi possível reconstruir em conjunto com a equipe de saúde um novo modo de abordagem à paciente e sua família, que passou a receber novamente a atenção de toda a equipe, bem como foi realizado um esforço para que a mãe recebesse informações diárias sobre o quadro da criança e, a partir das perspectivas apresentadas pelos profissionais, foi possível à ela estabelecer um vínculo mais consistente com a equipe, o que resultou em maior preocupação com a subjetividade da mãe e o conforto da criança. Passados alguns dias, a criança morreu, contudo, a mãe situava-se no momento da morte da filha em uma posição em que se sentia melhor orientada, pois foi-lhe facultado um espaço para iniciar a elaboração relativa à perda da filha.

Muitos casos poderiam ser elencados aqui nos quais a intervenção da Psicologia produziu efeitos importantes para que a família se sentisse confortada e organizada para o processo de luto, bem como, apesar do sofrimento, viver intensamente com o paciente, já que a vida só se encerra quando o paciente morre. Além disso, o Psicólogo possui um repertório de técnicas e saberes que favorecem o paciente e a família inclusive para o autocuidado, tanto psíquico, como com o próprio corpo.

Neste contexto, é necessário ressaltar que integrar uma equipe destinada a prestar cuidados no processo de morte não é uma tarefa fácil. Lidar com a dor e o sofrimento diante da possibilidade de morte de forma tão próxima e direta exige que o profissional da psicologia esteja atento ao próprio cuidado. Desta forma, buscar apoio psicológico, aprofunda-mento teórico que fundamentem sua prática, bem como supervisões, contribuem para que a atividade não impacte de forma estressante em sua vida. Paulini (2007) afirma que ter esses cuidados e voltar o olhar para si mesmo em certos momentos constituem pontos importantes para uma atuação autêntica, eficaz e, acima de tudo, ética.

12.6 Considerações finais

Neste capítulo abordamos mais especificamente as ações possíveis ao profissional Psicólogo em uma equipe de cuidados paliativos. Não podemos deixar de considerar que estamos a dialogar a partir de um espaço onde todos os recursos são elaborados para garantir a vida. As iniciativas de se pensar o paciente que frustrou a ciência da cura têm sido provocadas principalmente pelos profissionais de Psicologia que realizam intervenções junto à equipe profissional para que o paciente e sua família não sejam colocados de lado, quando a doença não poderá ser modificada por meio das intervenções curativas, pois mesmo assim é necessário cuidar.

Apesar da realidade atual vivida nos domínios dos hospitais gerais, podemos afirmar que o Psicólogo, aliado a outros profissionais da área de saúde, tem contribuído fundamentalmente para que as práticas associadas ao paciente, cuja doença ameaça a continuidade da vida, possam ser desenvolvidas estrategicamente em linhas de cuidados paliativos.

Em síntese, os cuidados paliativos preconizam a atenção à saúde, qualidade de vida onde ela ainda está presente, conforto, atenção e principalmente dignidade para vivenciar a própria morte ou conviver mais intensamente com o ente querido que, conforme previsão médica, morrerá muito brevemente. Um material rico de informações, importante para todos os profissionais que se interessam em participar ou participam de equipe de cuidados paliativos, foi disponibilizado pela Academia Nacional de Cuidados Paliativos, o qual poderá ser acessado no site da instituição.

Em cuidados paliativos, a consideração e a valorização das pessoas envolvidas são fundamentais. Para que isso ocorra, é necessária uma equipe com profissionais preparados para se relacionar com o aspecto humano do adoecimento e da morte, que entendam que muito ainda se pode fazer pelo paciente, para garantir dignidade para morrer, bem como aliviar o seu sofrimento e de sua família, pois o diagnóstico de uma doença sem cura ou para a qual a terapêutica não poderá modificar o seu curso não significa o fim da vida e é possível que a vida seja vivida até o último momento. Portanto, ressaltamos novamente a necessidade que os cursos de graduação ofereçam maior preparo aos estudantes da área de saúde no que diz respeito a lidar com o paciente nestas condições e com a finitude da vida. Investir em pesquisas, qualificação profissional e nos efeitos da humanização dos serviços também é necessário para que se possa oferecer atenção de qualidade e proporcionar uma vida plena para uma morte digna.

Além dos aspectos técnicos associados aos cuidados paliativos, deve haver compreensão da experiência de finitude do paciente que está próximo a morte e jamais deixar de assisti-lo e investir em seu bem viver até que a vida cesse por causa da morte.

Como bem afirmam Pontes *et al* (2007), à medida que os profissionais de saúde considerarem a pessoa que adoece e proporcionar um cuidado que leve em conta a sua dignidade, "a saúde poderá se orgulhar de vislumbrar a vida que há na morte" (p. 72, 2007).

Referências

ARIÈS, P. **História da morte no ocidente**: da idade média aos nossos dias. (Trad. Priscila Viana de Siqueira). Rio de Janeiro: Ediouro, 2003.

BANTIM, V. D. C. S. A despedida da vida no processo de morte: último fenômeno da existência. **Revista IGT na Rede**, Rio de Janeiro, v.5, n°9, p. 105-113, 2008.

BORGES, L. O.; ARGOLO, J. C. T.; PEREIRA, A. L. S.; MACHADO, E. A. P; S, W. S. A Síndrome de *Burnout* e os Valores Organizacionais: Um Estudo Comparativo em Hospitais Universitários. **Psicologia: Reflexão e Crítica**, Rio Grande do Sul, v.15, n°1, p. 189-200, 2002.

COMBINATO, D. S.; QUEIROZ, M. S. Morte: uma visão psicossocial. **Estudos de psicologia**. Campinas, v.11, n.2, p.209-216, 2006

FLORANI, C. A.; SCHRAMM, F. R. Casas para os que morrem: a história do desenvolvimento dos *hospices* modernos. **História, Ciências, Saúde**, Rio de Janeiro, v.17, p.165-180.

_____. Cuidados paliativos: interfaces, conflitos e necessidades. **Ciência e Saúde Coletiva**. Rio de Janeiro, v.13, p.2123-2132, 2008.

KOVÁCS, M. J. Bioética nas questões de vida e da morte. **Psicologia USP**, São Paulo, v.14, n.2, p. 115-167, 2003.

KRUSE, M. H. L.; VIEIRA, R. W.; AMBROSINI, L.; NIEMEYER, F.; SILVA, F. P. Cuidados paliativos: uma experiência. **Revista do Hospital das Clínicas de Porto Alegre**, Porto Alegre, v.27, n.2, p. 49-52, 2007.

LIMA, V. R.; BUYS, R. Educação para a morte na formação de profissionais de saúde. **Arquivos brasileiros de psicologia**, Rio de Janeiro, v.60, n°3, p.52-63, 2008.

MACIEL, M. J. S. Definições e princípios. In: OLIVEIRA, R. A. (Org.) **Cuidados Paliativos**. São Paulo: Conselho Regional de Medicina do Estado de São Paulo (CREMESP), 2008, p. 15-32.

MENDES, J. A.; LUSTOSA, M. A.; ANDRADE, M. C. M. Paciente terminal, família e equipe de saúde. **Revista SBPH**, Rio de Janeiro, v.12, 2009, p. 151-173

OLIVEIRA, E. A.; SANTOS, M. A.; MASTROPIETRO, A. P. Apoio psicológico na terminalidade: ensinamentos para a vida. **Psicologia em Estudo**, Maringá, v.15, n°2, p. 235-244, 2010.

PAULINI, M. M. Reflexões sobre a postura fenomenológica diante do morrer. **Revista IGT na Rede**, Rio de Janeiro, v.4, n°6, p.92-113, 2007.

PONTES, A. C.; ESPÍNDULA, J. A.; VALLE, E. R. M.; SANTOS, M. Bioética e profissionais da saúde: algumas reflexões. **Bioethikos – Centro Universitário São Camilo**, São Paulo, v.1, n°1, p.68-75, 2007.

SOUSA, K. C; CARPIGIANI, B. Ditos, não ditos e entreditos: a comunicação em cuidados paliativos. **Psicologia**: teoria e prática. São Paulo, v.12, n°1, p.97-108, 2010.

TAQUEMORI, L. Y.; SERA, C. T. N. Interface intrínseca: equipe multiprofissional. In: OLIVEIRA, R. A. (Org.) **Cuidados Paliativos**. São Paulo: CREMESP, 2008, p. 55-57.

CAPÍTULO 13

OBSTETRÍCIA: UMA CLÍNICA PARA ALÉM DO NASCIMENTO

Flávia Santos Beaumord

13.1 Introdução

Este estudo[74] surgiu a partir de questionamentos de diversos profissionais da saúde sobre a importância da atuação do psicólogo numa Maternidade, uma vez que a clínica obstétrica é vista como a especialidade do nascimento de um bebê e da felicidade.

Mais especificamente, a Obstetrícia é uma das clínicas de atendimento de um hospital público de Belo Horizonte, compreendendo o Bloco Obstétrico e a Maternidade. O Bloco Obstétrico é a porta de entrada de todas as urgências/emergências ginecológicas e obstétricas, assistindo às mulheres independentemente do local de moradia. É referência para gestação de alto-risco (adolescentes, doenças prévias ou desencadeadas na gestação, alteração materno-fetal, gestações múltiplas, prematuridade) e a de risco habitual.

A autora discorre sobre a multiplicidade de demandas, situações e reflexões sobre o trabalho do psicólogo hospitalar integrado à equipe interdisciplinar, de acordo com o referencial teórico Existencial-Humanista.

13.2 O ciclo gravídico-puerperal

Vários estudos evidenciam os aspectos psicológicos da gravidez, parto e puerpério que sofrem influência direta dos fatores socioculturais.

---

[74] Trabalho de Conclusão do Curso de Pós-graduação *Lato Sensu* em Psicologia Humanista, Existencial e Fenomenológica pela Universidade FUMEC

É um período onde a gestante passa por inúmeras mudanças físico-psíquicas; apresenta um aumento da sensibilidade, oscilações do humor, insegurança, ansiedade. Associa-se a essas variáveis as aspirações pessoais e necessidades cotidianas – ser mulher, mãe, esposa, profissional e mantenedora do lar. Multiplicidade de funções e afetos refletem no sistema familiar e podem acarretar consequências significativas (MALDONADO, 1986). Além disso, a autora acrescenta que:

> ...o nascimento de um filho é uma experiência familiar. Portanto, para se atingir o objetivo de oferecer assistência pré-natal mais global é necessário pensar não apenas em termos de mulher grávida, mas sim de família (MALDONADO, 1986, p. 24).

O ciclo gravídico-puerperal propicia mudanças de identidade e de personalidade, implicando todo o contexto familiar. Filhos passam a exercer o papel de mãe/pai; irmãos passam a tios, ampliando e modificando a árvore genealógica. O sistema familiar é formado por subsistemas e uma mudança em um deles reflete nos outros. Por isso, os apoios familiares à mulher grávida como a aceitação da gestação pelo marido e parentes contribuem para a aceitação ou não da gravidez (MALDONADO, 1986).

A concepção da maternidade deveria ser constituída anterior à gestação, a partir de uma avaliação do casal, das suas condições financeiras, orientação médica, em prol de fornecer uma estrutura básica mínima alicerçada para receber um filho. Mesmo no advento e acessibilidade aos métodos contraceptivos, gestações não planejadas e rejeitadas são comuns, interferindo na construção do vínculo materno-infantil, como afirmam Cunha, Santos e Gonçalves (2012):

> A importância do vínculo mãe-bebê para o desenvolvimento infantil é objeto de estudo de diversas abordagens teóricas sobre o desenvolvimento humano. Em todas essas perspectivas, considera-se que a presença da mãe ou de uma figura que cumpra as funções maternas constitui um fator que impulsiona o desenvolvimento infantil. Dessa forma, um vínculo mãe-bebê desfavorável facilitaria a ocorrência de desordens ou perturbações no desenvolvimento psicológico infantil. (p. 140)

A construção inicial do vínculo é perceptível a partir das inúmeras fantasias que são criadas em relação ao bebê pelos pais e familiares durante a gestação. Geralmente, a primeira é em relação ao sexo, que pode ser descoberto com o exame de ultrassonografia. Imaginam também como ele será fisicamente, as interações sócio familiares, a maneira de ser.... Numa gravidez não planejada ou não desejada, o vínculo poderá ser construído à medida que a mulher consiga elaborar e aceitar este estado.

A hospitalização é um momento desencadeador de um alto nível de ansiedade e compreende duas fases distintas: durante a gestação, para acompanhar intercorrências relativas a este período (tratamento de infecções, prematuridade, diabetes, hipertensão arterial e demais alterações materno-fetal) e a segunda, durante o parto e o puerpério imediato. Período esse que a mulher experiencia inúmeras sensações corpóreas e psicológicas, necessitando de apoio e tranquilidade a ser proporcionado tanto pelo marido, como pela mãe ou familiares e pela equipe interdisciplinar. É o primeiro contato pele a pele com o bebê, de reconhecimento e adaptação dos pais com ele. "O vínculo mãe-bebê proporcionará à criança experimentar sentimentos de confiança e sensação de segurança e bem-estar, sendo de importância vital para o desenvolvimento infantil..." (CUNHA; SANTOS; GONÇALVES, 2012, p. 141). Jovelina Moresco e Isabel Van Der Sand (2005) acrescentam:

> [...] é no puerpério, que ocorrem os primeiros contatos entre a mãe e o recém-nascido, os quais se perpetuarão por toda vida, em que o bebê real será conhecido e harmonizado com o bebê imaginário e fantasiado. Portanto, esse período parece ser um dos que a mulher mais precisa de apoio e suporte para o adequado enfrentamento das demandas que poderão advir e de possíveis frustrações de suas idealizações e fantasias. (p. 40)

O ciclo gravídico-puerperal é permeado por mudanças físicas e oscilações psicológicas tanto da gestante quanto de seu companheiro. Quando a gravidez não é desejada ou não programada percebem-se conflitos inter-relacionais, que se agravam, podendo refletir no dia-a-dia com o bebê após o nascimento, no trabalho e na vida familiar/conjugal. O acompanhamento por uma equipe interdisciplinar, desde a primeira consulta do pré-natal, poderá auxiliar a gestante e os familiares próximos a compreender as vivências e suas nuances em prol de uma maior harmonização com o estado gravídico-puerperal e melhor qualidade de vida.

13.3 A maternidade no mundo contemporâneo

Ao longo dos séculos, a concepção sobre a maternidade, a posição da mulher diante da sociedade, da família e do filho vem sofrendo mutações. Estudiosos apontam a política, a religião, a medicina higienista da época (séc. XVII e XVIII na Europa) de serem os influenciadores pela mudança sociocultural. Os governantes almejavam a queda da mortalidade infantil que era altíssima devido aos cuidados precários das amas de leite, decorrente da queda populacional nos pós-guerras. Às mulheres foram relegadas as funções do cuidado do lar e da criança desde o seu nascimento, enaltecendo-a enquanto personagem fundamental do eixo familiar. Nasce aí o conceito de amor incondicional da mãe pelo filho, a importância do aleitamento materno e sua comparação com a figura do Sagrado (BADINTER, 1985).

Nos tempos atuais, a mulher além de cuidar do lar e dos filhos (características culturais anteriores) desenvolve uma atividade profissional. Em muitos casos, é a mantenedora única do orçamento familiar. Uma tripla função- ser mulher, mãe e profissional, na maioria das vezes estressante e necessária, num mundo em que os valores sociais, morais, o significado do afeto vem se subvertendo ao sistema capitalista de governo. Romero (2001) afirma que:

> Os valores são referenciais que funcionam como orientação de vida dos indivíduos. [...] apontam para o ideal e para o desejável [...] se dão em polaridades (negativo ou positivo). [...] os valores dominantes numa sociedade ou grupo tendem a estabelecer-se como normas[75], isto é, como prescrições e mandados sociais; embora se possa afirmar que há valores universais (a verdade, a bondade, a beleza), tendem a impor-se àqueles que a coletividade propicia e fomenta. [...] O que importa é TER, não ser. (p. 87-88)

No mundo contemporâneo ocidental, o consumismo impera. A palavra mais importante e conjugada nas últimas décadas é o verbo "Ter". A palavra ter significa: "[...] 1-Estar na posse ou gozo de; possuir [...], 2- Alcançar, obter [...], 4- Agarrar, aguentar, conservar preso, seguro, não largar [...], 6- Dominar, ser senhor de [...], 20- Gerar, procriar [...], *Ter de:*

---

[75] Grifo do autor

ter necessidade ou obrigação de [...]" (MICHAELIS, 2012). A importância do indivíduo deixou de ser avaliada pelo caráter, capacidade humana, virtudes, enaltecendo-o a partir do que conseguiu obter, comprar – o financeiro, o poder.

"Ser" tornou-se um verbo ultrajado, mas ainda remanescente em determinadas pessoas com uma visão mais abrangente do ser humano e que conseguem resistir à cultura capitalista do consumo massivo. Segundo o dicionário, a palavra ser significa: "[...] 1- Possuir características ou qualidades [...], 3- Existir [...], 6- Tornar-se [...], 7- Achar-se ou encontrar-se [...], 8- Acontecer, ocorrer, suceder [...], 14- Ter a função de [...]" (MICHAELIS, 2012).

> Vale destacar que a primazia do ter sobre o ser é compreensível em razão de que o ter define de maneira muito concreta e tangível o ser social de uma pessoa. Ter uma linda figura física, ter um bom emprego, ter os símbolos comuns da prosperidade, definem aspectos da hierarquia social. Ademais, existe nos humanos uma forte tendência a possuir: o desejo pode ser definido como a necessidade de possuir algo, e todos sabemos que os desejos jogam um papel de primeiro plano em nossa vida. (ROMERO, 2002)

A cultura também exerce influência direta no modo de pensar e no comportamento humano. O indivíduo sente-se na obrigação de adquirir bens materiais a fim de "obter" reconhecimento social. Porém tudo aquilo que obtém, uma vez perdido, reflete, consequentemente, no posicionamento diante da sociedade. Há o retroceder de um suposto crescimento pessoal que, na maioria das vezes, não ocorreu. Depara-se com o vazio existencial ao perceber que não evoluiu como ser humano, pois deixou de ser para ter. Segundo Fromm (1987),

> O objeto também é transitório: pode ser destruído, pode perder-se, pode depreciar-se. Falar da posse de alguma coisa permanentemente é confiar na ilusão de uma substância permanente e indestrutível. Se tenho a impressão de ter tudo, na realidade nada tenho, visto que ter, possuir, controlar um objeto, não passa de um momento efêmero no processo da vida. (p. 88)

Percebem-se dois modos existenciais de vida: o modo Ter e o Ser. No modo Ter a vivência é no sentido de propriedade, do lucro e do poder. Por propriedade entende-se a posse de: bens materiais, trabalho desenvolvido, pessoas, relacionamentos, conhecimento. Abrange também o sentido de obrigação de ajudar outras pessoas e de seguir os princípios de determinado grupo. A relação ser-mundo é de alienação do Eu no objeto e a identidade constitui-se a partir do que se tem (FROMM, 1987). No modo Ter, Fromm (1987) afirma:

> Não há relação viva entre mim e o que tenho. A coisa e eu convertemo-nos em coisas, e eu a tenho porque tenho o poder de fazê-la minha. Mas há também uma relação inversa: *ela tem a mim*, porque meu sentido de identidade, isto é, de lucidez, repousa em meu possuí-la (e tantas coisas quantas possíveis). O modo ter de existência não se estabelece por um processo vivo e criativo entre o sujeito e o objeto; ele transforma em coisas tanto o sujeito como o objeto. (p. 88)

O modo Ser de existência, ao contrário do Ter, refere-se à experiência e implica numa relação de autenticidade do homem consigo mesmo e com o mundo (FROMM, 1987). Para Fromm, o modo Ser tem como requisito:

> [...] a independência, a liberdade e a presença de razão crítica. Sua característica fundamental é a de ser ativo, não no sentido de atividade íntima, de emprego criativo dos poderes humanos. Ser ativo significa manifestar as faculdades e talentos no acervo de dotes humanos de que todo ser humano é dotado, embora em graus variáveis. Significa renovar-se, evoluir, dar de si, amar, ultrapassar a prisão do próprio eu isolado, estar interessado, desejar, dar. (1987, p. 97)

A partir destes conceitos de Erich Fromm, também se pode pensar a maternidade, a posição da mulher em relação à maternagem – o "Ser-mãe" e o "Ter que ser mãe". Ao realizar o atendimento psicológico às mulheres na Maternidade, seja no período gestacional ou no puerpério, observa-se a presença desses modos existenciais. Relacionam ao estilo de vida apreendido e como está experenciando a chegada do filho, repercutindo diretamente no vínculo mãe-bebê.

Mesmo diante dos diversos métodos contraceptivos existentes e fornecidos pela rede básica de saúde – SUS, gravidezes indesejadas são constantes independentemente da faixa etária. Escuta-se muito nas enfermarias o "Ter que ser mãe" no sentido de obrigação, uma vez que elas não admitem o aborto ou qualquer ato de violência física, e também não entregam para adoção, no entanto mostram-se despidas do desejo genuíno de "Ser-mãe". No entanto, a sociedade não escuta os verdadeiros motivos que levaram a mãe a entregar seu filho à adoção (impossibilidade de criá-lo, a rejeição pela criança), permanecendo com a rotulação de abandono ou rejeição (MOTTA, 2005). A representação negativa da "mãe má" é muito forte no meio sociocultural, reforçando o sentimento de culpa. É deste sentimento que as mães querem esvair-se ao assumirem a maternidade. "A falta de amor é, portanto, considerada como um crime imperdoável que não pode ser remido por nenhuma virtude. A mãe que experimenta tal sentimento é excluída da humanidade, pois perdeu sua especificidade feminina" (BADINTER, 1985, p. 274). Maria Antonieta Pisano Motta afirma que:

> O fato de a mãe permanecer com a criança sem ter ciência dos motivos e das consequências de sua decisão pode ser igualmente desastroso. Se a mulher assume a criança sem realmente desejar fazê-lo, pode futuramente vir a engrossar as fileiras das mães que maltratam seus filhos, que os ignoram, que lhes infligem castigos inomináveis, os criam nas ruas ou até chegam a situações extremas de abandono ou infanticídio. (MOTTA, 2005, p. 25)

O segundo aspecto do "Ter que ser mãe" é percebido através da expressão popular "a ficha ainda não caiu", quando a mulher demonstra um bloqueio do processo experiencial da maternidade. Aquilo que tentavam negar, no pós-parto torna-se realidade, associado a uma admiração pelo bebê que foram capazes de gerar e o medo diante da responsabilidade que brota diante delas. É comum entre as adolescentes em decorrência da imaturidade emocional.

O terceiro aspecto corresponde à busca por ascensão social ou financeira, por fuga de conflitos intrafamiliares. "Ter que ter um filho" coloca uma conotação mais densa de obrigação para além do "Ter que ser mãe" que sofre fortes influências dos fatores socioculturais. Filhos do "chefe do tráfico", por exemplo, além do "*status*" na comunidade proporciona mais renda financeira. As mulheres não pensam exatamente nos riscos sociais a que expõem seus filhos, pois acreditam inclusive numa falsa proteção que recebem. Encontram-se também adolescentes que, com o fato de "Ter um filho", elas deixam de ser meninas ou moças e passam a ser vistas como mulheres e alguém que se deve respeitar. Os conflitos sócio familiares corroboram com as gestações concebidas em prol de uma fuga das vivências reais para uma vida ilusória de maior qualidade de vida, segurança e respeito.

O quarto aspecto do "Ter que ser mãe" abrange a necessidade constitutiva da feminilidade. Algumas mulheres só se sentem como tais em decorrência da maternidade, formando o ciclo menina-moça-mulher. Porém a opressão gerada diante da necessidade de engravidar pode distorcer e, até mesmo, anular o desejo de "Ser-mãe", repercutindo diretamente no vínculo mãe-bebê. Caso a gestação não evolua a termo, devido a algum abortamento, decesso fetal, morte neonatal ou má formação fetal, esta mulher estará predisposta a desorganização psíquica e de personalidade. Sua noção do eu poderá apresentar distorções graves, prejudicando o funcionamento adequado e constitutivo do ser.

O modo Ter de existência por si só é prejudicial para o desenvolvimento da noção do Eu da criança. Ao associar-se ao "Ter que ser mãe" tornar-se-á potencialmente negativo, uma vez que o bebê ocupará o lugar de objeto na família, colocando-o em situação de risco por tendência à agressão física, psicológica e outros.

A alegria vivenciada no puerpério pode amenizar e, até mesmo, mascarar a verdadeira vinculação mãe-bebê. As mães demonstram, inicialmente, muito carinho e atenção com o filho, até mesmo para compensar a rejeição sentida durante a gravidez ou esconder os sentimentos verdadeiros. A alegria, apesar de ser passageira, demonstra o impacto desta vivência para a mulher, mas pode se transformar em sentimento de amor ou desamor no prolongar do tempo. Dessa forma, Fromm (1987) afirma:

> Quando o amor é vivido no modo ter, ele implica confinamento, aprisionamento ou controle do objeto que se "ama". É sufocante, debilitante, emperrante, mortificante, estéril. O que se *chama* amor é quase sempre um emprego equivocado da palavra, a fim de ocultar a realidade do desamor. (p. 60)

O amor é um sentimento que necessita da relação interpessoal para se constituir enquanto vínculo afetivo. Demonstra atenção, cuidado, devotamento e Emilio Romero (2002) completa: "[...] é visto como um bem supremo, único, insubstituível. [...] Tende a ser de longa duração.

Muitas vezes perene". Erich Fromm (1987) conceitua amar: "Amar é uma atitude criadora. Implica cuidado, conhecimento, ajuste, afirmação [...]. Significa trazer à vida, aumentar a vida. É um processo, autorrenovador e autocrescente (p. 60). Dessa forma, para Elisabeth Badinter (1985, p. 365), a essência do amor materno é oriunda de um processo de construção, corroborando com a ideia: "de que o instinto materno é um mito. [...] Esse sentimento pode existir ou não existir, ser e desaparecer. Mostrar-se forte ou frágil. Preferir um filho ou entregar-se a todos. Tudo depende da mãe, de sua história e da História. Não, não é inerente às mulheres. É adicional."

Encontra-se o amor materno naquelas mulheres que desejam "Ser-mãe". Desejo este originado antes da gravidez, permitindo um planejamento prévio para a chegada de um bebê, como também decorrente de uma gestação não programada, que após o susto inicial, abre-se espaço para amar. O vínculo mãe-bebê e o sentimento de amor começam a ser construídos de forma imaginária. Percebe-se consonância entre a expressão corporal, as emoções e os sentimentos vivenciados pela mãe no puerpério. O olhar é brilhante e de profunda admiração para com o filho.

O "Ser-mãe" aproxima-se do modo existencial de Ser em que o respeito, a liberdade, o cuidado, a vida, o crescimento, a criatividade e o amor imperam na relação. A tendência atualizante se processa diante do novo, possibilitando a fluidez do viver mesmo diante de momentos difíceis e sofridos.

No entanto, adolescentes de 14 a 16 anos estão programando a gravidez com o desejo de "Ser-mãe". Uma situação inusitada e intrigante, pois o parceiro geralmente é um adulto jovem (18 anos aproximadamente), com ou sem vínculo empregatício. A adolescente (da mesma forma como ocorre com as gestações não programadas) abandona o estudo sem completar o Ensino Fundamental. O planejamento é entre o casal e os futuros avós não possuem algum saber sobre tal projeto; sendo que a maioria permanece morando e sustentada por esses. Mesmo nas classes baixas, existem programas de incentivos socioculturais, mantidos pelos governos, Organizações Não Governamentais (ONGs), entidades religiosas, auxiliando na formação do indivíduo a fim de proporcionar um futuro mais próspero.

Este movimento merece um estudo mais aprofundado, pois "Ser-mãe" puramente sem uma estrutura básica alicerçada, também pode ser prejudicial. Para Ser precisa-se inclusive do Ter – alimentação, moradia, renda financeira, vestuário- suprimentos essenciais para a sobrevivência humana (FROMM, 1987).

A harmonia entre o modo existencial Ser e Ter permitirá o crescimento do homem. É o viés propulsor da mulher que "Tem que ser mãe" a transformá-lo em "Ser-mãe" e constituir um sistema familiar saudável. É abrir espaço para a semente de o desejo brotar e desabrochar. A maternidade não é instinto, é um dom (BADINTER, 1985). Ao "[...] obrigar as mulheres a serem mães contra o seu desejo, corre-se o risco de engendrar crianças infelizes e adultas doentes" (BADINTER, 1895, p. 358). Maria Antonieta Pisano Motta completa com a seguinte observação: "A criança que não foi objeto de carinho, cuidado e atenção pessoais e prolongados poderá ter dificuldades em relacionamento futuro, desenvolver comportamentos antissociais, doenças psicossomáticas ou ter dificuldade em constituir uma família saudável" (MOTTA, 2005, p. 34).

13.4 Risco social e a maternidade

O sistema familiar, nas últimas décadas, sofreu influências e alterações no seu estilo de organização e dos valores decorrentes do processo de globalização. No entanto, permanece como eixo fundamental de sustentação material, emocional e sociocultural para o desenvolvimento saudável de seus componentes. A importância da família é referenciada no artigo de Mônica Gomes e Maria Lúcia Pereira: "A família tem sido, é, e será a influência mais poderosa para o desenvolvimento da personalidade e do caráter das pessoas" (GOMES; PEREIRA, 2005, p. 358). É através dela que o indivíduo se insere no sistema social – na relação eu - mundo – permeado pela afetividade e pela cultura, fundamentais para o desenvolvimento psicossocial. No entanto, quando a família possui dificuldades na sua estruturação e acolhimento, conflitos surgem podendo desagregá-la. Gomes e Pereira complementam da seguinte maneira: "Para a família pobre, marcada pela fome e pela miséria, a casa representa um espaço de privação, de instabilidade e de esgarçamento dos laços afetivos e de solidariedade" (2005, p. 359). Leva à incapacidade de amar e de ser amado, à distorção da noção do Eu, à baixa da autoestima, expondo crianças e adolescentes ao uso de drogas, ao crime, à violência, isto, é, aos diversos riscos sociais.

Cabe aqui ressaltar que a vulnerabilidade social transcende à carência econômica e exclusão social, podendo ser analisada como uma questão de relacionamento, ou seja, de como ocorre o processo de socialização e individualização da criança e do adolescente no seu ambiente vivencial. A vulnerabilidade coloca-os em situação de risco social e pode-se destacar: a dinâmica familiar (violência física, sexual e psicológica; carência afetiva), o local de moradia (condição precária, alto risco de violência), o subemprego, o baixo nível educacional e cultural dentre outros (SIERRA; MESQUITA, 2006). Estudos de Júlia Oliveira-Formosinho e Sara Barros Araújo revelam que os riscos sociais representam graves consequências: "para o desenvolvimento e aprendizagem da criança, não circunscrevendo este risco ao momento em que ocorrem, mas alargando a sua potencial influência a fases posteriores da trajetória da vida, com o a adolescência e a idade adulta" (OLIVEIRA-FORMOSINHO; ARAÚJO, 2002, p. 90).

Uma maternidade pública lida corriqueiramente com recém-nascidos cujas mães e famílias encontram-se em situação de risco social. São mulheres que moram pelas ruas, com dependência química (álcool, crack, cocaína), vítimas das diversas formas de violência, com desintegração das relações familiares, gestantes adolescentes, prostituição ou sob custódia do sistema penitenciário. Gestações não programadas, oriundas de relações sexuais sem proteção e com diversos parceiros, colocando a própria vida e a do bebê em risco.

Considerando esta realidade e em observância ao Estatuto da Criança e do Adolescente, tem-se:

> Art. 13. Os casos de suspeita ou confirmação de maus-tratos contra criança ou adolescente serão obrigatoriamente comunicados ao Conselho Tutelar da respectiva localidade, sem prejuízo de outras providências legais.
>
> Parágrafo único. As gestantes ou mães que manifestem interesse em entregar seus filhos para adoção serão obrigatoriamente encaminhadas à Justiça da Infância e da Juventude. (Incluído pela Lei nº 12.010, de 2009)
>
> Art. 17. O direito ao respeito consiste na inviolabilidade da integridade física, psíquica e moral da criança e do adolescente, abrangendo a preservação da imagem, da identidade, da autonomia, dos valores, ideias e crenças, dos espaços e objetos pessoais.

Art. 18. É dever de todos velarem pela dignidade da criança e do adolescente, pondo-os a salvo de qualquer tratamento desumano, violento, aterrorizante, vexatório ou constrangedor.

Art. 19. Toda criança ou adolescente tem direito a ser criado e educado no seio da sua família e, excepcionalmente, em família substituta, assegurada a convivência familiar e comunitária, em ambiente livre da presença de pessoas dependentes de substâncias entorpecentes [...]

Art. 70. É dever de todos prevenirem a ocorrência de ameaça ou violação dos direitos da criança e do adolescente [...]

Art. 72. As obrigações previstas nesta Lei não excluem da prevenção especial outras decorrentes dos princípios por ela adotados.

Art. 73. A inobservância das normas de prevenção importará em responsabilidade da pessoa física ou jurídica, nos termos desta Lei [...]. (BRASIL, 1990)

Cabe à equipe interdisciplinar da Maternidade, diante a presença de riscos sociais, uma escuta profunda e ampla dos laços socioafetivos da puérpera, do esposo/companheiro e familiares, bem como das condições mínimas necessárias para receber um bebê. As informações oriundas dos Centros de Saúdes, onde é realizado o pré-natal, mostra-se de grande importância, pois eles conhecem melhor a história e a realidade de cada família através do Programa da Saúde da Família. A puérpera recebe alta hospitalar acompanhada do recém-nascido e de um familiar responsável. No entanto, o Conselho Tutelar é comunicado para avaliação, acompanhamento e suporte social nos programas da Assistência Social (CRAS, CREAS) e além de ser referenciada aos centros de saúde (às equipes do PSF e da Saúde Mental) através da "Alta Responsável". Desta forma, cria-se a oportunidade da mulher/adolescente na reconstrução da sua noção do Eu, da relação eu - mundo, propiciando a ação da tendência atualizante, a experiência de uma maternagem saudável - do "Ser-mãe". Jean-Paul Sartre aborda a importância das pessoas referências na vida do indivíduo: "Para obter qualquer verdade sobre mim é necessário que eu passe pelo outro. O outro é indispensável para minha existência, tanto quanto, ademais, o é para o meu autoconhecimento" (SARTRE, 2012, p.34). Além disso, o indivíduo é responsável pela sua existência, consequentemente, por todas as suas escolhas durante a vida (SARTRE, 2012).

Nos casos em que os riscos são maiores, o Conselho Tutelar é comunicado e solicitado uma avaliação sócio familiar antes da alta hospitalar. Esta somente é liberada, após aval do Conselho ou direcionado ao Juizado da Infância e do Adolescente. É um momento gerador de estresse, sofrimento, emoções fortes, tristeza tanto para a puérpera, seus familiares e equipe interdisciplinar.

Para as mulheres com dependência química e trajetória de rua, a gravidez é vista como um presente de Deus. A condição social na qual se encontram, o grau de alienação e desagregação de si mesmas, a baixa da autoestima, a precariedade ou mesmo a ausência dos laços afetivos e familiares, faz com que elas não acreditem ou esqueçam a própria capacidade de gerar um filho. Depositam nesses a esperança por uma vida melhor, a recuperação de uma família perdida, o abandono do vício. Aliás, a gravidez é o único bem que elas podem dizer pertencentes a elas; um fruto da vida que brota em meio a tantos malogros sociais.

Como cuidar e educar uma criança diante de tanta adversidade? No puerpério imediato, a emoção de alegria diante do "milagre da vida" surge em boa parte dessas mães associada à culpa ao perceberem que colocaram os bebês em situação de risco durante a gestação. A possibilidade de perder o recém-nascido para o Estado – Juizado da Infância e da Adolescência - gera temor, raiva e propicia a vivência da realidade, pois não se encontram sob efeito da droga. Em decorrência do temor, negam informações ou prestam-nas de forma errônea. Negam o uso de drogas durante a gestação, inventam um local de moradia, além de não possuírem documento legal. Outras não conseguem negar, pois chegam à maternidade sob efeito do crack ou da cocaína, ou em situação de total desmazelo pessoal. No entanto, mesmo diante da realidade vivida por cada uma destas mulheres, poucas ignoram o seu bebê. Assumem a maternagem e cuidam carinhosamente dele no Alojamento Conjunto. A criança representa o que ainda lhes resta de bom; um feixe de luz no meio da escuridão de uma vida vazia de sentido e de perspectiva. Em decorrência do desfacelamento dos vínculos familiares, essas mães acabam perdendo o direito de exercer a maternidade, porque nenhum parente se encontra disponível para assumir a guarda legal dos bebês e ajudá-las, incentivando na recuperação da dependência química, no resgate de si mesmas e na reinserção social. Ser-mãe no puerpério imediato possibilita a semeadura de uma semente, cuja lembrança poderá propiciar a germinação no futuro. Enquanto a semente não brota, as mulheres saem do hospital com os braços pendentes ao nada, com uma angústia no peito e lágrimas nos olhos... Retornam às ruas onde usam as drogas para tentar preencher um ninho frágil e vazio. Quem delas cuida, uma vez que não possuem apoio familiar, apresentam dificuldade de adesão a algum tratamento, além da ausência de políticas públicas voltadas para estas mulheres?

13.5 A morte na clínica obstétrica

Há algumas décadas, a incidência de óbito materno-fetal era muito significativa, principalmente de causa obstétrica. Este fato proporcionou a elaboração de políticas públicas no desenvolvimento de ações para a prevenção da morte materna decorrentes das precárias condições das assistências pré-natais e dos partos.

Desde então, a maternidade tornou-se o símbolo da vida e da prosperidade, subtraindo dela o contexto da morte como ocorre naturalmente na cultura ocidental. Divulgam-se imagens de bebês saudáveis, pais felizes, enxovais dos sonhos; tudo que remete à vida e ao consumo. A morte na sociedade contemporânea representa a derrota, o fracasso, a incompetência (KOVÁCS, 2002).

Porém, onde há vida, há morte. Por mais que o indivíduo se recuse a pensar na própria finitude, ela está presente desde o nascimento através da morte das células biológicas, perdas imaginárias e pessoais, perdas relacionadas ao desenvolvimento humano, separações, com a vivência de desamparo, aniquilação, sofrimento e dor. Rubem Alves a descreve da seguinte maneira: "Não, não, a Morte não é algo que nos espera no fim. É companheira silenciosa que fala com voz branda, sem querer nos aterrorizar, dizendo sempre a verdade e nos convidando à sabedoria de viver" (ALVES, 2002, p. 67).

A certeza da morte repercute diretamente na postura do ser humano diante da vida. Esta é permeada de possibilidades e a cada escolha estabelece a morte das outras, pois não é possível vivenciar todas simultaneamente (ROTHSCHILD; CALAZANS, 2002). Rubem Alves discorre da seguinte forma:

> A branda fala da morte não nos aterroriza por nos falar da Morte. Ela nos aterroriza por nos falar da Vida. Na verdade, a Morte

nunca fala sobre si mesma. Ela sempre nos fala sobre aquilo que estamos fazendo com a própria Vida, as perdas, os sonhos que não sonhamos, os riscos que não corremos (por medo), os suicídios lentos que perpetramos. (ALVES, 2002, p. 69)

Por mais que o índice de mortalidade materno-fetal esteja reduzido, as situações de óbito e o medo estão presentes na clínica obstétrica. Pode-se dizer da morte como perda, da morte em vida e da morte para a vida.

A morte como perda refere-se da morte em si de um ente querido, uma perda real, mesmo que ele esteja em formação nos casos de abortos, decesso fetal, prematuridade extrema, óbito neonatal (KOVÁCS, 2002). Aceitar a morte materna já é difícil, a de um feto intraútero ou de um recém-nascido é muito mais sofrido. Perde-se não só o bebê como toda a construção imaginária criada pelos progenitores e seus familiares. Os afetos emergem como a raiva, culpa, frustração, impotência, angústia, tristeza, depressão. Quando ocorre de forma inesperada e repentina pode provocar desorganização psíquica e paralisação diante da vida – morte em vida. Maria Júlia Kovács afirma:

> Mortes inesperadas são bastante complicadas, pela sua característica de ruptura brusca, sem que pudesse haver nenhum preparo [...] Em casos de morte repentina, quando não há informações de como ocorreu, pode haver dificuldades no processo de luto consciente. Podem se manifestar sentimentos de culpa muito fortes, caso a morte tenha ocorrido num acidente, em que o Enlutado também estava presente e sobreviveu. (KOVÁCS, 2002, p 154)

A morte em vida refere-se a algumas vivências ao longo do desenvolvimento humano que assemelham com a ideia de morte: separação, desemprego, doença, perdas, sonhos, projetos (KOVÁCS, 2002). Tão sofridas quanto a morte em si, na Maternidade aparecem nos processos de separação dos recém-nascidos por decisão do Juizado da Infância e da Adolescência ou que precisam de internação na Unidade de Tratamento Intensivo Neonatal (UTIN) nos casos de prematuridade, má formação fetal ou sindrômicos. Aqui, como o recém-nascido está vivo, o temor da morte, o sentimento de frustração, a ansiedade e a angústia estão acentuados, vive-se na expectativa constante de ameaça.

A morte psicológica também pode ser considerada como a morte em vida (KOVÁCS, 2002). A mulher muitas vezes por conflitos mal resolvidos, inclusive lutos não elaborados, abandona a própria existência, nega-se a viver de fato. Deixa de experimentar a coesão do Eu, de sentir sua própria identidade e autonomia, aniquilando-se à depressão, ao uso de drogas ilícitas. Evita assumir a liberdade e a responsabilidade diante das possibilidades da vida e da finitude. Transfere para o outro, para a sociedade e para Deus a responsabilidade de seus atos, inclusive o fato de engravidar. Vive num hiato, como Rubem Alves aborda em seu livro: "[...] Lembre-se do que disse o poeta: "Sou o intervalo entre o meu desejo e aquilo que os desejos dos outros fizeram de mim." Mas, se você é isso, o intervalo, você já morreu... Acorde! Ressuscite!" (ALVES, 2002, p. 68)

A **morte para a vida**, expressão criada pela autora, é o paradoxo das mortes anteriores. Ao invés de sofrimento, tristeza, a emoção originária é de alegria acompanhada do sentimento de alívio. Porém a expressão desta emoção pode não ser transparente e estar subentendida na indiferença afetiva quanto à perda por vergonha ou receio de julgamento crítico. Encontra-se em mulheres com gravidez não desejada, quando o aborto ou o decesso fetal ocorre espontaneamente ou é provocado. Levar a gestação a termo provocaria mudanças para as quais não estariam preparadas ou dispostas a enfrentar. Mudanças não só físicas, como na vida cotidiana e psicológica. Escapam do "Ter que ser mãe" e suas consequências, como também não sustentam a gravidez para depois entregar a adoção. Contudo, para algumas mulheres em situação de alto risco social, gerar um bebê é desesperante e encontra-se na ordem do impossível, pois estão sob ameaça de morte caso não abortem. Optam por correr o risco de vida diante de um aborto provocado do que sofrer uma morte violenta e factual. Ainda resta-lhes uma esperança de sobrevivência ao saber que serão socorridas pelos médicos numa instituição hospitalar. Como a vida, a morte também apresenta suas facetas. Remete o indivíduo constantemente às incertezas do poder-vir-a-ser: um Ser Humano ou o Nada. João Cabral de Melo Neto, em Morte e Vida Severina, refere-se à morte de maneira simples:

> E se somos Severino
> iguais em tudo na vida,
> morremos de morte igual,
> mesma morte Severina:
> que é a morte de que se morre
> de velhice antes dos trinta,

de emboscada antes dos vinte
de fome um pouco por dia
(de fraqueza e de doença
é que a morte Severina
ataca em qualquer idade,
e até gente não nascida).
(NETO, 1954)

13.6 O psicólogo hospitalar

Na clínica obstétrica, o psicólogo hospitalar está diante da natureza feminina, da relação da mulher com si mesma (personalidade, sexualidade) e com o mundo (ser-no-mundo). Visam-se dois objetivos principais: a psicoprofilaxia ou atuação preventiva e a minimização do sofrimento, através da psicoterapia breve e focal.

A psicoprofilaxia refere-se às intervenções psicológicas realizadas precocemente ao oferecer ajuda às pacientes para que possam expressar e reconhecer as próprias motivações, experiências e afetividade diante o estado gravídico-puerperal. Objetiva-se evitar a progressão do desequilíbrio psicológico desencadeados pela hospitalização, parto ou tratamento de alguma doença em concomitância à gravidez (hipertensão arterial, diabetes mellitus, pré-eclâmpsia, anemia falciforme) (CHIATTONE, 2000). Por se tratar de prevenção, o psicólogo não deve aguardar pelos pedidos de interconsulta da equipe e, sim, acompanhar diariamente as pacientes internadas e seus familiares, detectando: quadros psicorreativos; transtornos psiquiátricos; dificuldades de compreensão das condutas clínicas por parte da equipe; riscos sociais (dependência química, desagregação familiar) que poderá impactar negativamente no vínculo mãe-bebê ou que coloque o bebê ou a mulher em situação de risco.

A minimização do sofrimento desencadeada pelo processo de hospitalização é o segundo objetivo da Psicologia Hospitalar. O estar hospitalizado suscita, naturalmente, a eclosão dos afetos por deixarem os indivíduos mais sensibilizados. Gestantes e puérperas estão mais sensíveis e receptíveis aos estímulos externos e afetivos, tornando-se mais vulneráveis neste contexto, com implicações no modo de vivenciar a internação e lidar com o ciclo gravídico-puerperal. O psicólogo poderá ajudar a gestante/puérpera a compreender estes momentos de forma menos sofrida e mais autêntica.

Na Maternidade o tempo médio de hospitalização é de 2,5 dias o que aponta para a necessidade da psicoterapia breve e focal, distinguindo do atendimento clínico no consultório que pode se prolongar por meses ou anos. Chiattone afirma que: "Se utilizada em situação de emergência, a psicoterapia breve é referida como psicoterapia de urgência, definindo-se pela caracterização da situação urgente em si" (CHIATTONE, 2000, p. 126).

O processo de elaboração do luto pode iniciar durante a hospitalização, ao propiciar o espaço para manifestações afetivas decorrentes da morte materna, de um aborto, do decesso fetal, do óbito neonatal ou perda do bebê para o Estado. A presença do psicólogo é imprescindível tanto no apoio ao sofrimento da paciente, quanto à família e equipe de saúde. Falar da morte, das perdas reais e imaginárias é importante para alívio da angústia, despedida do bebê, resignificação e crescimento pessoal diante da vida enquanto ser-no-mundo, prevenindo o desencadeamento de transtornos psiquiátricos e aniquilamento sócio emocional. A equipe profissional também se angustia e se entristece, pois não é educada e preparada para lidar com a morte.

A escuta psicológica permite também que a mulher e/ou seu companheiro reflitam sobre os modos existenciais escolhidos para se viver diante da maternidade: "Ser-mãe", "Ter que ser mãe" e o "Ter que ter um filho". Propicia a semeadura de uma semente para um novo olhar diante da existência e suas possibilidades que se transformam dia a dia em prol de uma melhor qualidade de vida. A partir destas escolhas também é possível perceber como está a construção do vínculo afetivo mãe-bebê, a rede de apoio sócio familiar, a necessidade de encaminhamento para a equipe Saúde Mental da rede municipal de saúde- SUS e programas sociais – estes, por intermédio da Assistente Social. Não há como negar, não escutar ou não enxergar as questões de ordem social. Como o indivíduo é um ser-no-mundo, as questões sociais estão, geralmente, intrínsecas aos sofrimentos psíquicos, desnudando-se frente aos profissionais da Maternidade enquanto situações de risco social.

No entanto, durante o período de hospitalização, podem surgir conflitos não elaborados anteriormente e de conteúdo distinto do ciclo gravídico-puerperal. Por ser um momento em que a mulher fica mais fragilizada, esses desabrocham sendo necessário iniciar uma escuta, trabalhar alguns focos e encaminhá-la para psicoterapia após alta hospitalar, em função da complexidade e comprometimento emocional apresentado (ANGERAMI-CAMON, 1994). "Se outros objetivos foram alcançados a partir da atuação do psicólogo junto ao paciente hospitalizado – inerente aos objetivos da própria psicoterapia [...] – trata-se de simples acréscimos ao processo em si" (ANGERAMI-CAMON, 1994, p. 24).

O Psicólogo Hospitalar trabalha inserido a uma equipe interdisciplinar. A sua atuação perpassa e é perpassada por todas as áreas e especialidades médicas. As discussões interdisciplinares permitem a troca de informações entre os membros da equipe; promovem uma compreensão mais apurada sobre a paciente; previnem condutas iatrogênicas na relação equipe-paciente-família e entre os próprios profissionais; viabilizam a humanização do atendimento, a solução de problemas, o compartilhamento de conhecimentos e afetos.

Em decorrência dos preceitos éticos e como um profissional que lida essencialmente com relações humanas, o psicólogo precisa conhecer suas fragilidades, medos, preconceitos, limites de sua atuação e intervenção a fim de não interferir negativamente, ou, até mesmo, agravar o processo do paciente através de uma postura iatrogênica e invasiva. A maneira de olhar, a entonação de voz pode transmitir censura crítica ou julgamento inibindo e inviabilizando a escuta terapêutica. O desejo de conhecer profundamente a mulher, sem permissão da mesma, o profissional pode agravar e, até mesmo, desencadear afetos e conflitos e deixando-a no vazio existencial e desamparada psicologicamente (CHIATTONE, 2000).

Torna-se imprescindível que o psicólogo atue com flexibilidade e de forma objetiva, onde os atendimentos estarão ligados ao contexto em si e às necessidades da paciente. Deve possuir capacidade de ação consistente diante situações emergenciais e inesperadas. Para se alcançar estes propósitos, Heloísa Chiattone afirma:

> Assim, é consenso que o psicólogo hospitalar deve possuir características próprias, adequadas e específicas ao hospital que, por sua vez, interfere diretamente na inserção e no desempenho técnico do profissional. [...] Portanto, responder a toda essa enorme amplitude de situações e solicitações pressupõe disponibilidade e preparo do psicólogo hospitalar, formação específica, objetividade e coerência que abrangem, necessariamente, reformulações teóricas e metodológicas. (CHIATTONE, 2000, p. 95-112)

13.7 Conclusão

A cultura possui uma força intensa sobre a sociedade corroborando e influenciando os modos de existência, de pensamento e do comportamento. É percebido através das tendências lançadas há alguns anos e que hoje perderam sua validade, *status*, benefícios e outros. Em tempos da globalização e do mundo digital mudanças ocorrem com um simples toque na tecla *Enter* ou *Delete* do computador.

A clínica obstétrica, desde os tempos das parteiras antes de sua fundamentação científica, sofre influências sociais e políticas em relação à gestação, parto, puerpério e cuidados com os recém-nascidos. Mudanças ocorrem ao longo dos séculos, de acordo com as necessidades da população, evolução cultural e tecnológica de cada época.

A obstetrícia possui suas nuances, complexidades e não poderia ser de outro modo. A medicina lida com pessoas que crescem, atingem a maturidade e percebem a vida de acordo com o momento biopsicossocial que está em constante transformação. O ser humano, neste caso a mulher, é um ente de extrema complexidade.

Muitas delas deixaram ou se viram obrigadas a não exercer a função exclusiva da maternagem e dos afazeres domésticos. Iniciaram carreiras profissionais e passaram a prover o sustento dos próprios filhos. São mães, profissionais e donas-de-casa. Diante da possibilidade de escolha pela maternidade ou não, parte das mulheres planeja a quantidade de filhos e a época mais propícia. No entanto, outra parcela vive em prol dos acontecimentos da vida tentando se adaptar às experiências diárias ou preferindo se dedicar à carreira profissional.

O ciclo gravídico-puerperal pode desencadear descompensações biológicas e psíquicas e sua intensidade variará a cada mulher, pois a maneira como irá perceber este momento é da ordem do subjetivo e individual. Está intrinsecamente ligado a sua noção de eu, sua capacidade de experenciar abertamente a situação e os afetos, ao apoio do sistema familiar e às influências socioeconômicas.

A psicoprofilaxia é o ideal buscado pelo psicólogo no dia-a-dia por meio da busca ativa nos leitos da Maternidade e Bloco Obstétrico. Realiza-se uma escuta terapêutica de característica breve e focal. No trabalho de prevenção, evita-se a erupção ou agudização de sintomas psíquicos prejudiciais para: o bem-estar da mulher, o vínculo mãe-bebê, adesão ao tratamento, a comunicação e compreensão das condutas clínicas indicadas pela equipe. No entanto, ocorrem atendimentos psicológicos em caráter de urgência ou em decorrência de acontecimentos específicos da hospitalização, onde se preconiza pela minimização do sofrimento.

Em ambas as situações, é possível promover uma escuta que viabilize à mulher e a seus familiares experenciar e elaborar, de maneira mais adequada e menos sofrida, as vivências e os afetos emergidos durante a internação; iniciar uma reflexão sobre os modos existenciais escolhidos para viver (modo "Ter ou Ser" de existência, "Ser-mãe", "Ter que ser mãe", "Ter que ter um filho").

Percebe-se a presença de uma relação intrínseca entre o modo existencial de vida, o posicionamento materno na relação com o filho e suas consequências na estruturação e consolidação do vínculo afetivo mãe-bebê. Progenitores que valorizam o modo "Ter" podem promover distorções na personalidade da criança até desestruturações psíquicas graves. Como a sociedade possui preconceitos em relação à mulher que entrega seus filhos para a adoção espontaneamente – é considerada "mãe-má" – ela sente-se obrigada a "Ter que ser mãe" para não carregar este rótulo, mesmo consciente de todas as vulnerabilidades que estará expondo os seus filhos. Criar e educar não é somente dar comida, moradia, escola, presentes e outros bens materiais. O amor, o respeito, a comunicação saudável, a confiança e a dignidade são primordiais para um desenvolvimento adequado tanto físico quanto psicológico.

Os malogros sociais também fazem parte da obstetrícia, uma vez que mulheres e famílias se encontram em situação de risco social, necessitando de referenciamento aos programas do Governo para minimizar as vulnerabilidades. Nos casos extremos, faz-se importante recorrer e solicitar uma avaliação do Conselho Tutelar e do Juizado da Infância e da Adolescência para definir com quem o bebê estará mais protegido: os pais biológicos, familiares próximos ou o Estado. É um momento de muito sofrimento para os pais e equipe interdisciplinar da Maternidade diante da possibilidade de perda da guarda de um filho, suscitando o ódio, a raiva, o sentimento de menos valia, a desesperança, a tristeza, a depressão, a angústia, dentre outros.

As discussões de casos ao nível interdisciplinar são de extrema importância por permitir uma compreensão mais ampla e humanizada da gestante/puérpera. Em consequência, facilita a comunicação entre paciente e equipe, evita condutas iatrogênicas que são elementos altamente estressores. Permite que os profissionais também possam verbalizar suas experiências e percepções, tornando-se um espaço para reflexão e crescimento pessoal.

Como foi descrito no decorrer do capítulo, a demanda pela atuação do psicólogo é ampla e intensa. Necessita de uma escuta apurada, destreza e formação profissional especializada, agilidade nos processos de comunicação intraequipe e com a rede pública (Centros de Saúde, CERSAM, CAPS) a fim de propiciar a continuidade dos atendimentos psicológicos iniciados na Maternidade.

Este trabalho se propôs a desenvolver uma visão ampliada de atuação em equipe interdisciplinar na Clínica Obstétrica e não reducionista – uma especialidade somente do nascimento. Realmente muitos bebês vêm ao mundo graças ao aperfeiçoamento dos obstetras e dos recursos tecnológicos, alimentando sonhos de várias mulheres e suas famílias e proporcionando felicidade. Mas também, nesta clínica a equipe se depara com as adversidades, as tristezas, o desespero.

As políticas públicas, entretanto, precisam aperfeiçoar os sistemas de atuação quando se aborda a Saúde da Mulher. Permanece bastante expressivo o número de adolescentes grávidas, gestações não programadas e não desejadas por falhas tanto da rede básica de saúde, quanto das próprias mulheres e seus parceiros. Este estudo mostra que se não cuidarmos dessas como seres biopsicossociais, de preferência em caráter profilático, as consequências aparecerão nos filhos e na sociedade como feridas de difícil cicatrização. Mulheres-mães moradoras de rua e/ou dependentes químicas que perdem a guarda de seus filhos; mulheres-mães que violentam física e psicologicamente seus filhos; mulheres-mães que não conseguem sequer alimentar seus filhos... A porta está aberta para a violência, as drogas e a criminalidade.

Referências

ALVES, R. **O médico**. 2. ed. Campinas: Papiros, 2002.

ANGERAMI-CAMON, V. A. O psicólogo no hospital. In ANGERAMI-CAMON, V. A. **Psicologia Hospitalar:** teoria e prática. São Paulo: Pioneira, 1994.

BADINTER, E. **Um amor conquistado:** o mito do amor materno. Tradução de Waltensir Dutra. Rio de Janeiro: Nova Fronteira, 1985. Disponível em: <http://groups-beta.google.com/group/digitalsource>. Acesso em: 12 dez. 2011.

BRASIL. Presidência da República. Lei n. 8.069/90. Dispõe sobre o Estatuto da Criança e do Adolescente e dá outras providências. **Diário Oficial da União.** Brasília, 13 jul. 1990. Disponível em: <http:// planalto.gov.br/ ccivil 03/leis/l8069.htm> Acesso em 02 out. 2012.

CHIATTONE, H. B. A significação da psicologia no contexto hospitalar. In: ANGERAMI-CAMON, V. A. (Org.). **Psicologia da saúde.** São Paulo: Pioneira, 1994.

COMBINATO, D. S.; QUEIROZ, M. S. Morte: uma visão psicossocial. **Estudos de Psicologia,** Natal, v. 11, nº 2, ago. 2006. Disponível em http://www.scielo.br/scielo.php?script=sci_arttext&pid=S141394X2006000200010&lng=en&nrm=iso. Acesso em: 2 set. 2012.

CUNHA, A. C. B.; SANTOS, C.; GONCALVES, R. M. Concepções sobre maternidade, parto e amamentação em grupo de gestantes. **Arquivos Brasileiros de Psicologia**, Rio de Janeiro, v. 64, nº 1, abr. 2012. Disponível em http://pepsic.bvsalud.org/scielo.php?script=sci_arttext&pid=S180926720120001000011&lng=pt&nrm=iso. Acesso em: 12 jul. 2012.

FROMM, E. **Ter ou ser?** 4 ed. Rio de Janeiro: Guanabara Koogan, 1987.

GOMES, M.; PEREIRA, M. L. D. Família em situação de vulnerabilidade social: uma questão de políticas públicas. **Ciência & Saúde Coletiva,** Rio de Janeiro, v.10, nº 2, 2005. Disponível em: <http://scielo.br/pdf/%OD/csc/v10n2.pdf>. Acesso em: 02 set. 2012.

KOVÁCS, M. J. Representações da morte. In: KOVÁCS, M. J. **Morte e desenvolvimento humano.** São Paulo: Casa do Psicólogo, 2002.

KOVÁCS, M. J. Morte, separação, perdas e o processo de luto. In: KOVÁCS, M. J. **Morte e desenvolvimento humano.** São Paulo: Casa do Psicólogo, 2002.

MALDONADO, M. T. **Psicologia da Gravidez**. Petrópolis: Vozes, 1986.

MELO NETO, J. C. **Morte e Vida Severina.** Rio de Janeiro: Alfaguara, 2007. 176p. Disponível em: <http://www.culturalbrasil.pro.br/joaocabral-demelonetoo.htm>. Acesso em: 08 out. 2012.

MICHAELIS. **Moderno dicionário da língua portuguesa.** São Paulo: Melhoramentos. Disponível em: </http://michaelis.uol.com.br/moderno/portugues/índex.php>. Acesso em: 02 set. 2012.

MOTTA, M. A. P. **Mães abandonadas:** a entrega de um filho em adoção. 2 ed. São Paulo: Cortez, 2005.

MORESCO, J. O.; VAN DER SAND, I. C. P. Das bonecas ao bebê: a vida da adolescente ao tornar-se mãe. **Scientia Medica PUCRS**, Porto Alegre, v. 15, nº 1, jan./mar. 2005. Disponível em: <http://revistaseletronicas.pucrs. br/scientiamedica/ojs/index.php

OLIVEIRA-FORMOSINHO, J.; ARAÚJO, S. B. Entre o risco biológico e o risco social: um estudo de caso. **Revista Educação e Pesquisa**, São Paulo, v. 28, nº 2, jul./dez.2002. Disponível em: <http:WWW.scielo.br/ pdf/%OD/ep/v28n2/a07v28n2.pdf>. Acesso em: 7 set. 2012.

ROMERO, E. **As dimensões da vida humana**: existência e experiência. 3. ed. São José dos Campos: Novos Horizontes, 2001.

ROMERO, E. **As formas da sensibilidade:** emoções sentimentos na vida Humana. 2. ed. São José dos Campos: Bella Bídia, 2002.

ROTSCHILD, D.; CALAZANS, R. A. Morte: abordagem fenomenológico –existencial. In: KOVÁCS, Maria Júlia (Coord.): **Morte e desenvolvimento humano**. São Paulo: Casa do Psicólogo, 2002.

SARTRE, J. P. **O existencialismo é um humanismo**. Tradução de João Batista Kreuch. Petrópolis: Vozes, 2012.

SIERRA, V. M.; MESQUITA, W. A. Vulnerabilidade e Fatores de Risco na Vida de Crianças e Adolescentes. **São Paulo em Perspectiva**, São Paulo, Fundação Seade v. 20, nº 1, jan./mar. 2006. Disponível em: <http://www. seade.gov.br>; <http://www.scielo.br>. Acesso em: 02 set. 2012.

CAPÍTULO 14

PSICOLOGIA E ASSISTÊNCIA NEONATAL: INTERVENÇÕES POSSÍVEIS E NECESSÁRIAS

Liliane Cristina Santos

14.1 Introdução

O trabalho desenvolvido pela psicologia da Unidade Neonatal do Hospital Municipal de Belo Horizonte inspirou questões sobre as intervenções possíveis nesse contexto e sobre o que está em jogo na atuação da psicologia neste âmbito. O trabalho da psicologia na Unidade se constitui, basicamente, na assistência às famílias dos bebês internados e em alguns desdobramentos, tais como intervenções junto à equipe, participação em reuniões interdisciplinares e colegiadas, contribuição em treinamentos, protocolos, rotinas e outras atividades do setor.

A Unidade Neonatal referida recebe bebês de até 30 dias que necessitam de tratamento, nascidos no próprio hospital ou transferidos de todo o estado. Os pacientes são, em sua maioria, mal formados, sindrômicos, cirúrgicos e, principalmente, prematuros, isto é, bebês nascidos com até 37 semanas de gestação e peso de nascimento inferior a 2,5 quilos.

Para pensar nas intervenções possíveis ao psicólogo na assistência hospitalar neonatal e suas repercussões, entendemos ser necessário, primeiramente, discorrer sobre as implicações da hospitalização para o bebê e a família, pois acreditamos ser possível e necessária a intervenção e contribuição da psicologia a partir dessas implicações.

14.2 Sobre a hospitalização do bebê e a participação da família no tratamento

É notável que a incorporação tecnológica tem gerado avanços no tratamento intensivo neonatal, reduzindo sensivelmente a mortalidade dos recém nascidos e permitindo a sobrevivência de bebês cada vez mais prematuros e de menor peso. No que diz respeito aos prematuros, público predominante no tratamento neonatal, Segatto, Anauate e Buscato (2008) mostram que, até os anos 70, 80% dos bebês nascidos com menos de 1.200g não sobreviviam, ao passo que, a partir dos anos 80, este percentual reduziu para 20%. Ou seja, em 10 anos houve uma inversão dos valores.

Atualmente, as discussões voltam-se não só pra a sobrevivência dos bebês, mas para as consequências da internação, vivida numa fase tão inicial do desenvolvimento, para a vida futura do bebê e da família. Isso porque a hospitalização impõe condições ambientais desfavoráveis, marcadas pelo excesso de estímulos, com procedimentos invasivos e dolorosos, e uma rotina que produz estresse no recém-nascido. A internação provoca, ainda, a separação entre pais e bebês, num momento em que a proximidade entre eles é fundamental para o processo de vinculação e consequente desenvolvimento da criança.

Fazendo um breve recorte histórico sobre o funcionamento de unidades de tratamento neonatais, notamos que a participação da família nos cuidados ao bebê internado sofreu mudanças ao longo dos anos. Hoje se sabe que a presença da família nas Unidades Neonatais não aumenta o índice de infecção hospitalar. Entretanto, a década de 40 foi marcada pela regulação dessas unidades com vistas ao controle de infecções, contando com uma rotina que excluía a família. É somente a partir da década de 60 que começam a ficar claros os efeitos da separação dos bebês hospitalizados da família. Tais mudanças estão relacionadas ao início dos estudos sobre a formação do vínculo e a relação entre pais e bebês internados, que foram provocados, na época, pelo fato de profissionais de unidades neonatais observarem que alguns dos bebês que permaneciam internados, após receberem a alta para casa da família, retornavam aos hospitais com sinais de maus tratos. Pesquisas demonstraram que o nascimento pré-termo e a hospitalização precoce são comuns em histórias de crianças violentadas ou com atraso no desenvolvimento sem causa orgânica detectável (BRASIL, 2011; KLAUS; KENNEL, 1992; PAIM, 2005).

É preciso ressaltar, portanto, que a internação neonatal implica em consequências físicas para o bebê, mas também em efeitos psíquicos e sociais envolvendo a criança e sua família. As discussões e práticas atuais relacionadas ao tratamento neonatal, neste sentido, preconizam o cuidado humanizado, que inclui o controle da manipulação ao bebê e da ambiência, mas, principalmente, uma rotina que valoriza a participação da família nos cuidados ao bebê, na tentativa de minimizar os efeitos aqui mencionados. Como exemplo temos o Método Canguru – regulamentado por portaria do Ministério da Saúde – que valoriza de maneira especial o contato da família com o recém-nascido, considerando-o como a principal forma de tratamento, desenvolvimento e ganho de peso do bebê prematuro (BRASIL, 2011).

A adoção de medidas relacionadas ao chamado cuidado humanizado é consolidada pelo pressuposto da importância fundamental da participação da família no cuidado ao bebê para constituição do vínculo afetivo entre os pais e o bebê e, consequentemente, desenvolvimento da criança, pressuposto sustentado pelas teorias do desenvolvimento – do vínculo ou apego e da criança. Cabe esclarecer que tais teorias, apesar de terem como uma de suas bases concepções psicanalíticas, são consideradas desenvolvimentistas por se proporem a explicar e descrever as etapas do desenvolvimento, referindo-se a estágios sucessivos e uma transição de níveis de evolução.

Podemos citar como representantes das teorias do desenvolvimento do vínculo ou apego Brazelton e Cramer (1992) e Klaus e Kennel (1992). Dentro dessa perspectiva, o vínculo pais e filho é um processo de construção que se faz a partir da história dos pais, do desejo deles de ter um filho e da interação com o bebê. Nesse ponto de vista, a chegada de mais um membro na família traz à tona lembranças relativas à infância dos próprios pais, que servirão de referência para que eles possam assumir essa posição.

Essas teorias apontam o impacto vivido pela família com o nascimento de um filho que necessite de cuidados logo ao nascer, diante do que eles se veem obrigados a fazer o luto do bebê idealizado antes e durante a gestação, além de terem que percorrer todo um processo adaptativo em relação à doença e suas consequências.

Neste sentido, a participação da família no tratamento neonatal é fundamental para os processos de construção do apego e adaptação à situação. Klaus e Kennel (1992) apontam:

> Os investigadores observam diferenças entre as mães recebidas no berçário e aquelas excluídas. Aquelas que entraram no berçário, mostravam um maior comprometimento com o filho, mais

confiança em suas capacidades como mães e maiores habilidades de estimulação e atendimento ao bebê. (KLAUS; KENNEL, 1992, p. 190)

No que diz respeito ao desenvolvimento da criança, Klaus e Kennel (1992) afirmam que o apego é crucial para a sobrevivência e desenvolvimento do bebê, constituindo-se o laço original entre pais e filhos a principal fonte para todas as ligações futuras da vida da criança.

Spitz (1998) é importante referência da psicologia infantil, principalmente do primeiro ano de vida e foi precursor das pesquisas deste campo de conhecimento que envolvem a observação direta. A partir de dados empíricos, descreve a origem da percepção e do que chamou de constituição das relações objetais, atribuindo valor especial ao papel da relação mãe-filho no desenvolvimento do bebê.

Spitz (1998) parte do pressuposto de que o bebê é um organismo psicologicamente indiferenciado, que ainda não apresenta funções psicológicas. De acordo com ele, a maior parte do primeiro ano de vida é dedicada ao esforço de sobrevivência e à formação e elaboração dos instrumentos de adaptação aos objetos. O que falta a uma criança é compensado e suprido pela mãe, que provê a satisfação de suas necessidades. No decorrer do primeiro ano, as crianças desenvolvem suas potencialidades e vão se tornando independentes de seu ambiente, processo que depende do estabelecimento e progressivo desdobramento das relações objetais. O que acontece, segundo o autor, é que um vínculo puramente biológico é transformado, aos poucos, tornando-se a primeira relação social do indivíduo. Spitz (1998) enfatiza:

> Mais uma vez somos obrigados a voltar às origens e discutir o papel totalmente abrangente da mãe no aparecimento e desenvolvimento da consciência do bebê e a participação vital que ela tem nesse processo de aprendizagem. Neste contexto, é inestimável a importância dos sentimentos da mãe em relação a ter um filho, (...) porque quase todas as mulheres se tornam mães meigas, amorosas e dedicadas. (p. 99)

É partindo desses pressupostos que Spitz (1998) descreve suas observações referentes às patologias ou distúrbios das relações objetais, associando-as ao que chamou de relação inadequada ou insuficiente entre mãe e filho, quando esta é insatisfatória no aspecto qualitativo e quantitativo, respectivamente. A respeito das relações insuficientes entre mãe e filho, nos casos em que a mãe ausenta-se da vida da criança, podemos citar:

> Para a criança, a privação de relações objetais no primeiro ano de vida é um fator muito prejudicial, que leva a sérios distúrbios emocionais. Quando isso ocorre, as crianças apresentam um quadro clínico impressionante; parecem ter sido privados de algum elemento vital à sobrevivência. Quando privamos crianças de suas relações com a mãe, sem proporcionar-lhes um substituto adequado que possam aceitar, nós as privamos de provisões libidinais. (SPITZ, 1998, p. 211-212)

Winnicott (2006), assim como Spitz (1998), concebe o bebê como um complexo anatômico e fisiológico com um potencial para o desenvolvimento de uma personalidade humana, tendo a comunicação entre mãe e bebê papel fundamental neste processo. Winnicott (2006) também relaciona o desenvolvimento emocional saudável do indivíduo ao que chamou de "maternagem suficientemente boa" (WINNICOT, 2006, p. 39). O autor defende que, na psicologia do desenvolvimento emocional, os processos de maturação do indivíduo precisam de um ambiente de facilitação para que possam concretizar-se. O autor salienta:

> ... a saúde mental do indivíduo está sendo construída desde o início pela mãe, que oferece o que chamei de ambiente facilitador, isto é, um ambiente em que os processos evolutivos e as interações naturais do bebê com o meio podem desenvolver-se de acordo com o padrão hereditário do indivíduo. A mãe está assentando, sem que o saiba, as bases da saúde mental do indivíduo. (WINNICOT, 2006, p. 20)

Spitz (1998) e Winnicott se aproximam em muitos aspectos em suas formulações, principalmente no que se refere ao papel essencial da mãe no desenvolvimento da criança. Os dois autores, assim como os representantes citados das teorias de desenvolvimento do vínculo, afirmam que o desenvolvimento das relações na primeira infância é que vão determinar como se dará as futuras relações do sujeito ao longo da vida ou, em outros termos, é nesse momento que se dá a constituição das bases da saúde mental do sujeito. Nesta perspectiva, as falhas no processo de facilitação, principalmente associadas às inadequações no papel da figura materna, produzem distorções ou patologias irreparáveis.

As teorias referidas demonstram que oferecer ao bebê condições que o atendam em todos os seus aspectos físicos não é o suficiente para que ele se desenvolva ou mesmo, em alguns casos, sobreviva. Mas, pode-se levantar a questão: o que da mãe se faz tão necessário ao bebê como o atendimento de suas necessidades vitais? O que está em jogo nessa relação? Trata-se de estímulo (ou da falta dele) somente?

Acreditamos que o que foi mostrado pelas teorias do desenvolvimento, inclusive através de dados empíricos, pode ser mais precisamente explicado recorrendo à teoria psicanalítica.

14.3 Relação mãe bebê na perspectiva da psicanálise

A psicanálise trata do desenvolvimento da criança em termos de uma constituição subjetiva ou estruturação psíquica. Para melhor entender este processo, voltamos a Freud, que apontou que o bebê recebe muito mais que o alimento ao ser cuidado e alimentado por alguém. Em *A interpretação dos sonhos,* Freud (1900) mencionou uma suposta primeira vivência de satisfação que teria inaugurado a pulsão, sendo o desejo a moção psíquica que procura restabelecer uma situação de satisfação original.

Em *Três ensaios sobre a teoria da sexualidade,* Freud (1905) mostrou que o bebê experimenta, com a alimentação, a satisfação de uma pulsão sexual. Por outro lado, o teórico expôs que quem cuida do bebê – o que geralmente é feito pela mãe – também obtém com a experiência do cuidado uma satisfação sexual, porque a pessoa/mãe olha o bebê com sentimento que se originam de sua própria vida sexual, tratando o bebê como substituto de um objeto sexual completo. O que está em jogo na relação mãe-bebê, nesta perspectiva, não é somente a satisfação de necessidades, mas algo de outra ordem. Freud aponta a dimensão da pulsão e do desejo.

Lacan, no entanto, relê as formulações de Freud introduzindo um terceiro elemento na oposição freudiana entre necessidade e desejo: a demanda. Neste ponto de vista, é possível considerar que, a partir do choro do bebê provocado por uma necessidade, um *"outro primordial"*, geralmente "encarnado" pela mãe, intervém com uma ação específica que faz desaparecer essa necessidade, eliminando o desprazer e fazendo com que o bebê experimente uma satisfação (TENDLARZ, 1997, p. 28). A partir daí, frente à emergência de um estímulo, a criança fica esperando o reaparecimento desse objeto primário de satisfação, assim como pontuou Freud. No entanto, existe sempre uma diferença entre a satisfação obtida e a almejada – chamada desejo - e a demanda seria a significação da necessidade que provém desse outro primordial, chamado por Lacan de Outro. Assim, o grito do bebê toca algo do real, uma vez que não está aprisionada pelo simbólico. Quando a necessidade atravessa o código através do sentido dado pela mãe, transforma-se em demanda. Nesta perspectiva, é a pessoa que assume a função materna que faz o papel de interpretar as manifestações corporais do bebê, dar sentido ao seu grito, oferecendo a ele, além do alimento, o signo. (TENDLARZ, 1997; WANDERLEY, 1997)

Assim, antes de ser sujeito, o bebê precisa ser falado por alguém, que alguém fale por ele. As referências que são colocadas aí pelos pais, por quem encarna o Outro, é que servirão à criança para sua entrada no mundo simbólico, na linguagem, para sua estruturação psíquica.

Mas para que o bebê seja colocado nesta dialética do desejo e da demanda, é preciso que ele seja suposto enquanto sujeito. Lasnik considera "uma forma particular de investimento libidinal, que permite aos pais uma ilusão antecipadora onde eles percebem o real orgânico do bebê, aureolado pelo que aí se representa, aí ele poderá advir." (LASNIK, In: WANDERLEY, 1997, p. 39). A autora apresenta a constituição da criança enquanto sujeito a partir das significações que os pais lhe atribuem, a partir dessa ilusão antecipadora. Neste sentido, para a constituição da criança enquanto sujeito, é necessário que ela seja antecipada como tal e que sua necessidade seja transformada em demanda. Para que isso ocorra, é preciso que alguém a coloque em determinado lugar. É necessário que a mãe, que encarna o Outro, encontre o lugar da criança em seu desejo.

Como salienta Lacan (1969/2003), o que é transmitido à criança é um desejo, e o desejo só assim o é em relação com a falta. O teórico associa a função materna aos cuidados que trazem a marca de um interesse particularizado, relacionado às próprias faltas da mãe:

> A função de resíduo exercida (e, ao mesmo tempo, mantida) pela família conjugal na evolução das sociedades destaca a irredutibilidade de uma transmissão – que é de outra ordem que não a da vida segundo as satisfações das necessidades, mas é de uma constituição subjetiva, implicando a relação com um desejo que não seja anônimo.

> É por tal necessidade que se julgam as funções da mãe e do pai. Da mãe, na medida em que seus cuidados trazem a marca de um interesse particularizado, nem que seja por intermédio de suas próprias faltas. Do pai, na medida em que seu nome é o vetor de uma encarnação da Lei no desejo. (LACAN, 1969/2003, p. 369).

O que Lacan mostra é a importância do desejo, enfatizando a falta da mãe. Assim, nesta perspectiva, admitimos que realmente os sentimentos da mãe em relação a ter um filho têm uma importância fundamental na constituição do sujeito, mas não pelo fato de ela tornar-se boa – meiga, amorosa e dedicada - como defende Spitz - mas pelo fato de ela ser um ser de falta e colocar o filho como objeto causa de desejo. Podemos retomar o que Winnicott traz sobre a "maternagem suficientemente boa", concordando que a mãe não pode ser boa demais, mas deve ser apenas suficiente para desejar, no sentido de não ser "toda mãe", sendo necessário que ela seja dividida em seu desejo, lembrando Miller (1994), que discute sobre a importância do filho dividir sua mãe entre mãe e mulher - "[...] o objeto só encontra lugar ao dispor-se à função de castração [...]" (MILLER, 1994, p. 40).

É preciso, neste sentido, voltar à função do pai, "cujo nome é o vetor de uma encarnação da Lei no desejo". (LACAN, 1969/2003, p. 369). Cabe aludir Couto e Santiago (2008), que discorrem sobre as funções da mãe e do pai, falando da questão do desejo. A mãe, ao ter um interesse particularizado pela criança, aliena-a ao seu desejo. O pai, ao fazer da mulher causa de seu desejo, transmite e aponta a castração, de forma que a criança não fique aprisionada no gozo do Outro. O que é sustentado pelas autoras é que a função da família é a transmissão de um desejo e de contenção do gozo, ou seja, de transmissão da castração.

Dizer de um desejo que não seja anônimo, nesta perspectiva, implica em dizer de um desejo particular, singular, o que significa que o Outro é marcado pela barra da falta e é isso que ele oferece à criança. O "Outro, marcado pela barra da falta, vai dar – como apaixonado, o que ele não tem" (LASNIK-PENOT, 1991, p. 37). Segundo Lasnik-Pentot (1991), é esta operação de doação que permite ver surgir a criança aureolada de objetos de desejo. Para a autora, isso seria a falicização da criança - podemos dizer a criança como falo.

Ansermet (2003) contrapõe o modelo utilizado por Spitz para compreender a relação mãe-filho, que valoriza a mãe que falta, à carência simbólica provocada pelo fracasso de uma função. O que o autor coloca é que não se trata da mãe concreta, como sustentou as teorias do desenvolvimento, mas da mãe em sua função, cuja resposta transforma grito em demanda. Ele afirma que a criança rejeitada e abandonada deprime reagindo ao anonimato dos cuidados, quando é considerada um simples objeto manipulado, sendo a sua sobrevivência o único objetivo, o que pode ocorrer mesmo com a mãe presente. A criança, nesse caso, não é considerada sujeito pela resposta do adulto, em uma espera que transformaria necessidade em demanda. Assim, as crianças carentes sofreriam por não estarem marcadas com o desejo do Outro, sofrendo de um excesso de real, seja pela ausência da mãe, seja pelo excesso de uma presença concreta, operatória. É preciso que alguém encarne o Outro enquanto incompleto, não todo, marcando a criança com um seu desejo.

Pensando na hospitalização do bebê, como se dá o processo de antecipação do sujeito no bebê e circulação do desejo num ambiente de hospital, no qual a mãe se vê desprovida de sua função, sem possibilidade ou com dificuldades de exercê-la, já que o bebê necessita da equipe profissional e cuidados especializados, cujo objetivo é a sua sobrevivência, o tratamento do seu corpo? E ainda, será que a proposta da humanização da assistência, promovendo a incentivando a presença da família no cuidado, dá conta dos impasses que surgem na situação de hospitalização do bebê? Ponderamos que o psicólogo pode intervir considerando esses aspectos, o que propomos discutir.

14.4 O trabalho possível ao psicólogo em uma Unidade de Tratamento Neonatal

Na nossa prática na Unidade Neonatal referida nesse artigo, vemos as dificuldades que se fazem sentir na relação entre pais e bebês com a internação neonatal. Vemos a dificuldade dos pais em se aproximar do filho, em sentir que é seu. Escutamos, durante a hospitalização do bebê, falas como: "– ainda não me sinto mãe", "– não posso pegar o bebê no colo, cuidar dele", "– tenho medo de pegar nele e a saturação cair".

Mas presenciamos também a tentativa da família em se ajustar à realidade, tentando encontrar ali mesmo no hospital formas de exercer e construir o seu papel. São falas como: "– ele se parece comigo" (referindo-se ao bebê), "– se parece com o pai, com a avó...", "– veja como se mexe, ele é agitado como eu". Ou seja, os pais conseguem atribuir características e significantes ao bebê, percebendo o seu corpinho para além do real orgânico, dizendo o que o filho representa para eles.

Incentivamos os pais a falarem de sua história e sobre o bebê, podendo dizer como o filho entra na história deles. Interessa-nos saber que marcas são produzidas aí, e o que podemos possibilitar em relação à inclusão da criança na história da família, através da fala, discurso dos pais. A tentativa seria de

> ...evocar o traumático, fazendo surgir a angústia inerente para tentar evitar o enquistamento de uma dor que poderia vir a dificultar a relação precoce com o bebê (...) favorecendo as associações, tentando ajudar a fazer ligações entre o que é vivido e os elementos de suas histórias". (AGMON; DRUON; FRIECHET, 1999)

Coriat (1997) descreve sobre a intervenção do analista inserido no trabalho de intervenção precoce, realizado principalmente com crianças com Síndrome de Down. Ela comenta que o objetivo é tratar o bebê do mesmo modo como seria feito se não fosse Down. Ao se questionar sobre o trabalho que realiza, Coriat (1997) indica: "somos pagos por nada, que o produto mais precioso que vendemos àqueles que nos consultam é... um lugar vazio" (p. 25). Acrescenta ainda que:

> Ao deixar este lugar vazio, sem pretender preenchê-lo como o conhecimento dos preconceitos (populares ou 'científicos') acerca de como deve ser um Down, deixava esse lugar para que esse espaço fosse preenchido de acordo aos desejos dos pais, produzindo uma criança única no mundo. (CORIAT, 1997, p. 29)

Coriat (1997) apresenta, assim, um lugar vazio como condição de sujeito. Lembra que o autismo ou a psicose que se constitui na maioria das crianças com problemas orgânicos não se remetem a causas orgânicas, mas sim ao lugar ao qual foram convocados pelo Outro. A questão que se apresenta nestes casos diz respeito ao lugar que os pais dão ao seu filho em função de sua história e não da elaboração do trauma psíquico produzido neles pela patologia orgânica.

A autora ainda considera que o principal problema dos pais que procuram tratamento para os filhos "não é a falta de amor, mas seus excessos pela via de suprir" (CORIAT, 1997, p. 54). Esses pais, tão preocupados que estão em proteger seus filhos deficientes, não deixam que nada falte a eles, e é aí que está o problema, já que é preciso que haja falta para que haja desejo, que é a condição necessária à "produção de uma criança única no mundo" (p. 54).

Lima (2003) também afirma a possibilidade da criança com algum problema orgânico ser afetada em sua estruturação não por este problema, mas dependendo da proporção imaginária que a patologia alcançar, se não tiver nenhuma possibilidade que não a de ser colocada no lugar de doente, deficiente, incapaz, fixado e definido em sua patologia.

Ansermet (2003), falando sobre a intervenção de um analista na neonatologia, em que a criança é marcada pelo esforço de tratamento e proteção, afirma que, para os pais, algo foi interrompido e que é preciso que eles encontrem pontos de referência, se apeguem a algo que façam com que não vivam só no presente com a criança, o que levaria ao risco dela só existir pelo traumatismo. E o traumatismo é justamente o que "resulta de um encontro com um real inassimilável subjetivamente" (ANSERMET, 2003, p. 111), ou seja, sem representação para o sujeito.

Neste sentido, podemos pensar que as referências da ciência, da medicina, do tratamento impostas à família com a patologia e hospitalização do recém-nascido podem provocar nos pais uma interrupção, um traumatismo de tal forma que interfira na possibilidade de neles surgir um desejo singular, único, relacionados à sua própria história, o que pode impossibilitar ou prejudicar o processo de estruturação psíquica da criança?

Falando do trabalho com bebês, Coriat (1997) lembra que as marcas inscritas nesse tempo são os alicerces do aparelho psíquico. Sustenta que "na clínica de bebês, no tempo no qual fica em jogo o primeiro giro de sua constituição como sujeito, poderíamos dizer que [a ética da psicanálise] é propiciar o surgimento do desejo" (CORIAT, 1997, p. 50). A autora compara o trabalho de intervenção precoce ao que todas as mães fazem recorrendo a um saber inconsciente transmitido ao longo de gerações e retrabalhado em cada mãe em função de sua história, falando da importância de se valorizar o que a mãe mais humilde sabe sem saber que sabe.

Acreditamos que tais reflexões podem apontar o caminho da clínica psicológica possível em uma unidade neonatal. Podemos citar o caso de um bebê que nasce prematuro e precisa ficar internado para tratamento por várias intercorrências na Unidade Neonatal. Esse bebê apresenta síndrome de Down e recebe o diagnóstico logo ao nascer. Sua mãe é uma mulher simples, com cerca de 40 anos, de zona rural, e por isso os médicos se esforçam para esclarecê-la sobre a síndrome o máximo que podem, descrevendo suas características físicas e informando sobre os prováveis atrasos no desenvolvimento que a síndrome pode acarretar. Os médicos chegam a comentar com a psicóloga sobre a falta de esclarecimento da mãe, que nunca ouviu falar da síndrome e nunca viu ninguém que a tivesse. Em um dos dias em que a mãe está recebendo as notícias sobre a filha, sendo acompanhada por sua patroa, esta explica para a mãe que sua filha não vai ser uma pessoa normal, que seria "assim... retardada", solta num relance, mesmo parecendo relutar dizer, a princípio.

Nos atendimentos com a psicóloga que se seguiram a esses fatos, a mãe manifesta sua angústia, chorando, tentando falar sobre a síndrome sem saber o que dizer. No grupo de pais do qual participa, não consegue falar muito, dirigindo-se à psicóloga somente para pedir, muito chorosa, "pode contar daquilo que a minha filha tem". No atendimento individual que se segue, a mãe pergunta à psicóloga: "olhinho caído é como? Porque minha filha de oito anos também tem o olhinho caído e ela também é preguiçosa na escola. É assim que a neném vai ser?". A mãe já não sabe o que fazer com as referências colocadas pelos médicos, que não fazem sentido para ela. Sua filha é alguém que ela não conhece e não sabe como vai ser. Neste momento, a psicóloga oferece a possibilidade de que ela veja algumas fotos de crianças com Síndrome de Down pela internet, diante do que a mãe aceita animada. Quando ela vê as fotos, começa então a fazer perguntas sobre sua filha. A psicóloga mostra os traços comuns, chamados pelos médicos de olhinho caído, mostrando várias fotos de criança com Síndrome de Down, mas aponta que cada criança é diferente uma da outra, única como qualquer outra criança, pontuando que só a sua filha poderia lhe dizer como ela iria ser e do que ela daria conta. A psicóloga intervém ainda dizendo que a forma como a família receberia a criança ia interferir bastante no seu desenvolvimento.

A partir daí, a mãe vai conseguindo dizer sobre sua filha, sobre o que observa nela e sobre o que espera dela. Comenta sobre seus outros filhos e sobre as expectativas deles em relação ao bebê. Seu nome é "Vitória" e a síndrome passa a não ser tão significativa para a mãe. Vitória sim dizia alguma coisa dela, dizia do que ela representava para sua mãe e da marca que sua mãe já colocava nela: era um bebê que tinha passado por muita coisa logo ao nascer, mas que já estava vencendo e já tinha um lugar em sua casa, em sua família, que já esperava por ela.

A intervenção da psicóloga, no caso citado, parece ter ajudado a mãe a encontrar esses pontos de referência mencionados por Ansermet (2003), que ajudaram-na a descolar do trauma, das referências da ciência que não faziam sentido para ela e diante das quais ela não tinha representação. E, a partir daí, a mãe pôde dizer sobre sua filha, construir algo em torno dela, construindo suas expectativas, elaborando o lugar da filha no seu desejo. A escuta, pode-se pensar, teria propiciado o surgimento do desejo, tal como propõe Coriat (1997).

Outro caso acompanhado na Unidade Neonatal que pode ser citado aqui para elucidar sobre essa questão é de F., uma gestante que chega ao Pronto Socorro em trabalho de parto prematuro sem saber que estava grávida. Quando o pedido de atendimento é dirigido à Psicologia, a informação é de que a mãe encaminharia o bebê para a adoção. Na primeira abordagem à F., esta, bastante angustiada, conta a história de que não planejou nem queria a gravidez, chegando a desconfiar que pudesse estar grávida pelo discreto crescimento de sua barriga, mas que, ao consultar, o médico diagnosticou como problema de estômago, tratando-a a partir desse diagnóstico. Ela conta que pensou em fazer novo exame, mas ficou com medo de saber sobre a gravidez.

Relata que sua mãe mora no interior, com seu avô materno, que considera como pai. Fala que tem muito medo de desapontar sua mãe e, principalmente, seu avô, que já está velho e doente. Mora em uma república na cidade, para onde veio para trabalhar. A respeito do pai do bebê, conta que namoram há um tempo e que o bebê internado é o primeiro filho deles. Quanto ao recém-nascido, ele está internado no Centro de Tratamento Intensivo Neonatal, em estado grave. F. fala então que não pretende contar para a família, nem para o pai da criança, já que não sabe se o filho vai sobreviver, embora pretenda acompanhá-lo em seu tratamento. Depois de pensar melhor, desistiu da ideia da adoção, contando que esta tinha sido, num primeiro momento, a única alternativa viável para ela diante de tantos acontecimentos inesperados.

Nos dias que se seguem à internação do bebê, F. se aproxima do leito com muita dificuldade, dizendo não conseguir ficar muito tempo, tocá-lo ou conversar com ele. Também não consegue nomeá-lo:

"– ainda não consegui pensar em um nome", diz. A psicóloga acompanha e escuta, pontuando que F. poderia respeitar o seu próprio momento, o seu processo, já que a situação tinha trazido tantos atropelos, como ela mesma dizia, que ela poderia então lidar com tudo da forma que estivesse dando conta. F., sempre receptiva para o contato, ia falando de suas dificuldades e das emoções trazidas pela internação e tratamento do bebê, atravessados por tantos aparelhos e intercorrências.

Quando o bebê começa a dar algum sinal de melhora, saindo da condição de risco de morte, F. procura o pai do bebê e o leva ao hospital para conhecer o filho. Neste dia, faz questão de apresentar o namorado à psicóloga: "– este que é o pai do meu filho". Na ocasião, F. já tinha dado um nome ao filho, mas aceita, não sem dificuldades, que o pai mude o nome para um parecido com o dele. F., mesmo resistente, por achar o nome dado pelo pai muito complicado, aceita e o pai faz o registro do bebê. Depois da primeira visita, o pai passa a acompanhar o filho no hospital junto com a mãe, de forma cada vez mais frequente.

A psicóloga acompanha a presença contínua e intensa de F. junto ao bebê durante sua prolongada internação e os diferentes momentos pelos quais passam: quando F. conta como foi a experiência de expor para a família sobre a situação; a emoção de pegar o bebê no colo pela primeira vez; o que ela traz sobre a preocupação exagerada do namorado em relação ao bebê; sobre sua percepção da preocupação dos médicos de esclarecê-la sobre as sequelas do filho e a pouca importância que ela dava para isso, já que não adiantaria ficar sofrendo por antecedência, tendo então que "pensar positivo"; o que ela ia dizendo e construindo sobre o filho e seu jeito de responder aos cuidados e carícias dela e do pai.

Podemos colocar que a psicóloga funcionou como uma testemunha para esta mãe, acompanhando o que se passava. Parece ter sido este o lugar que F. a colocou em sua transferência. A escuta e o acompanhamento possibilitaram-lhe fazer construções, representações, em torno do que teria se constituído, inicialmente, enquanto um trauma para ela.

Falando da relação da psicanálise com a reanimação neonatal, Ansermet (2003) defende que ao analista só resta acompanhar o que acontece e escutar o que cada um vive nessa situação: "Ele pode tão somente estar presente diante do que a criança, os pais e a equipe médica experimentarão" (ANSERMET, 2003, p.66). O autor indica que o profissional se desfaça de todo preconceito, para permitir que o sujeito aceda em seus impasses: "Para o analista, em um primeiro momento, trata-se de acompanhar o que se passa, além de qualquer concepção preestabelecida." (ANSERMET, 2003, p. 67).

Ratificando a ideia sobre categorias preestabelecidas, recorremos à Coriat (1997), que adverte sobre o risco de o profissional fazer como a mãe que, preocupada em alimentar bem seus bebês, entope-o de comida, calando seu choro e impedindo que o desejo se manifeste. Assim também pode agir o profissional que se serve de *"alimentos funcionais"* ou *"deliciosos menus psicopedagógicos"* que ficam a sua disposição, transformando o trabalho, desta forma, em uma receita a mais aos pais das crianças atendidas (CORIAT, 1997, p. 34).

14.5 Considerações finais

Ressaltamos que são observadas diversas reações das famílias dos bebês hospitalizados e dos próprios bebês diante da internação. Tratando da clínica psicológica, na qual está em voga a expressão da subjetividade, salientamos que o objetivo é escutar a singularidade com que cada um responde à situação, o que do sujeito se apresenta naquele momento. Neste sentido, tal clínica implica na escuta do sujeito, seja qual for o espaço em que o trabalho aconteça. Como propõe Ansermet (2003): "Só há respostas singulares, e são essas que devem ser buscadas na clínica" (ANSERMET, 2003, p. 83).

Pensando no trabalho possível ao psicólogo em uma Unidade de Tratamento Neonatal, acreditamos que se trata "de deixar-se levar na busca do desejo dos pais, e funcionar como pivô de sua emergência no discurso, devolvendo-o, desde as profundezas a que foi jogado pelo impacto das más notícias, ao presente e ao futuro que moram no corpo de seu filho" (CORIAT, 1997, p.198). Assim também é possível pensar em uma intervenção ao bebê, uma vez que a circulação do desejo entre as crianças e seus pais é fundamental na constituição de um sujeito.

No que se refere às intervenções do psicólogo junto à equipe que assiste o bebê hospitalizado, consideramos importante ao menos mencionar que parece ser possível intervir para que a equipe, ciente de que a internação neonatal acarreta não só riscos físicos, mas também psíquicos e sociais, possa considerar o bebê como pertencente a um grupo familiar, que já traz um discurso, uma história, na qual o bebê está sendo ou precisa ser inserido. O psicólogo, que foca escutar a subjetividade e então a singularidade com que cada um responde às situações vividas, pode auxiliar a equipe a escutar isso, em alguma medida. Isso pode se dar na discussão de casos, na abordagem multiprofissional aos pacientes e familiares, na construção de projetos terapêuticos singulares multiprofissionais, na construção de rotinas, nos treinamentos e reuniões colegiadas. Acredita-se que uma equipe sensível às questões levantadas aqui está mais qualificada para o trabalho, na medida em que conhece melhor os possíveis efeitos de sua atuação.

Referências

AGMAN, M.; DRUON, C.; FRICHET, A. Intervenções Psicológicas em Neonatologia. In: WANDERLEY, Daniela de Brito (org.). **Agora eu era o rei**: *entraves da prematuridade*. Salvador, BA: Álgama, 1999. p. 17-34.

ANSERMET, F. **Clínica da Origem**: a criança entre a medicina e a psicanálise. Tradução Daisy de Ávila Seidl. Rio de Janeiro: Contra Capa Livraria, 2003.

BRASIL. Ministério da Saúde. Secretaria de Atenção à Saúde. Departamento de Ações Programáticas Estratégicas. **Atenção humanizada ao recém nascido de baixo peso**: Método Canguru. 2 ed. Brasília: Editora do Ministério da Saúde, 2011. 204p.

BREZELTON, T. B.; CRAMER, B. G. **As primeiras relações**. Tradução Marcelo Brandão Cipolla. São Paulo: Martins Fontes, 1992. 287 p.

CORIAT, Elsa. **Psicanálise e Clínica de Bebês**: a psicanálise na clínica de bebês e crianças pequenas. Tradução Julieta Jerusalinsk. Porto Alegre: Artes e Ofícios, 1997.

FREUD, S. A interpretação dos sonhos (1900). In: **Edição Standard Brasileira das Obras Psicológicas Completas de Sigmund Freud**. Rio de Janeiro: Imago, 1996. V. 5.

FREUD, S. Três ensaios sobre a teoria da sexualidade (1905). In: **Edição Standard Brasileira das Obras Psicológicas Completas de Sigmund Freud**. Rio de Janeiro: Imago, 1996. V. 7.

FREUD, S. Sobre o narcisismo: uma introdução (1914). In: **Edição Standard Brasileira das Obras Psicológicas Completas de Sigmund Freud**. Rio de Janeiro: Imago, 1996. V.14.

KLAUS, M. H.; KENNELL, J. H. Assistência aos pais. In: KLAUS, M. H; FANAROFF, A. A. **Alto risco em neonatologia**. Tradução Luís Eduardo Vaz Miranda. 2 ed. Rio de Janeiro: Interamericana, 1982. p.141-165.

KLAUS, M. H.; KENNELL, J. H. **Pais-Bebê**: a formação do apego. Tradução Maria Helena Machado. Porto Alegre: Artes Médicas, 1992. 360 p.

LACAN, Jacques. Nota sobre a criança (1969). In: **Outros escritos**. Rio de Janeiro: Jorge Zahar, 2003.

LIMA, N. L. A clínica psicanalítica de crianças com problemas orgânicos. In: GUERRA, A. M. C.; LIMA, N. L. (org.). **A clínica de crianças com transtornos no desenvolvimento**: uma contribuição no campo da Psicanálise e da Saúde Mental. Belo Horizonte: Autêntica; FUMEC, 2003. p. 105-112.

MILLER, J. A. A criança entre a mulher e a mãe. In: **Opção Lacaniana**. Revista Internacional de Psicanálise, nº 21. São Paulo: Edições Eólia, 1994.

MINAS GERAIS. Secretaria de Estado da Saúde. Programa Viva Vida. **Assistência Hospitalar ao Neonato**. Belo Horizonte, 2005; 296 p.

PAIM, B. J. P. **Vínculo Pais-Bebê em UTI Neonatal**: a educação de pais e a posição mãe-canguru (2005). Disponível em <http://books.google.com/books?pg=PA9&lpg=PP1&lr=&sig=ACfU3U0BreeNyyPaRco_cEoUW-qroSAF1UQ&id=Ud3SJ951HP8C&hl=pt-BR#PPP1,M1>

SEGATTO, C.; ANAUATE, G.; BUSCATO, M. No frágil mundo dos prematuros. **Revista Época**, Editora Globo, nº 531, p. 104-112, jul. 2008.

SPITZ, R. A. **O primeiro ano de vida**. Tradução Erothildes Millan Barros da Rocha. 2 ed. São Paulo: Martins Fontes, 1998.

TENDLARZ, S. E. A constituição do sujeito. In: **De que sofrem as crianças? A psicose na infância**. Rio de Janeiro: Sette Letras, 1997.

WANDERLEY, D. B. (org.). **Palavras em torno do berço**: intervenções precoces bebê e família. Salvador, BA: Àgalma, 1997.

WINNICOTT, D. W. **Os bebês e suas mães**. Tradução Jefferson Luiz Camargo. Revisão Técnica Maria Helena Souza Patto. 3. ed. São Paulo: Martins Fontes, 2006. 98 p. (Coleção Psicologia e Pedagogia).

CAPÍTULO 15

A INTERVENÇÃO PSICANALÍTICA NA PEDIATRIA E SEUS EFEITOS[76]

Arlêta Maria Serra Carvalho
Ângela Maria Resende Vorcaro

15.1 O analista na pediatria

A partir da prática do psicanalista na pediatria de um hospital geral, configurou-se uma reflexão sobre esse fazer, particularmente tratando dos efeitos da criança hospitalizada sobre a própria criança, sua família e a equipe.

Verificou-se, nos últimos anos, a crescente demanda por psicólogos nas equipes clínicas de instituições hospitalares. Muitas vezes nomeada como ajuda samaritana, a função do psicólogo foi estabelecida normalmente como a de coadjuvante complementar da ação médica, objetivando a humanização das práticas hospitalares, especialmente amortecendo e intermediando a relação médico-paciente. Entretanto, a constatação das incidências do inconsciente nos processos saúde–doença intimou a problematização desta função, pois as práticas atestaram o vácuo existente entre o que os sujeitos sustêm como pacientes da terapêutica médica e como agentes de seu próprio ser. Enquanto o tratamento está voltado ao *re-estabelecimento* do organismo preconizado pelo saber médico, a incidência subjetiva manifesta-se no tratamento, com força suficiente para neutralizá-lo ou mesmo obstaculizá-lo. Ali age um outro saber, singular, e que não sabe de si, produzindo efeitos nas condições de morbidade, a despeito das prescrições e das consciências.

---

[76] Este trabalho se baseou na Dissertação de Mestrado "Há ato analítico no hospital? A intervenção psicanalítica na pediatria e seus efeitos", de Arleta Maria Sena Carvalho (UFMG), que interroga se o ato psicanalítico é possível em um hospital geral.

Por isso, a presença do psicanalista nas instituições hospitalares ganhou preponderância, sendo cada vez mais constante. Longe de se configurar como uma prática transposta diretamente das condições e implicações do exercício de uma psicanálise, a especificidade do encontro do psicanalista com sujeitos constringidos pela falência orgânica e pela submissão a terapêuticas médico-hospitalares exige dar suas razões.

A condição de criança, e especialmente da criança hospitalizada, interroga a ação terapêutica de forma contundente. Por um lado, ao mesmo tempo em que a doença exige intervenção precisa e imediata, a dependência subjetiva que especifica a condição *infans* se adere à fragilidade do organismo doente. Esta homologia implica a dificuldade de distinção entre a objetivação do organismo e o sujeito insuficiente que o habita para demandar e autorizar qualquer ato. Por outro lado, a dificuldade de leitura do funcionamento dada pela própria condição *infans* impõe outro plano de dificuldades: o aumento da margem de equívocos de leitura dos sinais das doenças, o acréscimo da responsabilidade nas decisões, dificilmente partilháveis com o sujeito alvo da intervenção. Assim, a qualquer momento, a urgência médica exige intervenções antes que se confirmem elementos asseguradores das suas consequências. A necessidade de objetivação necessária à intervenção aliada aos limites da participação da criança nesta objetivação fazem da criança um objeto exposto desmedidamente a procedimentos de quem faz alteridade a ela, sem que esta possa avaliar a necessidade desta invasão. Essa situação precipita, nos pacientes, a eclosão de uma angústia capaz de produzir efeitos subjetivos mais traumáticos do que a própria afecção mórbida exerce sobre o organismo. Nos agentes da terapêutica, a eclosão de angústia produz impasses que causam embaraços e se exprimem em um enxame de demandas dirigidas ao psicanalista do serviço. Visa-se, portanto, a investigar qual seria, nesse contexto, a intervenção possível ao psicanalista comprometido com a ética de seu campo.

A clínica com crianças em um ambiente hospitalar convoca o psicólogo no lugar aquele que é chamado sempre que o tratamento médico esbarra em algum impasse que coloca em risco a vida da criança, justamente por não ser possível diagnosticar medicamente as razões desse impasse. A criança hospitalizada interroga a ação terapêutica[77] de forma especial, pois, tanto na cronicidade da doença quanto no risco iminente

---

[77] O termo terapêutica, no texto, refere-se à intervenção médica.

de morte, os efeitos exercidos sobre ou pela condição subjetiva costumam agravar o quadro clínico. Outro elemento importante na clínica da criança hospitalizada é o fato de que, nesses casos, invariavelmente, a família, os pais ou responsáveis, também terminam por permanecerem internados no hospital, gerando, na maior parte dos casos, uma demanda plural de tratamento. A criança hospitalizada desencadeia um real insuportável: diante da falência do organismo que pode chegar ao risco iminente de morte, os arranjos mentais que até então funcionavam como defesa, ou como negação da morte, entram em colapso. A criança hospitalizada com risco iminente de morte desperta do sonho de que a morte não se colocaria senão no fim da vida. Nesses casos, a criança hospitalizada nos confronta com esse real de que a morte não é o fim da vida, mas o que estabelece o fim à vida. Invariavelmente, esse real precipita a eclosão da angústia. Eric Laurent, em uma conferência proferida na Faculdade de Medicina da UFMG[78], sublinhou que a primeira coisa que o psicanalista deve fazer no hospital é dar tratamento à angústia que quase sempre está generalizada, embotando os discursos. Essa situação traumática determina a emergência de impasses que se exprimem em um enxame de demandas dirigidas ao psicanalista e/ou psicólogo que trabalha na pediatria. Quase sempre, diante da criança hospitalizada, a demanda é antes do médico do que da própria criança. Isso permite a afirmação tão sistemática de que, num hospital geral, o psicanalista funcionaria como um especialista em apagar incêndios, um especialista em impasses subjetivos. Afinal, ele é chamado a dissolver a angústia que acomete a criança, os pais, os responsáveis e a equipe como um todo.

Mathelin (1999), psicanalista da clínica com bebês prematuros no Hospital Delafontaine em Saint-Denis, aposta na ação do analista como trabalho de reanimação do discurso: diante da criança hospitalizada, trata-se de reanimar os discursos em torno da criança, inclusive o discurso da própria criança. Nas palavras do autor:

> Não se tratava mais, portanto de atendimento sob prescrição quando as famílias vão mal, quando os pais estão infelizes ou agressivos e o trabalho dos médicos sofre com isso. Se tal fosse o caso, ali estaríamos não para ajudar os pacientes, mas a medicina (p. 22).

---

[78] Conferência intitulada *Psicanálise e Medicina*, proferida em agosto de 2007.

É evidente que para proceder essa reanimação dos discursos, o psicanalista deve, em primeiro lugar, saber distinguir o que é a demanda do médico e o que é a demanda da criança. Sobre a demanda dos médicos, Mathelin (1999) sublinha que esses, enquanto representantes do discurso da ciência, "pedem aos psicanalistas que tomem posição; às vezes, até, pedem-lhes para tratar ou prevenir as eventuais complicações de seus atendimentos médicos" (p. 84). No entanto, nesse sentido, o psicanalista não pode se deixar usar pela medicina, pois o real da psicanálise não é o mesmo real da medicina: "é uma questão de diferença de registro, uma radical impossibilidade... Então, o que pedem de nós?" (p. 85).

O analista não pode trapacear seu paciente ofertando uma promessa de cura ou melhora, agindo sobre seu sintoma. Seu trabalho é disponibilizar uma escuta do real que se impõe, para que pais ou crianças possam simbolizar algo dessa experiência. Ele deve possibilitar a "criação de um espaço que possibilite a articulação da demanda e o desejo" (Dias, 2008, p. 115). Nesse sentido, sua função poderia ser a de transformar a demanda dos médicos em uma demanda subjetiva?

Lacan (1966/1996), em seu texto *O lugar da psicanálise na medicina*, aponta a hiância que existe entre a demanda e o desejo:

> A partir do momento em que se faz esta observação, parece que não é necessário ser psicanalista, nem mesmo médico, para saber que, no momento em que qualquer um, seja macho ou fêmea, pede-nos, demanda alguma coisa, isto não é absolutamente idêntico e mesmo por vezes é diametralmente oposto àquilo que ele deseja. (p. 10)

Um primeiro passo pode ser dado ao localizar a ética que sustenta o discurso analítico. Em seu texto, *Situação da Psicanálise em 1956,* Lacan (1998) aponta para a diferença entre a *prática terapêutica*, como a behaviorista e a médica, e a *prática analítica*. Lacan estabelece que a psicanálise não tem como referencial um modelo a ser alcançado, o objetivo da análise não deve incidir sobre a identificação com o eu do analista. O autor convoca os analistas para que se abstenham de compreender e que agucem seus ouvidos para os sons, cortes, lapsos e pausas contidas na fala, ou seja, a convocação é para que se escute o sujeito do inconsciente. A função do analista é sustentar a associação livre e não responder à demanda do sujeito, justamente para que algo de seu desejo possa advir. O analista age em nome da função significante e não em nome dele mesmo, não entra no mérito do conteúdo da fala do sujeito. Na *Proposição de 9 de outubro de 1967,* Lacan (1996) destaca a psicanálise em extensão como aquela que "presentifica a psicanálise no mundo" (p. 6). A psicanálise em extensão, hoje, remete às práticas institucionais e àquelas fora do *setting* analítico, nas quais é possível fazer operar uma prática comprometida com a ética da psicanálise. Lacan (1996) estabelece que a psicanálise em extensão se diferencia das práticas terapêuticas, que distorcem e relaxam o rigor da psicanálise; o autor constata: "não há nenhuma definição possível da terapêutica que não seja a de restituição de um estado primeiro" (p. 6). Pode-se afirmar que não há nada mais contrário à ética da Psicanálise do que a terapêutica. A Psicanálise vem apontar a impossibilidade de o sujeito estar nesse lugar de equilíbrio. Inversamente ao discurso terapêutico, o ato analítico teria um fator de transformação, mudando o sujeito de lugar.

Trata-se de diferenciar a demanda da criança daquela dos outros (mesmo quando presente na boca da criança) para localizar algo do que a mobiliza a desejar. É uma das funções do psicanalista na pediatria de um hospital geral. Aí incide seu compromisso ético, pois o psicanalista deve saber que "a incidência da nossa fala pode mudar o modo de gestão de gozo dessas crianças" (Vorcaro, 1999, p. 41).

François Ansermet (2003) circulou em várias clínicas médicas, nas "fronteiras entre a Medicina e a Psicanálise" e explica de que se trata no trabalho de escuta na pediatria:

> Trabalhar como analista em pediatria supõe levar em conta não somente a realidade física da doença, mas também o lugar ocupado por ela na realidade psíquica do sujeito. Essa distinção entre realidade física e realidade psíquica é um pré-requisito essencial para qualquer colaboração entre um psicanalista e um pediatra junto à criança doente. Para isso, o psicanalista deve contrariamente ao médico, preservar na sua relação com o paciente o que poderíamos designar como o lugar da ignorância: deixar aberta a escuta do corpo tal qual ele aparece na dimensão subjetiva, o corpo falante que apenas o paciente pode revelar. (p. 15)

Se do lado do psicanalista existe um esforço de teorizar sua inserção e sua função numa clínica multidisciplinar, nem sempre existe, da contra parte, o esforço de acolher a especificidade das questões levantadas pela emergência do sujeito que a ação do discurso analítico propiciou. Vorcaro (1999) problematiza a clínica multidisciplinar considerando o fato de diferentes campos teóricos pressuporem concepções de ser humano que são incompatíveis entre si. Essas concepções são invariavelmente excludentes e, por isso, a multidisciplinaridade não se inscreve senão sob a égide de uma falta. Diante dessa falta é que se constituem as demandas enlouquecidas, pois, a clínica, com toda a sua complexidade, torna insuficiente o saber de qualquer disciplina isolada.

> No exercício da clínica, a idealização da multidisciplinaridade não chega a estabelecer relações entre campos conceituais, não atinge uma articulação teórica consistente, nem mesmo consolida um debate que permita explicitar diferenças conceituais que delimitam e determinam a diversidade das práticas clínicas, como o atributo "multidisciplinar" poderia sugerir. Apesar da consideração – efetivamente partilhada entre os profissionais – relativa à importância da articulação de campos conceituais distintos, seu efeito é o enclausuramento das clínicas em seus próprios campos e o desenvolvimento de estratégias institucionais que as garantam. (VORCARO, 1999, p. 108)

15.2 O ato analítico além da psicanálise padrão

Ao longo de 25 anos de seminários, Lacan procurou problematizar a experiência psicanalítica. Mesmo cientes das limitações de nossa escolha, optamos por abordar essa *práxis* através da operação pela qual o psicanalista intervém: o ato. Lacan formalizou, em seus seminários, todo o processo que envolve o ato do analista nos anos de 1967 e 1968. Tomamos três principais referências para tratar desse tema: dois livros – *O Seminário, livro 15: O Ato Psicanalítico,* de Jacques Lacan, e *Short Story: os princípios do ato analítico,* de Graciela Brodsky – e uma tese de doutorado – *Da interpretação ao ato analítico*, de Mônica Lima.

Brodsky (2004) localiza o ponto em que o ato se dá: é justamente no ponto em que a verdade não consegue abranger tudo o que toca a sexualidade que o ato se assenta (p. 38). Lacan reitera essa ideia, no seminário do ato, ao dizer: "O saber, em certos pontos que podem certamente ser sempre desconhecidos, faz falha. E são precisamente esses pontos que, para nós, estão em questão, sob o nome de verdade" (LACAN, lição de 29/11/1967). Assim, a sexualidade aparece como aquilo que faz com que o saber seja falho e leva a verdade a ser uma meia-verdade. Brodsky (2004) sugere que o que viria a ocupar o lugar de falha no saber seria a construção, por parte do paciente e do analista, da fantasia, em análise: "A construção implica uma falha no saber, e é nessa falha que se situam tanto a interpretação quanto o ato" (p. 40).

Quando o sujeito entra em análise, é possível verificar que está colado a uma série de identificações imaginárias e simbólicas. Trata-se do que Lacan denominara como alienação, em *O Seminário, livro 11*. Na medida em que a análise vai se dando, essas identificações começam a vacilar e o sujeito se dá conta de sua falta-a-ser. Ao perceber que é faltante, o sujeito busca na figura do analista algo que possa recobrir essa falta e, ao longo do processo transferencial, deposita cada vez mais na figura do analista a ideia de um sujeito suposto-saber. Cabe ao analista saber operar com a transferência: "Fora do que chamei manejo da transferência, não há ato analítico" (LACAN, lição de 29/11/1967).

O seminário do ato analítico é uma tentativa de resolver a problemática da falta-a-ser do sujeito, não através da alienação, pela via das identificações imaginárias e simbólicas, tampouco com a operação de separação. Trata-se de um esquema que procura localizar todo o percurso da análise levando até a destituição subjetiva e ao fim da falta-a-ser. Diferente do que oferece a fantasia, trata-se, também, de uma afirmação de "sou". Brodsky (2004) lembra-nos de que essa solução obtida neste seminário de 1967-68 ainda não é a última resposta de Lacan com relação à afirmação de "sou". A última resposta de Lacan é a solução via sintoma (p. 51).

Obviamente, a formalização do percurso do que pode ocorrer em uma análise foi pensada para aqueles processos de análise que se dariam nas condições normais do tratamento padrão que implicam, entre outras coisas, na criação de uma situação artificial formalizada e estabelecida diretamente entre analisante e analista, a partir da demanda do primeiro e com a aceitação do segundo em entrevistas preliminares, além das regras fundamentais ditas da associação livre e da atenção flutuante.

Recorremos ao seminário do ato, não no intuito de tentar fazer caber as formalizações sobre o ato na prática hospitalar, até porque nesse seminário a noção de ato se estabeleceu na perspectiva de uma psicanálise padrão. No entanto, verificamos, a partir da teoria e da prática – com os casos clínicos – que algumas intervenções do psicanalista em um hospital tinham pontos em comum com aquilo que se convencionou chamar de ato.

Encontramos na leitura de Lima (2008) sobre o seminário do ato uma forte afinidade com nossa linha de pensamento sobre o fazer do psicanalista em um hospital. O ponto de maior comunhão com a leitura dessa autora é aquele em que ela trata das operações de alienação e verdade como momentos de abertura e fechamento do inconsciente. Na operação de alienação, o sujeito estaria colado a uma série de identificações imaginárias e simbólicas, o que lhe conferiria um falso-ser. Na operação verdade, essa certeza do que se é vacila e o sujeito se dá conta de sua falta-a-ser. Para Lima (2008), o processo dar-se-ia de forma descontínua. Uma operação não teria prevalência sobre a outra ao longo do processo. Verificamos, a partir da prática em um hospital, que há momentos em que o sujeito, confrontado com o real da castração, sentir-se-á mais seguro agarrado a seus significantes mestres – que lhe conferem um *ser*, ainda que falso – do que entregue às incertezas que uma associação livre pode temporariamente provocar. Nesses momentos de perdas reais, realçar a castração do sujeito pode ser desastroso. A relação entre as operações de alienação e verdade é uma relação lógica e não cronológica.

Através da operação de transferência, o sujeito encontraria o fim da falta-a-ser, em um processo denominado destituição subjetiva, que implica em uma afirmação de *sou*, diferente daquela das identificações simbólicas e imaginárias. O tempo do qual o psicanalista dispõe em um hospital não conduz a essa etapa. Seria preciso um longo trânsito pelas operações de alienação e verdade para que o sujeito atingisse esse nível do processo de análise.

Interessa, entretanto, notar que muito mais do que o contexto ou as regras, a relação entre teoria e clínica operam, na psicanálise, sobre uma perspectiva não normatizante. Pelo contrário, em sua singularidade, a clínica interroga o que há de universalizante na teoria. Sabemos que a teoria não consegue abranger as diversidades e singularidades dos sujeitos. Por isso, cada caso pode fazer com que a teoria avance um pouco mais.

Importa ressaltar que é por estes motivos que é possível considerar o exercício da psicanálise transportada para outras práticas, como as institucionais, desde que nossa direção não seja a de tentar fazer caber a teoria na prática. O que nos interessa é localizar como, na especificidade do contexto hospitalar, a incidência do inconsciente e de seus invólucros demanda escuta e apela a intervenções propriamente psicanalíticas. Mais ainda, verificar em que pontos as práticas pontuais do analista, que por isso partilha da hipótese do inconsciente, se sustém comungadas com a teoria, interrogando se e onde estas alcançam direções incompatíveis com o saber da psicanálise.

O que caracteriza o ato é o que ele representa *a posteriori*. O ato jamais é calculado pelo analista e tem relação com um corte, que instala um antes e um depois. O ato implica em uma transformação num modo de operar do sujeito e requer a presença de um Outro que o reconheça, que o signifique. Para que haja ato, é preciso que se vá além do Outro. Para que isso aconteça, então, deve haver um Outro no horizonte. A experiência de uma internação pode ser, em si, transformadora para a criança que a vivencia ou para um de seus familiares. No entanto, falaremos de ato no hospital caso essa transformação tenha se dado a partir da intervenção de um psicanalista, instaurando, assim, um antes e um depois.

O encontro com um analista faz vacilar as identificações imaginárias e simbólicas às quais o sujeito se encontrava colado. Assim, o sujeito espera do analista que este recubra sua falta-a-ser e, à medida em que a transferência vai se estabelecendo, o sujeito deposita no analista, cada vez mais, a ideia de um sujeito suposto-saber. Este é um processo que se dá mesmo no hospital. Não é preciso um longo tempo de análise para que esse processo se desencadeie. Logo, poder-se-ia afirmar que o ato de um analista no hospital toca a falta-a-ser do sujeito, sem a pretensão de resolver essa problemática e muito menos de levar à destituição subjetiva, como proposto para uma análise padrão.

Pelo contrário, o que um analista faz com a falta-a-ser do sujeito em um hospital, muitas vezes, é, no mínimo, não potencializá-la, uma vez que o contexto da criança hospitalizada faz com que o sujeito se depare com um real devastador: o risco iminente de morte, principalmente em crianças, remete à castração dos pais, que são impedidos de terem seus sonhos realizados na figura do filho, e também realça a castração da equipe médica, que se vê confrontada com a problemática do luto e seu difícil manejo, bem como se vê diante de suas limitações técnicas. Invariavelmente esse real precipita a eclosão da angústia.

Embora não se trate de um processo de análise, o trabalho do analista, em um hospital, permite ao sujeito um enlace de seu discurso ao real que se precipita. Sem a possibilidade de simbolizar uma experiência tão devastadora, o sujeito se depara com a angústia. Novos significantes entram em cena e trata-se de fazer com que o sujeito encontre lugar para os mesmos em sua vida. Um cuidado a ser tomado pelo psicanalista é o de não insistir na abertura do inconsciente, como se isso fosse uma regra, por tratar-se de psicanálise. Essa abertura nem sempre é possível, pois pode realçar ainda mais a castração do sujeito, lançando-o no desamparo, por não ter recursos tão imediatos para lidar com tantas perdas.

No momento em que Lacan teorizou sobre o ato, este não foi pensado no contexto da psicanálise em extensão, ou seja, fora do *setting* analítico. No contexto da prática hospitalar, não se trata de uma análise, mas de propiciar o reencontro do sujeito com o simbólico e com o imaginário ali onde ele se deparou, sem o véu da fantasia e sem intermediação do simbólico, com o real, que o retirou para fora da cena, identificado ao objeto *a*. O sujeito encontra a angústia cara a cara e se desmorona como puro dejeto, sendo ruidosamente jogado de seu lugar. Trata-se de fazer um ato que permita segurar simbolicamente sua mão para lhe permitir saltar o abismo, sem cair nele. Trata-se de sustentá-lo no simbólico. Cabe pensar se, no ato exigido pelas circunstâncias, quais atos podem permitir elaborar esta passagem, sustentando, até mesmo o fechamento do inconsciente, em vez de incidir em sua abertura arreganhada, na qual ele estatela. Nesse sentido, muitas vezes o ato analítico num hospital geral pode ser situado na contramão daquilo que Lacan teorizou sobre o ato no contexto de uma análise.

Recorrer ao ato analítico não visa a pensar reproduzi-lo no hospital, como se tivesse havido uma demanda de análise. Trata-se de analisar o que o analista pode fazer no hospital, na circunstância em que a angústia solapa a ficção na qual o sujeito se supõe instituído. Não se trata em pensar depois da alta, mas da urgência a que o sujeito está exposto, sem poder articular o batimento de sua falta-a-ser com o encobrimento necessário da pulsação inconsciente.

Trata-se de interrogar como sustentar a ética da psicanálise para permitir que o sujeito, passando pela coisa do outro, pelo analista que o escuta, possa relançar-se a sua rede simbólica que o demarca, lhe confere uma borda, lhe permite distinguir-se da fenda em que se encontra estatelado. Mesmo que esta rede simbólica seja alienante, ela é o único aparelho do qual o sujeito pode dispor para demarcar seu território e suportar a devastação da angústia na qual ele se encontra.

O analista, em um hospital, não visa levar o sujeito a percorrer todo o processo de uma análise. No entanto, nada impede que o analista seja um facilitador para alguns momentos de abertura do inconsciente. O analista pode provocar um efeito de verdade no paciente ou em um familiar, levando à vacilação de um sintoma ou de uma certeza identificatória, que podem ser definitivos no enfrentamento do tratamento como uma forma de amenizar a angústia ou mesmo no fortalecimento do vínculo com um recém-nascido. Também é possível acontecer, conforme nos assinala Lima (2008), de o sujeito procurar o analista por ter sido submetido a um efeito de verdade que tenha levado à vacilação de um sintoma, de uma identificação a um significante mestre. Nesse caso, o sujeito se dirige ao analista para se perguntar sobre sua falta-a-ser. Na prática hospitalar, em que o sujeito se depara com o real, pode-se perceber, em alguns momentos, esse efeito de verdade produzido nos pacientes e nas famílias. O analista, nessas situações, entra como guia de um percurso que só pode ser percorrido pelo sujeito e não há cálculo possível para seu ato. O analista só saberá do efeito de seu ato *a posteriori*.

O presente trabalho buscou percorrer alguns dos pontos nodais da prática hospitalar que fomentam a continuidade da investigação teórica capaz de avançar sobre outras perspectivas de consideração do ato no próprio percurso lacaniano e sobre outros interlocutores que também abordam e problematizam a intervenção do analista em condições particulares. Apesar disso, permitiu-se constatar a possibilidade de demarcação do lugar do analista nesse campo, além da possibilidade de ampliar o debate sobre essa prática. Importa expor esse trabalho a contra-argumentos e refutações, o que permitirá o avanço teórico-clínico tão necessário a este campo de intervenção.

15.3 Caso Francisco

Francisco (16) não foi internado na Pediatria, mas, por ser referência também dos adolescentes, fui até seu leito, na clínica médica, para iniciar o atendimento, logo que soube de seu caso. Francisco tinha um tumor na face (suspeita de osteosarcoma, naquele momento não confirmada pela biópsia), que havia tomado quase todo o seu rosto, com o deslocamento do globo ocular e consequente perda da visão, pressão intracraniana, suspeita de metástase cerebral. Soube do paciente através da terapeuta ocupacional da Pediatria que, por sua vez, veio a tomar ciência do caso através de uma colega da clínica médica. Tratava-se daqueles casos polêmicos, em que a notícia corre depressa pelos corredores do hospital – no caso de Francisco, era sua aparência física que impressionava. Nessa ocasião, a terapeuta falou do aspecto físico do paciente e da impressão de desconforto de toda a equipe e do próprio paciente, que estava no canto da enfermaria, passando o dia todo virado para a parede, deprimido. No dia da primeira abordagem, pensei que encontraria dificuldades, mas me surpreendi, encontrando-o disposto a falar, o que facilitou meu trabalho e a transferência. Percebi, logo, que alguma coisa ele queria mostrar.

O paciente falou da história da doença: há aproximadamente um ano e meio, percebeu um pequeno caroço no nariz. Seus pais haviam se separado há dois anos. A mãe foi morar em outro estado, se casou novamente e levou suas duas filhas pequenas. Francisco e o irmão Daniel (20) ficaram no interior de Minas com o pai, que também se casou novamente. Em uma visita à mãe, esta se preocupou com o caroço, ainda pequeno, e levou o filho ao médico. Foi realizada radiografia e detectada uma pequena fratura óssea (que a equipe acredita já ter sido causada pelo tumor), porém o médico naquela ocasião concluiu que deveria ser uma fratura ocasionada no futebol, assim como a lesão no nariz. Há relato de que o paciente tenha iniciado investigação da doença em visita à mãe, mas abandonou o tratamento antes de ser biopsiado. Voltou para a casa do pai e este foi trabalhar em outra cidade, deixando Francisco e o irmão sozinhos. A mãe relata que eles estavam felizes, sentindo-se livres por estarem vivendo longe dos pais e a questão da doença ficou de lado. No entanto, o tumor passou a crescer muito rapidamente e o paciente procurou o hospital de uma cidade vizinha. O médico que o atendeu chamou a atenção da mãe, por ela ter deixado a situação chegar naquele estado. O paciente foi encaminhado para Belo Horizonte e, como a primeira biópsia foi externa, não acusou tumor. O que se seguiu foi que o paciente teve um sangramento e foi levado às pressas para o Hospital das Clínicas. Foi realizada traqueostomia, pois o tumor já havia invadido suas narinas e estava respirando somente via oral.

No primeiro atendimento ao paciente, este falou de sua preocupação e de sua resistência a aceitar o procedimento de coleta de sangue: "eu perdi sangue demais... daqui a pouco não terei mais sangue...". Além da história da doença, relatou que iniciaria a quimioterapia no dia seguinte. Conversamos sobre os efeitos colaterais da quimioterapia. Queixou da perda da visão de um olho e trouxe sua preocupação em perder a visão do outro olho, que era uma possibilidade real. O tempo todo, perguntava-lhe com naturalidade e diretamente sobre o tumor, pois não dava para assumir uma posição de quem não estava vendo! Essa postura permitiu que o paciente falasse sem receios do tumor. Ao final da sessão, perguntou-me quantas vezes por semana eu iria vê-lo. Perguntei-lhe com que frequência ele gostaria de ser atendido e ele respondeu: "Amanhã começarei a quimioterapia... volte depois de amanhã que a gente conversa de como foi o início do tratamento". Deixei meu telefone de contato com o paciente e a mãe, caso houvesse necessidade de um atendimento antes da data programada.

Retornei na data combinada. Francisco relatou ter começado o tratamento. Estava se sentindo muito fraco, desanimado e sem apetite: "Preciso comer pra não morrer de fome... já emagreci muito". Relatou que só estava conseguindo comer as frutas que vinham para ele e disse que até conseguiria comer mais, se pudesse. Estava impressionado com o efeito da medicação: "Da próxima vez não vou andar...". Trouxe novamente a preocupação com a evolução do tumor: "Essa minha outra vista não tá boa também não, ele está crescendo pra cá...". Trouxe sua preocupação com o espaçamento das quimioterapias: "Farei de 21 em 21 dias... é um tempo muito longo pra ficar sem remédio". Falou de sua fé de que seria curado. Queixou ficar pensando só na doença por não ter nada pra fazer (não há televisão na enfermaria de adultos). Trouxe seu desejo de usar o computador, o que o remeteu à sua vida no interior, em que ele ia a uma *lan house* para se divertir na internet. Após esse atendimento, fiz uma interconsulta para a nutrição, solicitando avaliação quanto à possibilidade de serem liberadas mais frutas para o paciente. Como não a encontrei pessoalmente e era uma sexta-feira à tarde, concluí que ela havia ido embora e só retornaria na segunda. Então, fui até a copa e negociei com a copeira a questão das frutas, que foram mandadas para o paciente naquele dia mesmo. Também fiz contato por telefone com a terapeuta ocupacional e agendamos um horário em comum para a semana seguinte para discutirmos o caso daquele paciente. Esse tipo de demanda do paciente deveria ser atendida o mais rapidamente possível, tendo em vista o prognóstico reservado. Na lógica dos cuidados paliativos, investe-se em qualidade de vida, uma vez que a cura não é mais possível. Não se tratava, aqui, de mero assistencialismo, no sentido de dar o que o paciente demandava, sem que ele se engajasse para obter o que desejava. Tratava-se de um momento em que a transferência estava sendo estabelecida e, como membro da equipe, eu poderia atender a alguns pedidos seus no intuito de mostrar-lhe que ele importava para mim e que estava sendo escutado.

Na segunda-feira, encontrei o paciente bem-humorado, fazendo piadas com os companheiros de quarto e a equipe. Além disso, deixou de se posicionar somente voltado para a parede: havia encontrado alguém que lhe encarava de frente e que não negligenciava o horror de sua aparência física. Relatou que tinha começado a andar pelo corredor à noite - como ele se recusava a tomar a medicação para prevenção de trombose – que era administrada três vezes por dia – o médico negociou com ele que se começasse a andar, diminuiria uma injeção por dia. Falou de seu desejo de ir até a sala da terapia ocupacional para usar o computador. Queixou-se, mais uma vez, de ficar sem televisão. Falou da queda do cabelo: "caíram uns dois fios até agora... se for nesse ritmo não tem problema". O paciente mostrava-se vaidoso: usava luzes no cabelo, faixa, preocupava-se com o corpo, com seu emagrecimento, mas não falava diretamente da deformidade do rosto. Falava do tumor, mas não de seu aspecto físico. Quis mostrar-me fotos de como era, antes da doença – um jovem belíssimo, de fato. Posicionava-se em dois lugares, antes ou depois da doença, quando planejava o que faria após a cura. Contava suas histórias e dizia que estava para nascer uma pessoa mais feliz do que ele, antes da doença. E enquanto falava disso, era feliz.

É importante pensar na lógica do ato e tentar transportá-la para a lógica do hospital, não no sentido de fazer caber no hospital o que se dá em consultório, mas de pensar como se diferem os atos nos dois campos. Na lógica do *setting*, visa-se que o ato incida sobre o ponto de alienação do sujeito, fazendo com que ele se desprenda de alguns significantes mestres ao qual se encontra cristalizado, fazendo vacilar suas identificações, escancarando sua divisão subjetiva para que ele possa ir além – passar pela experiência de perder-se para nele se reencontrar. Conforme já estabelecemos, Lacan colocou como condição para o ato que este seja capaz de promover o encontro com a castração. Em um hospital, a condição da doença já escancara a divisão do sujeito, o que pode gerar uma angústia insuportável, pois essa divisão é evidenciada e não há tempo de o sujeito desconstruir suas identificações primárias para encontrar um novo *ser*, e muitas vezes ele sabe que não dispõe desse tempo. Aqui o trabalho do analista em um hospital pode se dar na lógica oposta à do psicanalista de consultório – não é condição para o ato que este promova o encontro com a castração. Em um hospital, no momento em que o analista é chamado, esse encontro já se deu, porém de forma abrupta, não permitindo ao sujeito elaborar nada dessa experiência. O analista hospitalar fornece coordenadas simbólicas para que o sujeito consiga se haver com a castração ou mesmo distanciar-se um pouco dela, nem que para isso o trabalho se dê no sentido de retornar ao ponto de alienação do sujeito. Nesse ponto, o sujeito se sente seguro, inteiro. O fato de trabalhar com Psicanálise não implica que o analista sempre deva dar abertura ao inconsciente, pois essa abertura pode ser perigosa ou insuportável para o sujeito. O sujeito do inconsciente faz todo um esforço para tentar reunir dois campos – o narcísico, das identificações e o campo pulsional. Em uma análise, ou mesmo diante da presença de um analista em um hospital, o que se difere de uma análise, essa distância deve ser mantida. O sujeito não suportaria se deparar com o objeto *a*, causa de desejo. Em *O Seminário – livro 11 - os quatro conceitos fundamentais da Psicanálise,* Lacan usa de uma fábula para dizer da presença do objeto *a* para o sujeito diante de um analista. Lacan explica que é como se um mendigo se deparasse com o cheiro de uma comida em um restaurante e desejasse muito entrar nesse restaurante e desfrutar de todo o contexto. Ao ter acesso ao cardápio, verificaria que este estava em chinês e demandaria à garçonete que lhe desse uma sugestão do que comer, como se ela soubesse algo de seu desejo. Esse pedido de aconselhamento sugere algo com a seguinte conotação: "o que eu desejo lá de dentro, você é quem deve saber" (LACAN, 2008 [1964], p. 261). Como o analista não sabe do desejo do outro, então ele não consegue atender à demanda que o outro lhe formula, mas o sujeito se satisfaz, independentemente de seus apetites, em organizar seu menu. É isso o que continua a causar desejo – o fato de não se deparar com o objeto *a* e se manter em busca do que vem a ser o seu desejo.

O atendimento a Francisco prosseguiu e ele continuou falando de suas vivências. Dava-me a impressão de um contador de casos, e suas histórias eram narradas, na maior parte do tempo, com muito humor.

Falou da separação dos pais e de seu bom relacionamento com o padrasto e a madrasta: "Meu padrasto até chorou quando eu vim pro hospital e minha madrasta é tão boa quanto minha mãe, minha mãe está ficando em Contagem na casa da irmã dela". Recebeu ligação do pai e posteriormente eu soube que ele vinha se queixando das ligações do pai, que sempre ligava chorando. Após a sessão, discuti o caso com a enfermeira responsável e questionei por que aquele paciente não foi para a Pediatria. Ela disse que fez a mesma pergunta. Expus a dificuldade do paciente em estar numa enfermaria sem televisão e outros atrativos, o que a Pediatria poderia oferecer para ele. Ela sugeriu que eu levasse o caso para uma reunião interdisciplinar naquela semana e assim o fiz. Antes disso, discuti com a gerente da Pediatria e o coordenador dos residentes sobre a possibilidade de transferência daquele paciente para a Pediatria e verifiquei que, da parte da Pediatria, era viável. Antes da reunião clínica, discuti o caso com a terapeuta ocupacional sobre as possibilidades de ampliação das atividades do paciente e ela relatou que ele havia ido até sua sala para usar o computador. Essa terapeuta ocupacional me trouxe a dificuldade de o paciente dormir à noite e consideramos os prós e os contras da transferência para a Pediatria: crianças fazem muito mais barulho que adultos. Além disso, na Pediatria, Francisco não poderia ficar na companhia do irmão Daniel, pois, nesta clínica, era liberado apenas o pai, do sexo masculino, como acompanhante. A mãe não teria com quem revezar nos cuidados com Francisco, o que se tornaria exaustivo e talvez até insuportável para ela, que se abalava cada vez mais com o quadro do filho. Além disso, pude observar que, na presença do irmão, o paciente ficava mais bem-humorado. No dia seguinte, o caso foi levado para discussão em reunião clínica. Foi descartada a possibilidade de transferência para a Pediatria, pois o paciente haveria dito: "odeio crianças". Prevaleceria o desejo de Francisco, por mais que pudéssemos conjecturar que a Pediatria lhe traria vantagens. Além disso, estava com uma boa transferência com a equipe da clínica médica. Expus os atendimentos, o que foi muito valorizado pela equipe. Foi falado do prognóstico do paciente: um prognóstico muito ruim, com possibilidade de expansão ainda maior do tumor. Seriam tentados quatro ciclos de quimioterapia, porém com possibilidade de resposta muito remota. Provavelmente seria um paciente que seria mandado para casa após as quimioterapias, "fora de proposta terapêutica", como foi colocado pela equipe médica. Nesse momento, pontuei que, com relação aos atendimentos da Psicologia, ele não estava fora de proposta, muito pelo contrário, apresentava plenas possibilidades de evolução, por estar trazendo suas questões, problematizando, demandando.

Em um hospital, impossibilidade e impotência se misturam. Há, de fato, um real impossível, isso é apontado por Lacan nas lições 12 e 13 de *O Seminário - livro 17 - O avesso da Psicanálise*. No entanto, percebese que a imaginarização desse real produz uma impotência. É preciso reduzir a impotência ao que ela tem de impossibilidade, pois nem tudo é impotência no contexto de um tratamento. Trata-se, assim, de sustentar o simbólico, naquilo que ele possui de articulação significante que situe o real.

Francisco foi acompanhado até sua alta hospitalar. Informou que iria para o interior após a alta. Considerando a evolução de sua doença, provavelmente evoluiria rapidamente com metástase cerebral, rebaixamento do nível de consciência, até o óbito. A última notícia que tive dele foi um mês após sua alta, no dia de seu aniversário. Ele me enviou uma mensagem no celular com um desenho de um fusquinha que ia me levar um beijo. Ao receber a mensagem, observei que aquela era a data de seu aniversário, a qual ele havia comentado comigo, e respondi, dando-lhe parabéns e perguntando como ele estava, ao que ele respondeu: "– Eu estou bem". Mais de um ano depois, atendi outro paciente, em outro hospital, de sua cidade, no interior de Minas. Comentei que Francisco havia sido meu paciente e perguntei se o senhor a quem eu estava atendendo o conhecia. Ele deu a seguinte notícia: "Continua vivo e é a alegria dos meninos da escola. Mora próximo da escola e se senta no passeio, onde todos que passam o conhecem e o adoram".

15.4 Conclusão

O encontro do psicanalista com sujeitos constringidos pela falência orgânica permite a constatação de que esses sujeitos nada têm de "falidos". A escuta e o ato analítico podem testemunhar o nascimento de um rico mundo simbólico, com efeitos, inclusive, no real do corpo. A realidade orgânica da doença e até mesmo a possibilidade da morte se contrastam com a riqueza da vida psíquica. O analista, em um hospital, está ao lado do sujeito para sustentá-lo num lugar além da doença.

Referências

ANSERMET, F. **Clínica da origem**: a criança entre a medicina e a psicanálise. Rio de Janeiro: Contra-Capa, 2003.

BRODSKY, G. **Short Story** – os princípios do ato analítico. Rio de Janeiro: Contra Capa, 2004.

DIAS, M. A. M. **A clínica do bebê pré-termo e a escuta dos pais**: questões para a psicanálise. Tese (Doutorado). Instituto de Psicologia, Universidade de São Paulo, São Paulo, 2008.

LACAN, J. (1966/1996). O lugar da psicanálise na medicina. In: **Revista Opção Lacaniana,** Belo Horizonte, n° 33, jun. 2001.

LACAN, J. (1967-68). **O Seminário, livro 15**: o ato psicanalítico. Inédito.

LACAN, J. Proposição de 9 de outubro de 1967 - sobre o psicanalista da Escola. In: **Revista Opção Lacaniana,** Belo Horizonte, n° 17, 1996.

LACAN, J. Situação da psicanálise e formação do psicanalista em 1956. In: LACAN, J. **Escritos**. Rio de Janeiro: Jorge Zahar, 1998, p. 461-495.

LIMA, M. A. C. **Da interpretação ao ato analítico**. Tese (Doutorado), Programa de Pós-Graduação em Teoria Psicanalítica do Instituto de Psicologia da Universidade Federal do Rio de Janeiro, Rio de Janeiro, 2008.

MATHELIN, C. O trabalho com a equipe. In_____. **O sorriso da Gioconda**: clínica psicanalítica com os bebês prematuros. Rio de Janeiro: Cia. de Freud, 1999.

VORCARO, A. Da holófrase e seus destinos. In: _____. **Crianças na psicanálise**: clínica, instituição, laço social. Rio de Janeiro: Cia. de Freud, 1999, p.19-58.

VORCARO, A. Sobre a clínica interdisciplinar. In: _____. **Crianças na psicanálise**: clínica, instituição, laço social. Rio de Janeiro: Cia. de Freud, 1999, p.105-116.

OS AUTORES

Organizadores

Liliane Cristina Santos

Psicóloga Hospitalar. Especialista em Clínica Psicanalítica nas Instituições de Saúde (PUC Minas), Especialista em Psicologia Clínica e Hospitalar pelo Conselho Federal de Psicologia-CFP, Mestre em Psicologia pela UFMG. Preceptora da Residência Multiprofissional na área da Saúde do Hospital Municipal Odilon Behrens (HOB), Rua Formiga, nº 50, Lagoinha, Belo Horizonte, MG, lilianecsantos@hotmail.com

Eunice Moreira Fernandes Miranda

Psicóloga. Especialista em Educação - Centro de Estudos e Pesquisas de Minas Gerais (CEPEMG) e em Psicologia Hospitalar (CFP). Professora do Curso de Pós Graduação em Psicoterapia Humanista/Existencial/Fenomenológica (FUMEC), professora da Residência Multiprofissional do Instituto de Ensino e Pesquisa da Santa Casa/BH e do Curso de Especialização em Psicologia da Saúde e Hospitalar do Instituto de Ensino e Pesquisa da Associação de Combate ao Câncer, em Goiás, professora auxiliar da Faculdade Pitágoras-BH. Rua Santa Madalena Sofia, 25-A, Vila Paris, Belo Horizonte, MG, eunice.ead@hotmail.com

Eder Luiz Nogueira

Psicólogo Social, Clínico e Hospitalar, Mestre em Psicologia (UFMG), Doutorando em Psicologia (UFMG), Gerente de Gestão de Pessoas e do Trabalho, Preceptor e Docente da Residência Multiprofissional em Saúde do Hospital Odilon Behrens, ênfase em Urgência e Emergência e Saúde do Idoso. Rua Formiga, 50, Lagoinha, Belo Horizonte, MG, ederlnogueira@gmail.com

Colaboradores

Aline de Mendonça Magalhães
Psicóloga do Serviço de Atenção ao Servidor de Betim, especialista em Saúde Pública com ênfase Urgência e Trauma pelo Ministério da Saúde (Residência Multiprofissional em Saúde/Hospital Municipal Odilon Behrens - HOB), especialista em Saúde mental e Psicanálise. line6br@yahoo.com.br

Angela Maria Resende Vorcaro
Psicóloga, professora adjunta do Departamento de Psicologia da Universidade Federal de Minas Gerais (UFMG), doutora em Psicologia Clínica (Pontifícia Universidade Católica de São Paulo -PUCSP) e mestre em Psicologia Clínica (PUCSP). Av. Antônio Carlos, 6627, Pampulha, Belo Horizonte, MG, 31270-901, angelavorcaro@uol.com.br

Arlêta Maria Serra Carvalho
Psicóloga Hospitalar e preceptora da Residência Multiprofissional em Saúde do HOB, mestre em Psicologia (UFMG). Rua Formiga, nº 50, Lagoinha, Belo Horizonte, MG, arleta1983@ig.com.br

Carla Vieira Gomes de Faria
Psicóloga Hospitalar e preceptora da Residência Multiprofissional na área da Saúde do HOB, psicóloga da Saúde Mental da cidade de Nova Lima, MG, mestre em Psicologia (UFMG), Especialista em Psicologia Hospitalar (PUC Minas). Rua Formiga, nº 50, Lagoinha, Belo Horizonte, MG, cvfaria@hotmail.com

Carolina Bandeira de Melo
Psicóloga Hospitalar e preceptora da Residência Multiprofissional na área da Saúde do HOB, mestre em Educação (UFMG), doutoranda na École des Hautes Études en Sciences Sociales, em Paris; em cotutela com a UFMG (bolsista CAPES - doutorado pleno no exterior). Rua Formiga, nº 50, Lagoinha, Belo Horizonte, MG, carolina.bmelo@yahoo.com.br

Flávia Santos Beaumord
Psicóloga Hospitalar e preceptora da Residência Multiprofissional na área da Saúde do HOB, Vice-presidente da Associação Mineira dos

Parentes, Amigos e Portadores de Epidermólise Bolhosa (AMPAPEB), especialista em Psicoterapia Humanista/Existencial/Fenomenológica (Fundação Mineira de Educação e Cultura - FUMEC). Rua Formiga, nº 50, Lagoinha, Belo Horizonte, MG, fafabeaumord@hotmail.com

Gláucia Mascarenhas Mourthé

Psicóloga e preceptora da Residência Intensivista da Santa Casa de Misericórdia de Belo Horizonte, especialista em Psicoterapia Humanista/Existencial/Fenomenológica (FUMEC), especialista em Saúde Pública com ênfase na Urgência/Trauma pelo Ministério da Saúde (Residência Multiprofissional em Saúde/HOB). Av. Francisco Sales, 1111, Santa Efigênia, Belo Horizonte, MG. glauciamourthe@gmail.com

Jaider Souza Lima

Psicólogo, orientador fiscal do Conselho Regional de Psicologia de Minas Gerais. Rua Timbiras, 1532, Lourdes, Belo Horizonte, MG. jaider.sl@hotmail.com

Katiúscia Caminhas Nunes

Psicóloga do Lar de idosos Clotilde Martins da Sociedade São Vicente de Paula. Rua Campina Verde, 407, Salgado Filho, Belo Horizonte, MG. katiusciacnunes@gmail.com.

Leandro da Silveira Vieira

Psicólogo, especialista em Saúde Pública com ênfase na Urgência/Trauma pelo Ministério da Saúde (Residência Multiprofissional em Saúde/HOB). psiqueleo@yahoo.com.br

Mariana Carvalho de Almeida

Psicóloga, técnica de referência do Programa de Medidas Socioeducativas em meio aberto do Município de Pedro Leopoldo-MG, técnica do Centro de Referência Especializado de Assistência Social (Pedro Leopoldo), especialista em Saúde Pública com ênfase na Saúde da Criança pelo Ministério da Saúde (Residência Multiprofissional em Saúde/HOB), especialista em Gestão de Políticas Públicas com ênfase em Gênero e relações Étnica-Raciais (Universidade Federal de Ouro Preto), especialista em Psicologia Clínica (Centro Universitário do

Leste de Minas Gerais – UNILESTE-MG). Rua Roberto Belizário Viana, 306, Centro, Pedro Leopoldo-MG, mca_83@outlook.com

Mariana Domingues Veiga Ferreira
Psicóloga, especialista em Psicologia Hospitalar (PUC Minas) e em Gerontologia (FUMEC), perita da Mitra Arquidiocesana de Belo Horizonte – Tribunal Eclesiástico. Av. Brasil, 2079, 3º andar, Belo Horizonte, MG. marianaveigaf@hotmail.com

Mariana Possas Guimarães dos Santos
Psicóloga, Especialista em Saúde Pública com ênfase em Saúde do Idoso pelo Ministério da Saúde (Residência Multiprofissional em Saúde/HOB), Especialista em Psicologia Clínica (Faculdade de Estudos Administrativos). Rua Cláudio Manoel, 735/202. Funcionários, Belo Horizonte, MG. marianapossas@terra.com.br

Nele Gonçalves Durão
Psicóloga, especialista em Psicologia Hospitalar (FUMEC), mestranda em Psicanálise pela Universidad Argentina John F. Kennedy. Rua Antônio de Albuquerque, 717/603, Savassi, Belo Horizonte, MG, neled@bol.com.br

Pauline Toledo Neves
Psicóloga, especialista em Saúde Pública com ênfase na Urgência/ Trauma pelo Ministério da Saúde (Residência Multiprofissional em Saúde/HOB), técnica de referência em Saúde Mental no CERSAM Norte, técnica de referência na Rede de Atenção à Saúde Mental do Município de Belo Horizonte. Rua Furquim Werneck, 125, Guarani, Belo Horizonte, MG. paulinetoledos@gmail.com

Ricardo Mégre Álvares da Silva
Psicólogo, docente do curso de Psicologia da Faculdade Pitágoras, mestre em Psicologia pelo Programa de pós-graduação em Psicologia da Faculdade de Filosofia e Ciências Humanas (UFMG), especialista em Psicanálise e Saúde Mental pelo UNILESTE-MG. Rua Jequitibá, 401, Horto, Ipatinga, MG. ricmegre@gmail.com .

Tatiana de Deus Corrêa Linhares
Docente da Universidade FUMEC e de cursos técnicos do PRONATEC (Governo Federal), especialista em Psicomotricidade (Faculdade

do Noroeste de Minas, Paracatu, MG), especialista em Saúde Pública com ênfase na Saúde Materno-Infantil pelo Ministério da Saúde (Residência Multiprofissional em Saúde/HOB), mestranda em Psicologia (UFMG). td_correa@yahoo.com.br

Tiago Augusto Scarpelli Pereira

Psicólogo, mestre e doutorando pela Université Sorbonne Paris V–VII na área de Psicanálise e Medicina. tiagoscarpelli@hotmail.com

Este livro foi composto com tipografia Bembo e impresso
em papel Offset 90g. na Gráfica e Editora Del Rey..